C.D. Gerion

Tempel Nummer 38

Eine japanische Pilgerreise

© 2022 C.D. Gerion

Umschlagfoto: C.D. Gerion

Verlag & Druck: tredition GmbH, Halenreie 40-44, 22359 Hamburg

ISBN
Paperback   978-3-347-51168-2
Hardcover   978-3-347-51169-9
e-Book   978-3-347-51170-5

Das Werk, einschließlich seiner Teile, ist urheberrechtlich geschützt. Jede Verwertung ist ohne Zustimmung des Verlages und des Autors unzulässig. Dies gilt insbesondere für die elektronische oder sonstige Vervielfältigung, Übersetzung, Verbreitung und öffentliche Zugänglichmachung.

‚Dogyo ninin' – Auf dem Weg ist man immer zu zweit.

(Leitspruch der Shikoku-Pilger)

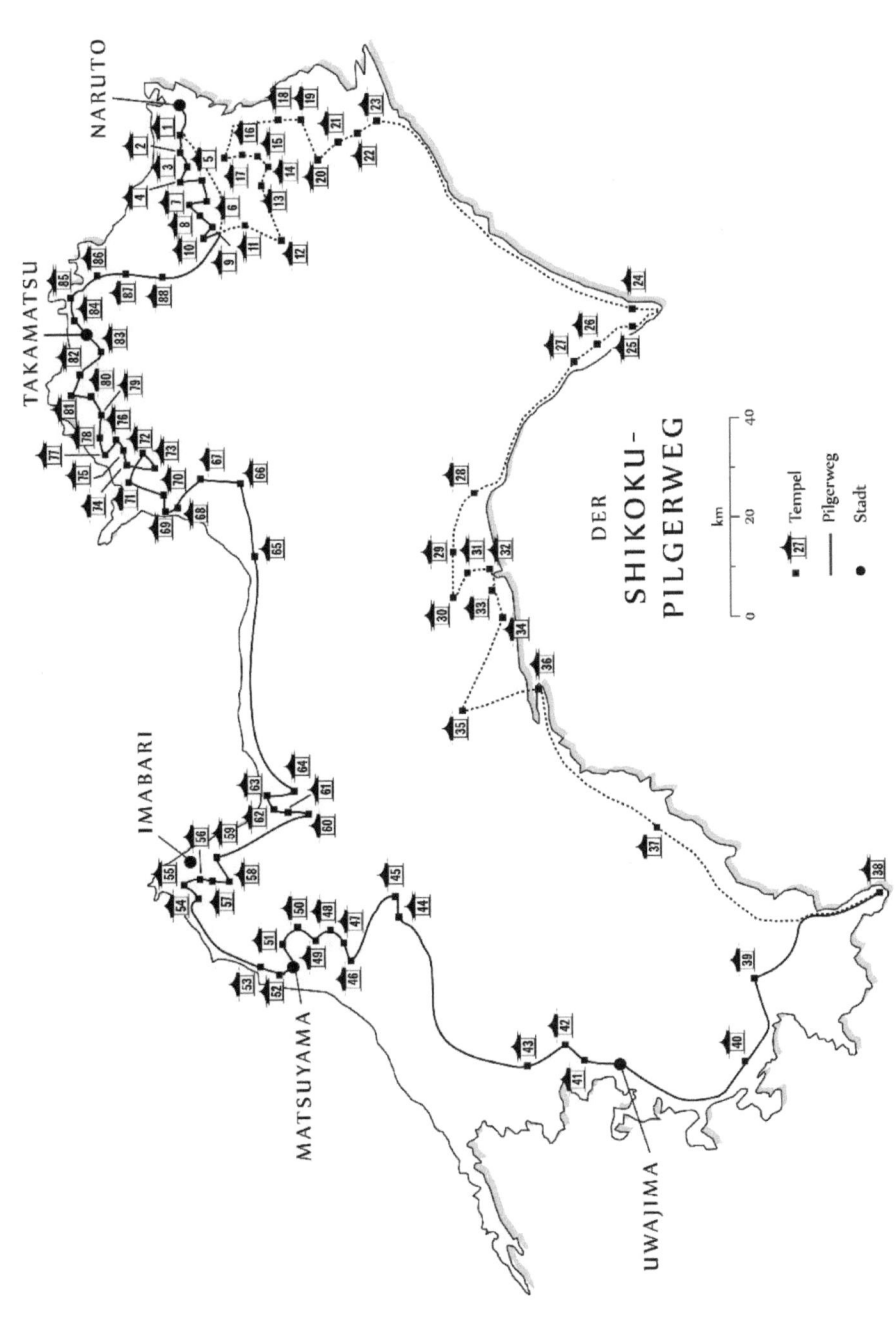

14. Mai, Kap Ashizuri

Beinahe wäre ich in diesen viel zu großen Latschen gestolpert. Daniels verzweifeltes „Dad!" hallt noch in meinem Kopf nach. Krampfhaft versuche ich mit beiden Händen, den Hotel-*Yukata*[1]) unten zusammenzuhalten, damit man mir nicht in den Schritt sehen kann. Drunter habe ich ja nichts an. Den schmalen Gürtel habe ich in der Eile völlig unjapanisch hoch vor dem Bauch verknotet. Wenn ich mir vorstelle, die hätten mir auch noch Handschellen angelegt …

Alle, die uns auf dem Gang entgegenkommen, starren mich an wie ein Gespenst. Hinter uns wird getuschelt. Ich verstehe immer nur „*Gaijin*…" Die beiden Gören, die uns vom Fahrstuhl her entgegenkommen und sich nun an uns vorbeidrücken, kichern sogar hemmungslos, wenn auch hinter vorgehaltener Hand. Aber wer könnte ihnen das auch verdenken. Es muss ja wirklich grotesk aussehen, wie ich hier in meinem lächerlichen Aufzug zwischen den zwei stramm Uniformierten voranstolpere.

Die beiden Polizisten sind sich meiner so sicher, die fassen mich nicht einmal an. Es reicht ihnen offenbar, mich zwischen sich zu wissen, während sie schweigend den unendlich langen Korridor hinuntermarschieren. Wie sollte ich ihnen hier auch entkommen können. Möglicherweise hat man vor den Notausgängen auf diesem Stock und unten in der Lobby auch noch weitere Polizeibeamte postiert. Immerhin hat es, wie mir der ältere und kräftigere meiner beiden Begleiter – der mit der Haltung und den markanten Gesichtszügen eines kampferprobten Samurai – mit unbewegter Miene verkündet hat, einen Toten gegeben. Nur habe ich selber nicht die geringste Ahnung, was das mit mir zu tun haben soll …

Vor dem Fahrstuhl warten zwei nicht mehr ganz junge japanische Damen – Damen, so sichtlich teuer und unfehlbar stilsicher gekleidet, wie man sie in Tokio bei klassischen

---

[1]) Erklärung japanischer Wörter und buddhistischer Fachbegriffe im Anhang

Konzerten in der Suntory Hall oder auf Botschaftsempfängen trifft. Sie scheinen mich nicht einmal wahrzunehmen, treten nur dezent zur Seite, bis ich mit meinen Begleitern im Fahrstuhl verschwunden bin.

Angekommen im obersten Stock bittet mich der Samurai schon einmal in den großen Lesesaal mit den Panoramafenstern vorauszugehen. Ganz nach hinten durch, bis zu der offenbar extra für die bevorstehende ‚Befragung' hergerichteten Sitzecke mit den zwei Sesseln und dem niedrigen Tischchen dazwischen. Ich bekomme gerade noch mit, wie ihm sein Kollege einen Umschlag überreicht und ihm dazu irgendetwas erklärt.

Zwei ältere Herren in korrekt sitzenden *Yukata* haben es sich hier in den vor der Fensterfront stehenden Sesseln bequem gemacht, mit dem Rücken zur Aussicht auf den Ort und das in der Morgensonne glitzernde Meer. Sie sind vollkommen in ihre Zeitungslektüre vertieft und schenken mir keine Beachtung.

Ich setzte mich ebenfalls mit dem Rücken zum Fenster. Taktisch ist es sicher geschickter, wenn ich bei dem kommenden 'Verhör' – oder was immer das hier werden soll – mein Gegenüber gut ausgeleuchtet im Blick habe.

„We need to know the truth", hat der Samurai gesagt, bevor sie mich mitgenommen haben. Oder hat er „facts" gesagt? Wahrheit oder Fakten, macht das überhaupt einen Unterschied? Wie hat Daniel doch vorgestern Abend so treffend gesagt, nachdem ich ihm alles gebeichtet hatte: Man kann ja meist nicht einmal sagen, wo so eine Kausalkette letztendlich ihren Anfang genommen hat ...

Aber um was für eine Wahrheit geht es hier überhaupt? Erst jetzt fällt mir auf, dass die beiden Polizeibeamten mich gar nicht belehrt haben, wie es sicher auch hier bei der Verhaftung eines Verdächtigen Vorschrift ist. Auch wenn ich in der ersten Minute, nachdem sie zu uns ins Zimmer gestürmt waren, noch nicht so ganz wach war – dass alles, was ich von jetzt an sage, gegen mich verwandt werden kann, hat mit Sicherheit keiner von beiden gesagt. Vielleicht ist die Lage ja doch nicht so ernst, wie es schien. So oder so wird es sicher das Klügste sein, wenn ich gleich von Anfang an in die Offensive gehe.

Sobald der Chefinspektor mir gegenüber Platz genommen hat – in dem hellen Licht, das durch die schrägen Panoramafenster hereinströmt, wirkt sein Gesicht noch maskenhafter als vorher – lege ich los, ihm meine Sicht der Dinge vorzutragen. Er aber unterbricht mich schon nach dem ersten Satz. Immerhin beginnt er mit einer japanisch-höflichen Entschuldigung dafür, dass man sich gezwungen gesehen habe, uns so früh am Morgen in unserem Hotelzimmer zu überfallen. Sein unergründliches Samurai-Lächeln lässt aber keinen Schluss darauf zu, wie aufrichtig diese Worte gemeint sind.

Dass die Lage wohl doch ernst ist, sehe ich, als er mir nach einigen weiteren kurzen Erklärungen einen weißen Briefumschlag über den Tisch schiebt, ganz offensichtlich der Umschlag, den ihm sein jüngerer Kollege draußen vor dem Lesesaal überreicht hat. Mir wird ganz heiß, als ich lese, was in großen Druckbuchstaben darauf geschrieben steht:

Mr. Gerion, Pilgrim from Germany – darunter noch eine kurze Botschaft auf Deutsch.

Ja, dieser Brief ist tatsächlich an mich gerichtet!

In was bin ich da, um Himmels Willen, hineingeraten?

20. April, Düsseldorf

„Finde ich toll, dass ihr auf diese Weise versuchen wollt, euch auszusöhnen." Ich stehe etwas abseits, aber das habe ich trotzdem gehört.

„Wir müssen", sagt Daniel. Er befreit sich aus der Umarmung seiner Freundin, dann spurten wir los. Erst als wir uns in die Schlange vor der Sicherheitskontrolle eingereiht haben, kommen wir wieder zu Atem. Wenigstens sind hier in Düsseldorf die Wege und die Warteschlangen nicht ganz so lang wie in Frankfurt.

„Hilf mir mal mit dem Rucksack." Ich bin froh, das schwere Ding erst mal vom Rücken herunterzubekommen. Ich schwitze. „Ich hasse diese ewige Fliegerei", sage ich.

„Wenn ich mich recht erinnere, war das hier deine Idee", sagt Daniel. Immerhin grinst er.

„Wie hat sie das eigentlich gemeint?"

„Wer?"

„Deine Freundin. Das mit dem Aussöhnen. Gut, wir haben vielleicht kein besonders enges Verhältnis, aber ich wüsste nicht, dass wir Streit miteinander hätten."

„Na, wie auch – wenn man sich höchstens einmal im Jahr sieht."

Die Schlange hat sich ein ganzes Stück vorwärtsbewegt. Ich kicke den Rucksack mit dem Fuß weiter. „In meinem Job kann man nun mal nicht einfach so auf die Schnelle für ein paar Tage nach Deutschland fliegen, weil der Herr Sohn zufällig gerade mal Zeit hat. Als ich das letzte Mal für volle zehn Tage hier war, musstest du ja gerade zum Surfen nach Portugal."

„Schon gut. Vor drei Jahren, als ich fast eine Woche lang bei dir in Kanton war, haben wir auch nicht gerade ein engeres Verhältnis entwickelt. Aber okay. Vielleicht wird ja ab jetzt alles anders."

„Werde mir Mühe geben. Ich wusste ja nicht mal, dass du inzwischen eine feste Beziehung hast. War mir ein bisschen peinlich, dass ich nicht mal ihren Namen kannte."

„Muss dir nicht peinlich sein. Wusste selber nicht, dass sie extra zum Flughafen rauskommen wollte, um mich zu verabschieden. Ehrlich gesagt habe ich auch deshalb ja zu diesem Trip gesagt, um da etwas Abstand zu gewinnen."

„Anscheinend ist diese Reise für uns beide eine Gelegenheit, das ein oder andere abzuklären." Schon wieder hat sich die Schlange weiterbewegt. Hätte den Rucksack vielleicht doch aufbehalten sollen. „So oder so finde ich es toll, dass du dich doch noch entschieden hast, mitzukommen."

*

Damit hatte ich eigentlich schon gar nicht mehr gerechnet. Daniels erste Reaktion, als ich ihn vor zehn Tagen angerufen habe: „Achtundachtzig Tempel? Siebenhundert Kilometer pilgern? Wie abgefahren ist das denn? Willst du jetzt etwa den Hape spielen?"

„Den was?"

„Sag bloß, du kennst Hape Kerkeling nicht? Der hat doch dieses Buch über seine Pilgerreise geschrieben."

„Der war auch in Japan?"

„Quatsch. Der ist den Jakobsweg in Spanien abgelaufen. Du kennst also tatsächlich einen der beliebtesten deutschen Fernsehkomiker nicht?"

„Vergiss nicht, ich habe die letzten acht Jahre im Ausland verbracht. Und in den Jahren davor ist mir auch nicht gerade nach deutschen Fernsehkomikern zumute gewesen ..."

Daraufhin hat mein Sohn nur noch irgendetwas Unverständliches gegrummelt. Ich glaube, was ihn am Ende dazu gebracht hat, sich tatsächlich auf das Abenteuer einer dreiwöchigen gemeinsamen Wanderung mit seinem Vater einzulassen, war die Aussicht auf eine Japanreise, die er sich zurzeit finanziell gar nicht leisten könnte. Das hat er in diesem Telefongespräch ja auch selber durchblicken lassen.

„Warum plötzlich so ein großzügiges Angebot?", hat er gefragt.

„Na, immerhin bist du mein Sohn."

„Das zumindest kann ich nicht leugnen. Nehme an, du hast sogar irgendwo noch eine beglaubigte Kopie meiner Geburtsurkunde." Mit einem knappen „Na ja, kannst mir ja mal eine

Mail mit den Details schicken", hat er unser Gespräch beendet. Nach sechs Tagen Funkstille dann seine knappe WhatsApp-Nachricht: „Okay, bin dabei. Könnte dir übrigens vorab auch SIM-Karte für Japan besorgen – es sei denn, du hast ein SIM-Lock-Handy."

*

Inzwischen sind wir am Gate angelangt. Boarding um neunzehn Uhr zwanzig – also frühestens in einer Dreiviertelstunde. Es sind gerade noch zwei Plätze nebeneinander frei. Ich setze mich, und Daniel lässt sich in den Sitz neben mir fallen. Die junge Frau gegenüber sieht von ihrem Handy auf. Sie mustert uns auffällig. Daniel vor allem. Der Junge ist größer und kräftiger ist als ich. Das volle, dunkelblonde Haar hat er von seiner Mutter. Dazu die auffallend blauen Augen, die sensiblen Lippen und das kleine Grübchen am Kinn. Frauen finden ihn sicher gutaussehend. Jetzt, wo wir nebeneinandersitzen, sieht man ihm wohl trotz meiner Glatze auch an, dass er mein Sohn ist. In meine Rolle als stolzer Vater werde ich mich aber wohl erst wieder hineinfinden müssen. Bis zu vier Wochen werden wir jetzt ständig eng beieinander sein. Auf einmal kommen mir Zweifel, ob das hier nicht doch allzu ehrgeizig ist ...

*

Ich habe meinem Sohn die Bordkarte für den Fensterplatz überlassen, aber als wir unsere Sitzreihe erreichen, lässt er mich großzügig vor. Als uns die junge Japanerin bemerkt, springt sie sofort von ihrem Gangplatz auf, um uns durchzulassen. Sieht echt nett aus, die Kleine. Daniel hat seinen Sitzgurt noch nicht geschlossen, da fängt er schon eine Konversation mit ihr an. So erfahre auch ich, dass sie Violine an der Musikhochschule in Köln studiert hat, dass sie gerade ihre Abschlussprüfung bestanden hat und dass sie jetzt erst mal nach Tokio zurückkehrt, wo man ihr eine Stelle in einem Orchester angeboten hat. Außerdem liebt sie Deutschland und hofft, bald wieder zurückzukommen, denn sie träumt davon, eines Tages in einem unserer berühmten Orchester zu spielen ... Mein Sohn ist ein hartnäckiger Frager. Das scheint seine Sitznachbarin aber überhaupt nicht zu stören. Ihr Deutsch ist erstaunlich gut.

Zwanzig Uhr dreißig. Mit einer halben Stunde Verspätung setzt sich der Flieger in Bewegung.

21. April, Tokio

Der Flughafenbus nach Shinagawa steht schon da, als wir aus der Ankunftshalle ins Freie kommen. Ich sprinte zum Ticket-Automaten hinüber. „Beeil dich", rufe ich Daniel zu. Mein Sohn und die kleine Japanerin müssen ja unbedingt noch ihre E-Mail-Adressen austauschen ... Zum Glück bemerkt der Busfahrer mein Winken und wartet noch, wobei er uns schon seine Hände in den blütenweißen Handschuhen entgegenstreckt, um uns unsere Rucksäcke abzunehmen. Kaum hat er die im Gepäckfach unter dem Bus verstaut, wirft er mit der einen Hand die Klappe zu und winkt mit der anderen, dass wir einsteigen sollen. Zwei Minuten später sind wir schon auf dem Expressway.
    Zuerst geht es noch durch ländliche Gegenden – beiderseits Kiefernhaine, Reisfelder, einzelne oder zu kleinen Siedlungen zusammengedrängte Häuser, mit blauen, in der Mittagssonne glänzenden Ziegeldächern.
    „Ist es nicht schön, dieses ländliche Japan?", sage ich. Der Junge reagiert überhaupt nicht. Er scheint mit seinen Gedanken ganz woanders zu sein. Und hin und wieder so ein seltsam versonnenes Lächeln. Das kenne ich gar nicht an ihm – aber wir haben uns in den letzten Jahren auch selten gesehen. Vielleicht ist er ja auch einfach nur müde ...

Erst auf dem letzten Teil der Strecke die Tokio Bay entlang beginnt auch Daniel mit sichtbarem Interesse aus dem Fenster zu blicken, hinunter auf das chaotische Durcheinander, über das sich die Wangan Route hier hinwegschwingt: Eine Aneinanderreihung künstlich aufgeschütteter Inseln, auf denen sich in bunter Mischung und dicht gedrängt Fabriken, Lagerhallen, von riesigen Auffangnetzen überwölbte Golfabschlagplätze, ein Park mit einem Riesenrad mittendrin, ein Museum, ein Stahlwerk, Kaianlagen, fußballfeldgroße Lager mit importierten Baumstämmen, Ausstellungshallen und riesige Containerlager ausbreiten – und jetzt auch noch das futuristische Gebäude eines bekannten TV-Senders.

Wir haben gerade die Auffahrt zur Rainbow Bridge erreicht. Plötzlich zeigt Daniel nach unten. „Da ist ja ein richtiger Sandstrand!", ruft er. Ich beuge mich über ihn, um hinuntersehen zu können. Tatsächlich, ein langgezogener heller Sandstrand, zur Landseite hin begleitet von einem grünen Band aus dicht belaubten Büschen und Bäumen. Dieser schmale Streifen künstlich geschaffener Natur bildet den abschließenden Saum des streng geordneten Chaos auf der unter uns liegenden aufgeschütteten Insel. Aber ein Strand direkt an einer vielbefahrenden Durchfahrt in einen weiteren Teil des riesigen Tokioter Hafens?

„Aber baden würde ich da nicht wollen", sage ich.

„Hast du inzwischen überhaupt mal wieder einen richtigen Strandurlaub gemacht?" Natürlich denkt der Junge dabei an Sri Lanka.

„Nein", sage ich – „kannst dir ja denken, warum. Übrigens, erinnerst du dich noch an unsere Überfahrt mit der Fähre nach Nachi-Katsuura, wo wir in diesen Sturm geraten sind? Da ganz hinten, auf der Rückseite dieser Insel, liegt das Ferry Terminal, von dem aus wir damals losgefahren sind."

„Als ob ich das jemals vergessen könnte. Vor allem den Abend nach unserer Ankunft, als der Taifun so stark wurde, dass plötzlich die Wellen in die Höhle hineinschlugen, in der wir uns gerade in dem großen Thermalbecken niedergelassen hatten ..."

Wir blicken beide aus dem Fenster. Von hier aus, kurz vor dem höchsten Punkt der Rainbow Bridge, hat man einen besonders weiten Blick über diese sich ins Unendliche dehnende Stadt, diesen einzigartigen, sinnenverwirrenden Mischmasch aus Kaiserresidenz, Megacity und Dorf. Uns ist aber beiden erst mal nicht mehr nach reden zumute.

*

Der Busfahrer greift mit seiner weißbehandschuhten Hand unter den vielen Dutzend Gepäckstücken im Laderaum zielsicher all diejenigen heraus, deren Besitzer ihr Ticket bis hierher gelöst haben. In dem Moment, als er meinen Rucksack ans Tageslicht zieht, sehe ich, dass vor dem Hoteleingang gerade ein Taxi frei wird. Schnell strecke ich dem Fahrer meinen Kontrollschein hin und schnappe mir das gute Stück.

„Komm, beeil' dich", rufe ich Daniel zu.

„Ich dachte, wir übernachten in diesem Hotel?", ruft er hinter mir her.

„Nur noch ein kurzes Stück mit dem Taxi", sage ich zu ihm, als er neben mir steht, und „*mō ii des'* " – schon gut – zu dem Taxifahrer, der mir den Rucksack abnehmen will, um ihn im Kofferraum zu verstauen.

„Ich hoffe, du hast nicht auch hier in Tokio schon irgend so eine rustikale Tempelherberge gebucht", sagt Daniel, als wir uns beide zusammen mit unseren Rucksäcken auf den Rücksitz quetschen.

„Du hast mir doch ausdrücklich freie Hand gelassen, was unsere Reiseplanung betrifft", sage ich und grinse ihn an. „Lass dich überraschen." Dem Fahrer rufe ich zu, „*Meguro, Yūtenji.*"

„*Nihongo jōzu des' nee*", sagt der und legt den Gang ein.

„*Iie, iie*", bestreite ich seine Behauptung, mein Japanisch wäre hervorragend.

*

Das kleine familiäre Hotel liegt unweit der belebten Komazawa-Dōri in einem ruhigen Wohnviertel mit überwiegend niedrigen Häusern und beinahe dörflicher Atmosphäre, wie sie für das Tokio abseits der Hochhausviertel und der großen Durchgangsstraßen typisch sind. Unsere Zimmer liegen nebeneinander, ganz oben im dritten Stock.

„Schlage vor, wir legen uns erst mal ein bisschen aufs Ohr", sage ich. Daniel nickt. „Wir sollten allerdings gegen Abend noch mal rausgehen und irgendwo was essen. Sonst wachen wir mitten in der Nacht auf und können nicht mehr schlafen – wegen Jetlag."

„Okay", sagt er und verschwindet in seinem Zimmer. Ihm scheint jetzt erst einmal alles recht zu sein.

*

Das leise Pochen verwandelt sich in ein lautes, beharrliches Klopfen. Wo bin ich hier überhaupt? Draußen vor dem Fenster nur ein schwacher gelblicher Widerschein, der im diesigen

Dunkel eines tiefhängenden Himmels zu versickern scheint ... Tokio! Am liebsten würde ich mich einfach umdrehen und weiterschlafen. Aber ich habe diesen abendlichen Bummel ja selbst vorgeschlagen. „Komme", rufe ich, und endlich hört das Geklopfe auf.

Gemächlich laufen wir die abendlich ruhige Straße entlang. Jetzt, gegen Ende April, ist es hier schon angenehm warm, aber die Luftfeuchtigkeit noch nicht so hoch – bis zur Regenzeit ist es ja noch ein paar Wochen hin.

Die Häuser hier sind meistens zweistöckig, dazwischen nur vereinzelt etwas größere Appartementgebäude, deren vorgeklebte Fassaden roten Klinker oder senfgelbe Ziegel vortäuschen. Die ganze Straße entlang Betonmasten, die das Gewirr der Stromkabel über uns hochhalten. Zwischen den Wohnhäusern immer wieder auch kleine Läden – hier schon ein zweiter *Kombini*, einer dieser allgegenwärtigen ‚Convenience Stores'. Hin und wieder öffnet sich der Blick in eine Seitengasse, in deren dunklen Tiefen leuchtende Schriftzüge oder bunte Papierlaternen kleine Restaurants oder Kneipen verheißen.

Die milde Abendluft schmeckt nach Staub und Abgasen, jetzt gerade gewürzt mit einer Prise von Seetang und Meer. Die muss von dem Fischladen dort an der Ecke herüberwehen. Aber jetzt wird dieser Duft auch schon abgelöst von einer feinen Kiefernholznote.

Vor dem kleinen, hellblau gestrichenen Holzhaus schräg gegenüber drängt sich ein Dutzend Topfpflanzen zu sowas wie einem Blumengärtchen zusammen.

Ein junger Mann in einem grauen Overall öffnet die Schiebetür zu dem kleinen *Yakitori*-Restaurant, an dem wir nun vorbeikommen. Für einen kurzen Moment sind wir in den Duft von frisch gegrillten Hühnerspießchen mit einem leichten Hauch von Sake gehüllt.

Vor uns läuft schon die ganze Zeit ein Mädchen in Schuluniform, einer Art Matrosenbluse über einem Faltenrock in gleichem Dunkelblau, weiße Socken darunter, und auf dem schwarzen Schulranzen klebt ein Hello Kitty-Aufkleber. Die kommt wohl so spät noch von der *Juku*, der Paukschule.

Die schmale Straße macht einen Bogen, und nach wenigen Metern kommen wir
auf die Komazawa-Dōri hinaus.
„Lass uns nach rechts runterlaufen", sage ich.
An der Ampel müssen wir eine Weile warten.
„Hey, da gegenüber, das ist doch ..."
„Na, weißt du jetzt, wo wir sind?", frage ich.
„Das ist doch unser Shinto-Schrein!"
Daniel macht große Augen – als wäre er wieder der Elfjährige, der stolz eine Plastiktüte mit drei munteren kleinen Schildkröten nach Hause trägt.
„Erinnerst du dich noch an das Schreinfest, auf dem du die Schildkröten bekommen hast?"
„Ich erinnere mich vor allem daran, dass ich da erst mal voll frustriert war, weil ich es nicht geschafft hatte, mit dem kleinen Papierkescher einen der Goldfische aus der Schüssel zu holen."
„Genau deshalb hat Mom dir dann ja diese Schildkröten gekauft."
„Das muss ziemlich am Anfang unserer Zeit hier gewesen sein. Am Ende waren die ja schon richtig groß und ich musste sie irgendwo freilassen."
„Stimmt. In dem kleinen Teich in dem Park hier ganz in der Nähe."
„Vielleicht leben die da immer noch ..."
"Du, es ist grün!"
Als wir die Komazawa-Dōri überqueren, lächelt mich mein Sohn zum ersten Mal an. „Wollen wir mal sehen, ob unser Haus noch steht?"
„Warum nicht? Liegt ja gleich in der Seitenstraße hinter dem Schrein."
Wir laufen den aus kantig zugehauenem Naturstein zusammengefügten Zaun entlang, der das Schreingelände umschließt. Alles unverändert: Das zugegebenermaßen etwas hässliche, weil aus Beton bestehende große *Tōri* am Eingang,

der Brunnen mit dem kupfergedeckten Dach darüber, der Hauptschrein mit den Nebengebäuden, alle aus dunkelgebeiztem Holz und ebenfalls mit kupfergrünen, geschwungenen Dächern – alles jetzt nur schemenhaft erkennbar, da die mächtigen Kronen der uralten Bäume auf dem Gelände das von außen hereinfallende Licht der Straßenlaternen und den Wiederschein des fahlgelb leuchtenden Nachthimmels größtenteils schlucken.

Angelika und ich hatten diesen altehrwürdigen Schrein zum ersten Mal im goldenen Licht einer tiefstehenden Abendsonne gesehen. Eine Ansicht wie aus einem Bildband über das traditionelle Japan. Allein deshalb hatten wir uns für das gleich dahinter liegende Haus praktisch schon entschieden, bevor der Makler es uns überhaupt richtig gezeigt hatte. Schon stehen Daniel und ich auf dem kleinen Parkplatz davor, auf dem wir immer unseren alten Honda Accord geparkt hatten.

„Nicht gerade schick", sagt er. „Und irgendwie hatte ich das Haus größer in Erinnerung."

„Aber die Lage war super", sage ich, „so dicht an der Haltestelle für deinen Schulbus nach Yokohama. Und der rote Ahorn da an der Seite, den hat deine Mutter persönlich gepflanzt. Irre, wie groß der inzwischen geworden ist."

„Irre", sagt er und wirft mir einen etwas seltsamen Blick zu.

„Komm", sage ich, „oder hast du etwa keinen Hunger?"

„Wo wollen wir überhaupt hin?"

„Wo wir damals auch so oft hin sind. In das *Izakaya* in der Einkaufsstraße vor dem Gakugei-Daigaku-Bahnhof. Nicht mal eine Viertelstunde von hier."

„*Izakaya*?"

„Ach ja, dein bisschen Japanisch von damals hast du wahrscheinlich so ziemlich vergessen."

„Ist ja wohl kein Wunder. Ist schließlich schon zehn Jahre her, dass wir hier weg sind."

„Klar – jedenfalls wirst du unser Lieblingsrestaurant von damals bestimmt gleich wiedererkennen. Ich hoffe jedenfalls, dass es den Laden noch gibt. Die hatten so viele kleine Köstlichkeiten auf der Speisekarte, dass wir meistens viel zu viel bestellt haben. Du wolltest immer die *Gyōza* und auf einer Eisenplatte gebratene Fleischwürfel."

„Ja, jetzt habe ich Hunger!"

Erst als wir die Außentreppe zum ersten Stock hinaufsteigen, erinnert sich Daniel. „Ah ja, den erkenne ich wieder", sagt er, und zeigt auf die große Keramik-Figur neben dem Eingang. „Wie heißen die Viecher noch?"

„*Tanuki*", helfe ich ihm auf die Sprünge.

„Genau. Auch den habe ich allerdings deutlich größer in Erinnerung."

„Du warst ja auch erst elf als wir 2002 nach Tokio gekommen sind – und nicht viel größer, als dieser *Tanuki*."

„Jetzt übertreib' mal nicht", protestiert er.

„Jetzt komm rein", sage ich und halte die Tür auf.

Auch drinnen sieht alles noch genauso aus wie damals. Einer der Zweiertische an der Längswand ist noch frei. Kaum sitzen wir, bringt uns die Bedienung die buntbebilderte Speisekarte. „Etwas altmodisch, findest du nicht?", meint der Junge nach einem kurzen Blick in die Runde. Dann aber muss er zugeben, dass auch er das hier durchaus gemütlich findet – „ein bisschen wie ein bayrisches Brauhaus."

*

Natürlich haben wir wieder viel zu viel bestellt – genauso wie damals. Von den *Gyōza* gleich zwei Portionen, und die Fleischwürfel, die hier immer noch ‚cycle steak' heißen, weil sie auf der Platte in einem Kreis arrangiert sind, durften auch nicht fehlen. Dazu noch gebratenes Schweinfleisch mit Kimchi, Sashimi (gleich zwei Platten), Hühnerfleischspießchen mit Erdnusssoße, in mundgerechten Stücken servierten gebratenen Aal, Garnelen in süßsaurer Soße, ein Schälchen *Wakame*-Seetangsalat, zwei Schüsselchen Suppe mit dicken weißen *Udon*-Nudeln.

Daniel strahlt. Zur Eröffnung stoßen wir an, mit einem eisgekühlten Asahi Bier.

„Auf eine erfolgreiche Pilgerfahrt."

„Hals- und Beinbruch."

So ganz scheint er sich mit dem Charakter unserer Reise noch nicht angefreundet zu haben.

„Where are you from?", ruft ein junger Mann vom Nebentisch herüber. Er will mit seinem Englisch offenbar die junge Dame beeindrucken, die bei ihm am Tisch sitzt.

„*Doitsu*", rufe ich zurück.

„*Ah, sō des' ka*", sagt er. Er zeigt auf sein Glas. „German Beer best." Dabei hebt er anerkennend den Daumen. Dann kommt noch das unvermeidliche „*Nihongo jōzu des', nee*", das ich natürlich mit dem obligatorischen „*Iie, iie*" zurückweise.

Ansonsten nimmt niemand in dem fast vollbesetzten Lokal von Daniel und mir Notiz. An den Tischen um uns herum fast nur lässige junge Leute in entspannter Feierlaune. Zumeist wohl Studenten der nahegelegenen Uni. Die Angestellten in ihren korrekten schwarzen Anzügen sitzen um diese Zeit sicher noch in ihren Großraumbüros. Sie werden kaum vor 22:00 Uhr zum obligatorischen Umtrunk mit den Kollegen hier einfallen.

„*Itadakimas'!*", sage ich.

„*Itadakimas', dōzo*", kommt es prompt zurück. Das hat er also von damals noch drauf. Mit den Stäbchen schnappt er sich ein großes Stück *Maguro Sashimi*, tunkt es in das Schälchen dick mit *Wasabi* angerührter Sojasoße und eröffnet damit genießerisch unser Gelage.

„Wollen wir nicht einfach in Tokio bleiben?", fragt er nach dem dritten oder vierten Scheibchen *Sashimi*. „Vier Wochen schlemmen statt durch die Gegend zu laufen wäre vielleicht auch besser für dich, Dad – so geschafft wie du aussiehst."

„Danke für das Kompliment", sage ich.

„Ich meine ja nur. Im Vergleich zum letzten Mal, als wir uns gesehen haben, hast du jedenfalls ganz schön abgenommen. Also, um ehrlich zu sein: Ich hätte einen Strandurlaub in Thailand sowieso besser gefunden als jetzt drei Wochen lang einen Tempel nach dem anderen abzuklappern. So ganz verstehe ich ehrlich gesagt immer noch nicht, warum du unbedingt zum Pilgern nach Shikoku willst."

„Du, das ist so eine Art Nostalgietrip für mich. Mit Mom bin ich von Kobe aus ein paarmal auf Shikoku gewesen."

Uns jetzt allerdings schon an unserem ersten gemeinsamen Abend in eine weitere Diskussion über Sinn und Zweck unserer 'Pilgerreise' zu verwickeln, erscheint mir eher kontraproduktiv zu sein. Ob er nicht Lust hätte, vor unserem Aufbruch nach Shikoku seiner alten Schule noch einen Besuch abzustatten, wechsle ich das Thema. Vielleicht kann ich den Jungen ja so auch noch etwas für unsere gemeinsame Unternehmung erwärmen. „Schließlich soll hier jeder auf seine Nostalgiekosten kommen. Liegt ja praktisch auch auf dem Weg. Wir würden dann anschließend einfach vom Bahnhof Shin-Yokohama aus den Shinkansen nach Kobe nehmen."

„Ach lass mal. Inzwischen kennt mich da ja sowieso kaum noch einer", sagt Daniel. „Und allen, denen wir dort über den Weg laufen, auch noch erklären, dass ich ein Ehemaliger auf Nostalgietrip bin – nein, so alt bin ich noch nicht."

„Okay, wie du willst", sage ich. „Aber wenn ich das richtig sehe, war das doch eine gute Zeit für dich dort."

„Stimmt, war tatsächlich nicht schlecht. Auf jeden Fall besser als in Bonn am Aloysius-Kolleg, wohin du mich danach wieder abgeschoben hast."

Ich greife spontan nach meinem Bierglas. Mein Sohn sieht mich angespannt an. Soweit kenne ich ihn immerhin noch, dass ich seinen Gesichtsausdruck deuten kann. Er fragt sich wohl gerade, ob das so gut war, dass ihm das eben so rausgerutscht ist. Ich nehme erst einmal einen tiefen Schluck.

„Das hast du wohl nicht ganz so gemeint, wie das rüberkam", sage ich, hoffend, dass das jetzt meinerseits souverän und völlig entspannt rübergekommen ist.

„Schon gut, Dad", kommt es in versöhnlichem Ton zurück.

„Also, ich finde, wir sollten jetzt erst mal unser Essen genießen. Wäre doch schade, wenn deine cycle steaks kalt werden würden." Ich lange mit meinen Essstäbchen über den Tisch und picke mir einen der Fleischwürfel von der Platte.

„Hast recht", sagt Daniel und langt ebenfalls zu.

Eine Zeit lang arbeiten wir uns mit den Stäbchen durch die Platten, Schüsseln und Schälchen zwischen uns auf dem

Tisch. Statt weitere Diskussionen vom Zaun zu brechen fordere ich meinen Sohn nur zwei oder drei Mal zwischendurch auf, mit den schweren Halbliter-Biergläsern anzustoßen: „Auf Shikoku!" „Auf eine gute Zeit!" „Auf uns!"

Erst als nur noch etwas von den ohnehin kalten Speisen übrig ist – eine halbe Platte *Sashimi*, der *Wakame*-Salat, ein paar von den Garnelen – wage ich es, noch mal eine Frage zu stellen.

„Übrigens, wie war eigentlich die erste Station deines Referendariats? Wo hast du die überhaupt abgeleistet? Zivilrecht, oder?"

„Mit sowas Trockenem wollen wir uns doch jetzt nicht die Stimmung verderben." Diesmal hebt Daniel als Erster das Glas."

„Haste auch wieder recht", sage ich, „Prost!"

Eine weitere Frage kann ich mir dann aber doch nicht verkneifen. „Habe ich dir eigentlich mal gesagt, wie sehr ich mich seinerzeit über deine Entscheidung gefreut habe, Jura zu studieren, wie ich?"

„Oh Gott, nein, hast du nicht. Du hast nur immer gesagt, mit diesem Studium stünden einem beruflich besonders viele Möglichkeiten offen. Komischerweise hat mich das damals überzeugt."

„Wahrscheinlich gut, dass ich nicht mehr gesagt habe. So, wie du damals auf Opposition gebürstet warst, hättest du dich sonst wahrscheinlich für die Schauspielerei oder eine ähnlich brotlose Kunst entschieden ..."

„Mann, ich platze gleich", stöhnt er.

„Wolltest du nicht eigentlich die ganzen vier Wochen nur schlemmen?", frage ich.

„Immer noch besser als drei Wochen nur magere Tempelkost – Reisgrütze, Tofu und zu Buddhas Geburtstag eine trockene Mohrrübe extra."

„Unterschätz' die Buddhisten nicht", sage ich.

„Bestellen wir noch eins?", fragt er. Als ich zögere stößt er nach: „Jetlag – durchschlafen – das war doch dein Plan."

Ich gebe mich geschlagen.

Als wir das *Izakaya* eine Stunde später verlassen – wir haben zu guter Letzt sogar beide noch ein drittes Halbes geleert – sitzt schon eine erste Gruppe von Angestellten im obligatorischen schwarzen Anzug um einen der größeren Tische. Von der nahen Toyoko-Bahnlinie her hört man das vertraute ‚ping – ping – ping', weil gerade die Schranke an einem der Übergänge hoch- oder runtergeht.

„Eigentlich ein geiles Gefühl, wieder hier in Japan zu sein", höre ich meinen Sohn sagen.

„Na, dann haben wir vielleicht doch alles richtig gemacht", sage ich vorsichtig.

„So weit, so gut", gibt er zurück.

*

Es ist erst zwei Uhr! Statt mich durchschlafen zu lassen, haben mich die anderthalb Liter Bier vorzeitig aus dem Bett getrieben. Von der Toilette zurück ziehe ich den Fenstervorhang an den Rändern noch ganz zu, um auch den letzten Streifen Licht der nächtlichen Stadt auszusperren.

Aber das, was einem im Kopf herumgeht, lässt sich nicht einfach so zuhängen. Dabei ist unser erster gemeinsamer Tag doch gar nicht so schlecht gelaufen. Nur einmal, beim Essen vorhin, ist der Korken kurz aus der Flasche gepoppt, die mein Sohn und ich so lange nicht anzurühren gewagt haben. Aber selbst das haben wir doch schnell wieder eingefangen. Ja, Daniel und ich haben doch, trotz allem, hier einen weitgehend entspannten ersten Abend miteinander verbracht.

Okay, da wird noch so Einiges hochkommen in den nächsten drei Wochen. Aber ein Anfang ist gemacht, der durchaus hoffen lässt. Zumal auch Daniel das anscheinend so sieht. Wie hat er es doch am Ende so schön formuliert? „So weit, so gut ..."

„Aber dass er tatsächlich von ‚abschieben' gesprochen hat ... Kann doch nicht sein, dass er sich gar nicht mehr daran erinnert, dass er selber es war, der damals wieder nach Bonn ins Aloysius zurückwollte.

Eine dröhnende Männerstimme, draußen auf dem Gang. Um diese Zeit noch? Wahrscheinlich betrunken. Eine Frau lacht laut auf. Offenbar sind die direkt vor meiner Tür stehengeblieben. Die werden doch nicht die Zimmernummer verwechselt haben und versuchen, hier einzubrechen ... Nein, jetzt sind sie offenbar eine Tür weiter. Laut fällt die ins Schloss. Jetzt bin ich endgültig glockenwach.

Dass ich Daniel letztlich wohl nicht ganz der Vater gewesen bin, den er gebraucht hätte, lässt sich wohl nicht abstreiten ...
Ich wälze mich auf die andere Seite. Manchmal hilft das ja, das Gegrübel zu unterbrechen. Aber jetzt, allein in der Finsternis, kommen mir auf einmal ernsthafte Zweifel an dem, was ich mir vorgenommen habe. Ja, auf was habe ich mich hier überhaupt eingelassen? Wie weit muss ich nun gehen, damit der Junge versteht und verzeiht? Wie weit will ich überhaupt gehen?
Warum bloß habe ich das alles nicht schon gründlich bedacht, bevor ich Daniel vorgeschlagen habe, sich mit mir auf diese Pilgerreise zu machen?

Nebenan knarrt das Bett. Der Lärm auf dem Gang hat wohl auch Daniel aufgeweckt. Ein Stöhnen dringt durch die Wand. Mein erster Gedanke: Jetzt ist ihm schlecht geworden nach der Völlerei von vorhin. Ich setze mich ruckartig auf. Nein, jetzt knarrt es, als ob er auf seinem Bett auf und ab wippen würde. ‚Hospitalismus', schießt es mir durch den Sinn. Vernachlässigte Kinder schaukeln doch manchmal so zwanghaft hin und her ...
Ein Jubelruf zerreißt die Watte in meinem Kopf. Das Wippen und Knarren hat in einen festen, stetigen Rhythmus gefunden. Jetzt wird es auch noch von seltsamen Lauten interpunktiert. Irgendwas zwischen unterdrückten Hilferufen und genussvollem Aufstöhnen. Jetzt entfaltet sich das Ganze zu einem unzweideutigen Wechselgesang zwischen tiefem Bass und jubilierendem Koloratursopran: Ja, da ist eindeutig dieses Pärchen zugange – in dem Zimmer auf der anderen Seite!
Ich sitze wie festgefroren und lausche mit klopfendem Herzen, als könne jede falsche Bewegung oder ein einziger Laut

auf dieser Seite der Wand die artistische Choreografie des Stücks nebenan einstürzen lassen.

Jetzt ruckt auch noch etwas in stetem Rhythmus dumpf gegen die Wand, von einem aufmunternden Klatschen getrieben – als säße da drüben ein Zuschauer, der sich von dem, was er da sieht, zu voreiligem Beifallklatschen hat hinreißen lassen.

‚Wie klingt das Klatschen einer einzelnen Hand?' Dass mir ausgerechnet jetzt und bei solchem Treiben das berühmte Zen-Rätsel einfällt ...

Das Hörspiel im Nebenzimmer scheint inzwischen seinem Höhepunkt zuzutreiben. Tiefe Grunzer wechseln sich in immer dichter werdender Folge mit immer hektischeren, in immer luftigere Höhen getriebenen Keuch- und Stöhnlauten ab. Nun auch noch Text, kurze erregende Sätze, antreibende, fordernde Wörter, bejahende, verneinende, staunende Silben – und alles so laut hervorgestoßen, dass es durch die dünne Wand klar zu verstehen ist.

So nachdrücklich liegt mir das Paar nebenan in den Ohren, als wäre es beauftragt, mir Schwung um Schwung einzuhämmern, wie ungezwungen das Leben sein kann. Und das auch noch heute und hier, wo mich alles an die letzten drei Jahre mit Angelika erinnert – ja, auch an vergleichbare Momente mit ihr!

Über die aber war ja in diesen Jahren nach wie vor wie eine alle Empfindungen dämpfende Decke der Trauerflor unseres Unglücks gebreitet. Nur eine einzige einsame Insel hebt sich in meiner Erinnerung aus der stillen See unserer sorgsam im Gleichgewicht gehaltenen Liebe dieser Endzeit empor: Jener eine Moment in unserem letzten Tokioter Herbst – dieser Moment plötzlich auflodernden Glücks während der Überfahrt auf der schwankenden Fähre nach Katsuura. Und so hoch uns da die von den ersten Ausläufern des Taifuns erregten Wogen des Pazifik getragen haben, so jäh ließen uns später die vom Sturm in die Badehöhle gepeitschten Brecher wieder hinunterstürzen ...

Ernüchtert falle ich ins Kissen zurück und ziehe mir die Decke über den Kopf.

22. April, Yokohama – Naruto

Daniel sitzt auf dem Fensterplatz und starrt hinaus. Da draußen gleitet schneller und schneller das chaotische Häusermeer von Yokohama vorbei. Der Shinkansen hat eben erst den Bahnhof Shin-Yokohama verlassen und gerade hat der Junge tatsächlich gesagt, die drei Jahre an der Deutschen Schule Tokio-Yokohama seien die schönsten Jahre seiner gesamten Schulzeit gewesen.

Ich muss an die ewig langen Schulvorstandssitzungen an der DSTY denken. „Nirgendwo sonst habe ich so viel Zeit in deiner Schule verbracht, wie hier", sage ich.

„Ja, wenn es um die Schule ging. Wenn es um mich ging, warst du nie da. Beim großen Tischtennistournier gegen unsere japanische Partnerschule zum Beispiel. Da warst nicht mal bei der Siegerehrung dabei. Selbst als ich schon auf dem Treppchen gestanden habe, habe ich noch nach dir Ausschau gehalten."

„Da war garantiert mal wieder was Dienstliches dazwischengekommen. Aber ich gehe davon aus, dass deine Mom bei diesem Ereignis dabei war."

„Darum geht es nicht, Dad."

„Irgendwo dahinten hinter dem Wolkenvorhang müsste jetzt der Fuji liegen", sage ich.

„Vielleicht sehen wir den ja in drei Wochen, wenn wir zurückkommen", sagt Daniel. „Ach übrigens, du wolltest mir doch noch erklären, wie das jetzt weitergeht. Also, von Kobe aus nehmen wir heute Nachmittag den Bus über Awaji nach Shikoku. Und dann?"

„Übernachten wir in Naruto. Das ist der erste kleine Ort auf Shikoku – gleich nach der Brücke über die Naruto-Meerenge. Ich habe uns da ein Zimmer in einem kleinen Guesthouse reserviert. Ein *Tatami*-Zimmer. Da können wir uns schon mal wieder daran gewöhnen, auf dem Fußboden zu schlafen. Du erinnerst dich doch sicher, wie wir früher, wenn wir hier unterwegs waren, gelegentlich in traditionellen Gasthäusern auf *Tatami*-Matten geschlafen haben."

„Ich erinnere mich eher an Schulausflüge, an wilde Kissenschlachten oder Ringkämpfe in den großen *Tatami*-Schlafräumen ..."

„Wie auch immer. Jedenfalls ist es von diesem Gasthaus nicht weit bis zum Bahnhof. Dort nehmen wir morgen früh den ersten Zug der Lokalbahn bis Bando. Schräg gegenüber der Bahnstation liegt dann schon Tempel Nummer 1. Ab da heißt es laufen. Erst mal bis Tempel Nummer 6. Dort habe ich zur Einstimmung eine Übernachtung in der Tempelherberge reserviert. Da gibt es als besonderen Luxus sogar ein *Onsen*, eine heiße Quelle für die Pilger zum Baden."

„Klingt gut, soweit", wirft Daniel ein – sein erster positiver Kommentar zu dem, was wir vorhaben. „Aber dann willst du tatsächlich in drei Wochen gut siebenhundert Kilometer zu Fuß machen?" Prompt ist sie wieder da, seine grundsätzliche Skepsis.

„Das ist der Witz bei der Sache."

„Ich meine ja nur. Bist du wirklich schon wieder so fit? War doch anscheinend ein ziemlich übler Virus, den du dir eingefangen hattest."

„Kein Virus. Ein Darmparasit. Aber der Arzt meint, das Monster wäre besiegt und, wie gesagt, er hat mir Wandern sogar empfohlen."

„Nun ja, wandern ist ja okay. Aber warum es unbedingt eine Pilgerwanderung sein muss, habe ich immer noch nicht so ganz durchschaut", sagt Daniel und blickt mir dabei direkt ins Gesicht. „Vor allem, weil wir damit ja offenbar nicht mal an der vorgeschriebenen Stelle anfangen. Ich habe mich nämlich inzwischen auch selber ein bisschen schlau gemacht – Lonely Planet und so. Normalerweise muss man diese Pilgertour mit einem Besuch auf dem Kōya-san beginnen, weil dort der Haupttempel der Shingon-Sekte liegt, deren Tempel auf Shikoku du ablaufen willst. Wenn du also nicht mal an der richtigen Stelle anfangen willst, warum das Ganze dann überhaupt? Warum wandern wir nicht einfach so, ganz entspannt und ohne festen Plan? Die Gegend ist doch sicher auch so urig genug."

Natürlich habe ich diese Frage erwartet, wenn auch vielleicht nicht so schnell. „Das ist einfach erklärt", sage ich. „Wir fangen nicht auf dem Kōya-san an, weil wir da schon mal gewesen sind."

„Wie jetzt? Ich auch?"

„Ja, in unserem ersten Jahr in Tokio. Über Ostern. Da waren wir in Kyoto und haben von dort aus einen Tagesausflug gemacht. Auf diesen Berg mit den vielen Tempeln und dem großen Friedhof."

„Ach, diese Steingräber im Wald?"

„Genau. In diesem uralten Zedernwald"

„Dann weiß ich wieder. Wir sind da stundenlang rumgelaufen. Mom und du, ihr habt geschwärmt, von der Atmosphäre und so, und ich fand es stinklangweilig. Ansonsten erinnere ich mich nur noch, dass es arschkalt war da oben."

„Na ja, da warst du erst dreizehn – vielleicht ein bisschen zu jung, um einen mehr als tausend Jahre alten heiligen Ort so richtig zu würdigen."

„Wenn du meinst ..."

Die Japaner um uns herum starren auf ihre Handy-Displays, sind in Zeitungen oder Manga-Hefte vertieft oder – wie der junge Mann auf der anderen Seite des Ganges – in irgendwelche Tabellen. In der Reihe hinter uns schnarcht jemand leise. Ansonsten hört man nur das gedämpfte Rauschen des Shinkansen und hin und wieder den leichten Schlag, wenn der Zug in einen der vielen Tunnel eintaucht. Die Anzeige vorne im Wagen zeigt, wir sind gerade mit rund dreihundert Stundenkilometern unterwegs.

„Ganz schön sportlich", stellt Daniel fest.

„In der Tat. So schnell sind die Bahnen in Deutschland ja bis heute noch nicht."

Daniel grinst mich an. „Wieso Bahnen? Ich musste gerade daran denken, was da abgegangen ist, letzte Nacht."

Oh Gott, der Junge hat es also auch gehört – obwohl mein Zimmer dazwischenlag.

„Muss dir nicht peinlich sein, Dad. War nicht das erste Mal, dass ich sowas mitbekommen habe."

„Quatsch, warum sollte mir das peinlich sein", sage ich und schüttele – vielleicht ein klein wenig übertrieben – den Kopf. Offenbar hat er meinen Gesichtsausdruck missdeutet. Wenn, dann hat es mich überrascht, dass er sowas vor mir, seinem Vater, so unverblümt angesprochen hat. Irgendwie habe ich ihn wohl bis jetzt immer noch als meinen kleinen Jungen gesehen ...

„Übrigens", sage ich, „wir könnten in Naruto auch erst noch die Sixtinische Kapelle besuchen."

„Willst du mich verkackeiern?"

„Ganz und gar nicht. Es gibt in Naruto ein Museum mit weltberühmten Gemälden, von Leonardo da Vincis Abendmahl bis zu den Sonnenblumen von Van Gogh – alles Reproduktionen, die mit einer extra dafür entwickelten Technik auf Keramikkacheln aufgebracht worden sind. Wirkt absolut originalgetreu. Und das Prunkstück dieses Museums ist ein Nachbau des Innenraums der Sixtinischen Kapelle im Vatikan, in Originalgröße, einschließlich all dieser großen Decken- und Wandgemälde Michelangelos."

„Ist ja irre."

„Mit Mom bin ich da mal gewesen. Sie wollte da unbedingt hin. Vielleicht so eine Art Kompensation für die vielen buddhistischen Tempel, die wir seinerzeit hier in Japan besucht haben."

„Ihre katholischen Erziehung?"

„Kann sein. In ihrer Studienzeit in Münster ist sie ja sogar eine Zeitlang mit einem Theologiestudenten liiert gewesen. Der war allerdings evangelisch.

„Aber du willst da jetzt nicht wirklich hin, oder?"

„In diese Keramik-Kapelle? Nein, wir wollen's ja nicht übertreiben – es sei denn, du bestehst darauf..."

Wir werden in wenigen Minuten den Bahnhof Shin-Kobe erreichen, tönt es aus dem Bordlautsprecher. Ein Schlag, kurz wird es dunkel, bevor das Licht im Waggon aufflammt. Der einzige Tunnel auf der kurzen Strecke zwischen Osaka und unserem Ziel Kobe.

Ob ich nicht, wenn wir schon hier vorbeikämen, unserem Generalkonsulat einen Besuch abstatten wolle, fragt Daniel. „Hier soll schließlich jeder auf seine Nostalgiekosten kommen", zitiert er mich.

„Unser GK ist gar nicht mehr hier in Kobe. Das ist nach dem großen Erdbeben von 1995 nach Osaka verlegt worden. Selbst das Haus, in dem Mom und ich vor dreißig Jahren gewohnt haben, ist, wie wir gehört haben, nach dem Beben so stark beschädigt gewesen, dass es abgerissen werden musste."

„Muss ein Horror sein, so ein starkes Beben."

„Freunde, die das miterlebt haben, haben uns erzählt, das Schlimmste wären die Nachbeben gewesen. Da hätte man jedes Mal Angst, dass es gleich wieder so richtig losgeht. Jedenfalls behalte ich lieber alles so in Erinnerung, wie es damals gewesen ist."

Daniel lässt ein verständnisvolles Knurren hören. Im gleichen Moment gleiten wir aus dem Tunnel heraus und der Zug kommt im Bahnhof Shin-Kobe zum Stehen.

*

Nach dem langen Sitzen im Zug und im Bus tut es ganz gut, die nicht allzu lange Strecke von der Bushaltestelle in Naruto bis zu unserem ‚Guesthouse' zu Fuß zu laufen. Die erste etwas längere Strecke mit Rucksack. Verdammt ungewohnt. Wenn ich daran denke, dass ich mit dieser Last auf dem Rücken morgen kilometerweit werde laufen müssen …

Auf halber Stecke kommen wir an einem *Kombini* vorbei. Wir beschließen spontan, uns noch schnell mit ein paar Sandwiches und zwei Dosen Bier für unser Abendessen einzudecken. Wir sind beide zu müde, um nachher noch mal extra auszugehen. Als ich schon an der Kasse stehe, entdeckt Daniel noch irgendwas in dem Regal mit den Manga-Heften. Er kommt mit einem Notizheft zurück, so einem dicken mit Pappeinband, wie es die Schüler in Japan benutzen. Ich frage ihn, ob ihm sein Rucksack immer noch nicht schwer genug ist. Er grinst nur.

*

Unser *Tatami*-Zimmer ist klein, Bad und Gemeinschaftstoilette am anderen Ende des Flurs. Alles wirkt ein wenig wie in einer Jugendherberge. Eigentlich hatte ich mir das etwas netter vorgestellt. Daniel aber findet es ‚japanisch gemütlich', mit den *shōji*-Schiebetüren – und dann auch noch die *Tatami* im großen Gemeinschaftsraum.

Das Wichtigste ist, dass es hier WLAN gibt. So kann ich mir auf Google Maps noch mal unsere morgige Strecke ansehen. Daniel notiert derweil schon irgendwas in sein Notizheft.

„Hey", sage ich, „der Tempel, in dem wir morgen Abend übernachten, hat sogar eine Webseite auf Englisch."

„Kann man heutzutage doch auch erwarten", stellt Daniel nüchtern fest. Als er aufsieht, fällt ihm auf, dass ich mit überkreuzten Beinen im Lotossitz dasitze. Wo ich das denn gelernt hätte, fragt er. Offenbar erinnert er sich gar nicht daran, dass ich schon seit unserer gemeinsamen Zeit in Kathmandu mehr oder weniger regelmäßig Zen-Meditation geübt habe. War allerdings auch morgens ganz früh, wenn er noch geschlafen hat. Und in Tokio, wenn ich es sonntags mal geschafft habe, an den Laien-Zen-Übungen zweimal im Monat in dem kleinen Zendō in der Nachbarschaft teilzunehmen, war ich meist so früh zurück, dass ich für ihn und seine Mutter noch den Frühstückstisch decken konnte.

„Hast du etwa gehofft, so vor Mom's depressiven Stimmungen ins Nirvana flüchten zu können?" Daniel hat inzwischen sein Notizheft zur Seite gelegt, ist unter die Decke geschlüpft und hat diese Frage jetzt in einem so heiter-unbefangenen Ton gestellt, dass ich sie ihm nicht einmal übelnehmen kann.

Mir sei es nur um die entspannungsfördernden und die Konzentrationsfähigkeit steigernden Wirkungen der Meditation gegangen, erkläre ich. Anfangs habe mich durchaus auch die Vorstellung gereizt, durch intensive Meditation vielleicht sowas wie 'höhere Bewusstseinszustände' zu erreichen. Je mehr ich mich aber mit der Sache befasst habe, desto klarer sei mir geworden, dass es sich beim Zustand des *Samadhi*, also der tiefen Versenkung – und erst recht dem der Erleuchtung – wohl eher um einen Zustand totaler Regression handeln müsse. Also eine gezielt herbeigeführte Rückkehr in den

Zustand des neugeborenen Menschen, bevor sich dessen Ich und das differenzierende Denken ausgebildet haben. Dafür spreche ja schon, dass dieser zweifellos selige Zustand selbst bei denen, die ihn mehrfach erlebt haben wollen, immer nur für kurze ... Ein vernehmliches Schnarchen lässt mich innehalten. Ich habe gar nicht mitbekommen, dass mein Sohn inzwischen fest schläft.

*

„Hey, Dad!"

„Was'n los?" Wo bin ich überhaupt? Es ist stockfinster. Das Bett unter mir ist hart wie ein Brett. Ich taste herum. Kühl und glatt ... Tatami ... Naruto!

„Hast du das nicht gemerkt, eben? Ein Erdbeben. Hat ganz schön gerappelt ..."

„Echt? Habe ich nicht mitbekommen ..."

„Bekommst du überhaupt irgendwas mit?"

„Hm ..."

Jetzt bin ich wach und Daniel schnarcht schon wieder.

Auf dem Weg

Tag Eins

Die beiden überlebensgroßen Wächterfiguren im mächtigen Holztor vor dem Gelände von Tempel Nummer 1 blicken grimmig auf uns herunter. Der auf der linken Seite streckt mir abwehrend seine geöffnete Rechte entgegen. Der rechts droht mir mit seiner hoch erhobenen linken Faust. Das beeindruckt mich allerdings weniger als Daniels völlig verblüffter Gesichtsausdruck.

Er kann es offenbar gar nicht fassen, wie ich mich inzwischen ausstaffiert habe. Fast genauso nämlich wie die lebensgroße Schaufensterpuppe, die linkerhand vor dem Tempeltor steht, und an der der Neuling studieren kann, was alles zur Ausstattung des klassischem Shikoku-Pilgers gehört: Ein runder, nach oben spitz zulaufender Strohhut, ein weißes Gewand aus dünnem Baumwollstoff, bestehend aus langer Hose mit einem losen Hemdchen darüber, ein um den Nacken gehängter schmaler Schal – eigentlich eher ein Band – aus besticktem Stoff, weiße Socken mit einem Extraabteil für den großen Zeh, Strohsandalen, ein langer, vierkantiger Pilgerstab sowie eine Gebetskette, die einem katholischen Rosenkranz zum Verwechseln ähnlich sieht.

In der Gasse, die auf das Tempeltor zuführt, gab es einen kleinen Laden für Pilgerbedarf, dessen Schiebetür einladend offenstand, und aus dem mir ein altes Mütterchen zuwinkte, als hätte sie schon auf mich gewartet. Daniel ist achtlos daran vorbeigelaufen und hat womöglich erst gemerkt, dass ich verschwunden war, als er schon hier vor dem Tempeltor stand.

„Oh Gott, auf was habe ich mich da bloß eingelassen", stöhnt er jetzt. „Du nimmst das Ganze hier anscheinend doch ernster, als du bisher zugegeben hast."

„Du, das hat alles rein praktische Gründe", stelle ich fest.

„Etwa auch dieser klobige Strohhut?"

„Ist wirklich praktisch. Mit dem Plastiküberzug schützt er vor Regen. Ist aber auch nützlich, wenn es im Wald durch Spinnweben geht. Da senkt man einfach den Kopf und muss sich so nicht dauernd die klebrigen Fäden aus dem Gesicht wischen. Außerdem wird man darunter auch nicht gleich als Ausländer erkannt und dauernd angequatscht." Demonstrativ setze ich das Ding auf.

„Kratzt der nicht auf deiner Glatze?"

„Halbglatze, bitte. Das hat die Alte in dem Laden offenbar auch gedacht. Sie hat mir gleich noch eins von diesen dünnen Baumwolltüchlein angedreht, die man hier zum Schweißabwischen im Sommer oder in Thermalbädern benutzt. Damit hat sie die Hutspitze innen ausgestopft."

„Und das alberne Hemdchen?"

„Das ist wichtig, damit man uns schon von weitem als Pilger erkennt. So wird man uns überall freundlich empfangen und bei Bedarf jederzeit weiterhelfen."

Auf die Erklärung, dass dieses Hemdchen an ein traditionelles Totengewand erinnern soll, weil diese Pilgerreise den Zyklus von Tod und Wiedergeburt symbolisiert, verzichte ich lieber. Stattdessen erkläre ich ihm noch, dass wir den Pilgerstab vor allem deshalb unbedingt brauchen werden, um damit Giftschlangen zu verscheuchen, mit denen wir auf den häufig überwucherten Pilgerpfaden jederzeit rechnen müssen.

„Und was bedeuten die Schriftzeichen, die da draufgemalt sind?"

„Schöne Kalligrafie, nicht? Das heißt *„dogyo ninin* – auf dem Weg ist man immer zu zweit."

„Woher wissen die das denn?", fragt Daniel halb verwundert, halb spöttisch.

„Das soll heißen, dass man als Pilger auf diesem Weg nie allein ist, weil Meister Kobo einen persönlich begleitet."

„Alles klar", kommt es im geheuchelten Brustton der Überzeugung zurück.

„Und der Block mit den Papierstreifen?"

Meinem Sohn entgeht aber auch gar nichts. Aber seine Fragen signalisieren immerhin ein gewisses Interesse.

„Die nennt man *O-same-fuda*. Das Bild auf der Vorderseite stellt Meister Kobo dar. Auf die Rückseite schreibt man seinen Namen und das Datum. In jedem der Tempel auf diesem Pilgerweg gibt es eine Box, in die man einen solchen Zettel hineinwirft. Man kann auch noch einen Wunsch draufschreiben. Vor allem aber wird erwartet, dass man solche Zettel in den Pilgerherbergen hinterlässt, in denen man übernachtet hat, oder sie Leuten überreicht, die einem unterwegs helfen."

„Okay, kann ja sein, dass es für das ganze Zeug auch praktische Gründe gibt. Aber glaub' nicht, dass ich hier auch in dieser albernen Verkleidung rumlaufen werde."

Nun ja, dass ich den Jungen überzeugen würde, es mir nachzutun, damit hatte ich sowieso nicht ernsthaft gerechnet ...

*

Auf dem weitläufigen Gelände des Ryozen-ji ist die Hölle los. Das hatte ich schon befürchtet, als ich die vielen Dutzend Busse auf dem großen Parkplatz draußen gesehen habe. Viele der Besucher sind normale Touristen. Auch ein paar Ausländer sind darunter, so dass wir nicht weiter auffallen. Selbst die Mehrzahl der Pilger ist offenbar mit den Tourbussen gekommen. Vollständig in Weiß gekleidet sind nur wenige. Die Meisten begnügen sich wie ich mit dem weißen Hemdchen über den Jeans oder der bequemen Hose, dem Spitzhut und dem Pilgerstab.

Der Brunnen gleich hinter dem Tor ist so dicht umlagert, dass ich darauf verzichte, mir eine Kelle Wasser über die Handflächen laufen zu lassen und den Mund auszuspülen, wie man das als Pilger eigentlich macht. Auch vor dem *Hondō*, der Haupthalle, herrscht großer Andrang. Hier ballt sich zuerst alles um den großen Bronzekessel vor der Treppe zusammen, wo man seine Weihrauchstäbchen anzündet, um sie dann in den feinen Sand zu stecken, mit dem das riesige Gefäß angefüllt ist. Anschließend geht es zu den Metallständern seitlich der Treppe hinüber, wo die Pilger ihre Kerzen aufstellen und anzünden. Dann die breite Treppe hinauf vor die große, mit einem hölzernen Gitter verschlossene Kiste, in die man das Opfergeld einwirft. Bevor die Pilger schließlich ihre

Gebete verrichten oder die passenden Sutren rezitieren, ziehen sie erst noch die Aufmerksamkeit des Buddha, Meister Kobos oder auch einer im Tempel besonders verehrten Schutz- oder Hilfsgottheit auf sich, indem sie durch das Schwingen des von oben herabhängenden Seils einen Gong anschlagen.

Eigentlich habe ich vorgehabt, dieses *Mairi*, wie man die Gesamtheit all dieser rituellen Handlungen nennt, zur Einstimmung hier am ersten Tempel unserer Tour zu vollziehen – so wie Angelika und ich das damals zur Einstimmung auch getan haben. Der touristische Rummel um uns herum lässt dafür aber nicht die passende Stimmung aufkommen. Außerdem fürchte ich, ich könnte meinen Sohn bereits durch meine Ausstaffierung als Pilger ein wenig überfordert haben.

Wir schieben uns durch die Menge, um in die Halle zu gelangen. Die ist durch dicht an dicht von der Decke herabhängende Messinglaternen schummrig erleuchtet. Nur der Altar und die große Buddha-Statue dahinter erstrahlen in vollem Licht. Wir machen nur schnell die Runde und drängeln uns dann wieder ins Freie durch.

Auch vor der ‚Meisterhalle', einer kleineren Version der Haupthalle, die Kobo Daishi gewidmet ist, dem Gründer der Shingon-Schule des Buddhismus, und die zu jedem Tempel auf dieser Pilgerroute gehört, drängen sich die Touristen und Pilger. Wir werfen nur kurz einen Blick auf Meister Kobo, der hell angestrahlt auf seinem Holzthron im Hintergrund der Halle sitzt, und wandern dann gleich weiter zu einem Goldfischteich mit einer hölzernen Bogenbrücke darüber. Dort sehen wir eine Weile zu, wie die Leute versuchen, mit Münzen kleine Blechteller zu treffen, die auf dem Wasser schwimmen. Die sind wie Lotosblätter geformt, und auf jedem kniet eine nackte Jünglingsgestalt, goldglänzend und mit zum Gebet gefalteten Händen, das runde Babygesicht verzückt – oder in Erwartung des herabregnenden Geldsegens – aufwärts gewandt.

„Genau so'n Kitsch, wie die nackten Barockengelchen in unseren Kirchen", stellt Daniel zutreffend fest.

„Das ist offenbar eine Kitschversion von *Jizō*, dem Schutzheiligen der totgeborenen oder zu früh verstorbenen Kinder – und der Reisenden" erkläre ich. „Aber wir sollten weiter, wir haben heute ja noch ein paar Tempel vor uns."

Vom Tor aus lasse ich meinen Blick noch einmal langsam über die in dem weitläufigen Gelände verteilten Holzgebäude, die uralten Bäume und schließlich hinüber zum Teich mit der Bogenbrücke gleiten.

„Wunderschön", sage ich – „wenn es hier nur nicht so voll wäre."

„Hm", brummt Daniel, der mir gefolgt ist und sich auch noch einmal umgedreht hat.

Immerhin hat er mir nicht widersprochen. Ich gebe ihm einen aufmunternden Klaps auf seinen Rucksack. „Na, dann auf zu Tempel Nummer 2", sage ich.

*

Auf unserem weiteren Weg heute wollen wir es langsam angehen lassen, denn morgen liegt eine erste herausfordernde Etappe vor uns. Die Tempel Nummer 1 bis Nummer 10 liegen alle im breiten Tal des Yoshino-Flusses, in kurzen Abständen aufgereiht auf einer Strecke von insgesamt nicht mehr als dreißig Kilometern. Heute werden wir davon nur gut die Hälfte ablaufen. Ein leichter Spaziergang, also, bis zum Tempel Nummer 6, in dem ich unsere erste Übernachtung gebucht habe. So können wir erst mal die Reste des Jetlags abschütteln und uns ein wenig an das zumindest für mich ungewohnte Wandern mit dem Rucksack auf dem Rücken gewöhnen.

Wir hatten vereinbart, nur das Allernötigste mitzuschleppen. Bei mir sind es ziemlich genau zehn Kilo geworden. Dazu kommt noch der leichte, aber angeblich bestens gegen Kälte und Feuchtigkeit isolierende Schlafsack obendrauf. Bei Daniel sind es zwei oder drei Kilo mehr. Dafür hat er aber auch erst im Sommer letzten Jahres eine dreiwöchige Rucksacktour durch Schottland unternommen, ist also sicher besser in Form. Mir jedenfalls ist ein wenig mulmig bei dem Gedanken an unsere morgige Etappe, denn die letzten zwanzig Kilometer wird es ständig bergauf gehen …

*

Tempel Nummer 2, Gokuraku-ji, der ‚Tempel der höchsten Freude'. Wir haben bis hierher gerade einmal eine Viertelstunde gebraucht. Im Gegensatz zu dem Trubel in Nummer 1 ist das hier eine Oase der Ruhe. Die alten Holzgebäude fügen sich harmonisch in eine bis ins Detail durchkomponierte klassisch japanische Gartenanlage, die das Paradies symbolisieren soll.

Es ist wie ein Sprung zurück in der Zeit. Vor der riesigen uralten Zeder, vor der wir jetzt stehen, habe ich vor dreißig Jahren schon mit Daniels Mutter gestanden. Die Jahre dazwischen scheinen wie ausgelöscht.

„Träumst du, Dad?", reißt Daniel mich aus meinen Gedanken.

„Diese Zeder soll Meister Kobo noch selber gepflanzt haben", sage ich. „Da auf dem Schild steht, wenn man sie berührt, garantiert das ein langes, glückliches Leben."

Daniel streicht tatsächlich fast zärtlich über die rissige Borke – „auch wenn das natürlich reiner Aberglaube ist."

„Wie recht du hast", sage ich, und tue es ihm nach.

Langsam wandern wir von einem der Gebäude zum nächsten. Vor der Haupthalle bleiben wir etwas länger stehen und beobachten, wie die wenigen Pilger hier ihr *Mairi* absolvieren. Manche von ihnen wedeln sich erst noch etwas von dem aus dem Bronzekessel aufsteigenden Weihrauch zu, bevor sie die von zahllosen Füßen glänzend polierten Holzstufen zur Halle hinaufsteigen. Das von den Dachbalken herabhängende, mit bunten Bändern dekorierte Tau ist hier noch dicker als im Tempel Nummer 1. Manche packen es zu zweit an und müssen es mehrmals hin und herschwingen, bis es endlich den hoch oben aufgehängten kleinen Bronzegong anschlägt. Als mir auffällt, wie ein Pilger vorn in der Halle etwas in eine kleine Box einwirft, die dort auf einem Tischchen steht, fülle auch ich meinen ersten *Osame-fuda*-Zettel aus – nur mit Datum und unseren beiden Namen – und werfe ihn ein. Daniel grinst, aber er sagt nichts.

Als wir wieder ins Freie kommen, marschiert gerade eine ganze Busladung fröhlich schnatternder älterer Frauen im weißen Pilgerhemdchen auf die Haupthalle zu. Jetzt haben sie bemerkt, dass hier zwei Ausländer stehen. „*Gaijin, Gaijin*"-Rufe und die Ersten zücken bereits ihre Kamera. Uns bleibt nur die Flucht seitwärts. In flottem Pilgerschritt marschieren wir zu dem kleinen Goldfischteich hinüber, den es auch hier gibt. Wir lassen unsere Rucksäcke auf den Boden gleiten, stützen uns mit den Unterarmen auf das Bambusgeländer, das den Teich umgibt und schauen den großen Kois zu, die in dem glasklaren Wasser gemächlich ihre Kreise ziehen. Das fröhliche Geschnatter und Lachen der Frauen schallt bis zu uns herüber. Die stehen immer noch vor der Haupthalle und fotografieren sich jetzt gegenseitig beim Tauschwingen oder Beten.

„Wenigstens muss man hier nicht so still und ernst sein, wie in unseren Kirchen", stellt Daniel fest. Wie zur Bestätigung joggt jetzt auch noch eine Gruppe junger Männer in Trainingsanzügen quer über das Tempelgelände und verschwindet nach einer weiten Runde um die Haupthalle herum irgendwo durch einen Seitenausgang.

*

Weiter geht es auf dem schmalen Seitenstreifen einer vielbefahrenen Hauptstraße. Die verläuft die meiste Zeit parallel zu den Gleisen der Lokalbahn, jenseits davon Reisfelder und auf unserer Seite eine gesichtslose Vorstadt-Siedlung – insgesamt nicht gerade Pilgeridylle. Obwohl wir ja Zeit haben, marschieren wir flott, um diese wenig romantische Strecke schnell hinter uns zu bringen.

Tempel Nummer 3 liegt am Rande der Vorstadt am Fuß eines bewaldeten Berges. Er scheint erst kürzlich renoviert worden zu sein. Die Balkenkonstruktionen des Tores und der eleganten zweistöckigen Pagode, die man vor dem Dunkelgrün des dichten Waldes am Hang im Hintergrund aufragen sieht, leuchten in frischem Scharlachrot.

Vor dem Tempeltor steht eine Infotafel mit Erläuterungen zur Geschichte des Konsen-ji, des ‚Tempels der goldenen Quelle'. Ich bemühe mich, das Wichtigste zu entziffern, wobei ich feststellen muss, dass ich ziemlich außer Übung bin, was das Lesen der *Kanji* betrifft: Gründung des Tempels im frühen achten Jahrhundert, Brandschatzung 1582, Wiederaufbau erst viel später. Der Name des Tempels verweist auf eine Legende, wonach Meister Kobo, als er diesen Tempel besuchte, mit seinem Stab auf den Boden geschlagen haben soll, woraufhin golden schäumendes Quellwasser hervorgesprudelt sei. Der an dieser Stelle errichtete Brunnen ist anscheinend die Hauptattraktion dieses Tempels. Wer in den Brunnen hineinschaut und sein Gesicht im Wasser gespiegelt sieht, soll damit rechnen können, 92 Jahre alt zu werden. Wer aber sein Spiegelbild nicht erkennt, werde höchstens noch drei Jahre zu leben haben.

Daniel findet, Tempelgebäude hätten wir heute ja schon reichlich gesehen, aber das mit dem Wasserspiegel müssten wir unbedingt testen. „Eine so präzise Diagnose bekommt man ja nicht mal beim Hausarzt."

„Ganz schön mutig", sage ich. „Was, wenn du dich im Brunnen nicht siehst?"

„Für mich bin ich da durchaus optimistisch", gibt er zurück. Bevor ich fragen kann, was das denn heißen soll, fügt er schnell hinzu, natürlich mache er sich auch meinetwegen gar keine Sorgen – so schlecht sähe ich nach meiner Krankheit nun auch wieder nicht aus.

„Okay, dann mal los", sage ich.

Wir lassen die Tempelhallen links liegen und folgen direkt dem Schild Richtung Brunnen. Beide gleichzeitig beugen wir uns über das Wasser.

„Super", sage ich, „wir werden beide gleich uralt."

„Es geht doch nichts über einen soliden Aberglauben", stellt mein Sohn grinsend fest.

„Bei den Lichtverhältnissen über dem Wasserspiegel ist hier wohl noch niemand mit einer schlechten Prophezeiung erschreckt worden", ergänze ich.

„Trotzdem finde ich einen fleckenlosen Spiegel immer noch glaubwürdiger als eine unbefleckte Empfängnis."

Damit bringt mich mein Sohn das erste Mal seit unserem Aufbruch in Düsseldorf vor drei Tagen zum Lachen. „Deine

Zeit bei den Jesuiten-Priestern scheint ja keine nachhaltige Wirkung gehabt zu haben."

Daniel grinst wieder nur.

Ich ergreife die Gelegenheit zu einer überfälligen Richtigstellung: „Übrigens, was du da vorgestern bei unserem kleinen Gelage in Tokio gesagt hast – dass ich dich seinerzeit abgeschoben hätte ins Aloysius-Kolleg – das hat mich ziemlich getroffen. Wir haben es doch fast ein ganzes Jahr lang versucht in Berlin. Und wenn ich mich recht erinnere, bist du selbst es gewesen, der schließlich lieber wieder nach Bonn wollte – ins Internat des Aloysius."

„Kann ja sein, dass ich da wieder hinwollte. Aber wenn, dann doch nur, weil es damals mit dir in Berlin kaum auszuhalten war."

„Okay", sage ich. „Ich denke, wir können uns darauf einigen, dass das damals für uns beide eine schwierige Zeit war." Jetzt auch noch die Haupthalle und die anderen Tempelgebäude zu besichtigen habe nun auch ich keine Lust mehr.

*

Richtung Tempel Nummer 4 geht es quer durch die Vorstadt zurück auf die Hauptstraße. Wir kommen durch ein Viertel, das einen etwas heruntergekommenen Eindruck macht – mit Brettern vernagelte Geschäfte und vereinzelt verwahrloste oder ganz aufgegebene Wohnhäuser. Wir unterqueren den Tokushima-Expressway und kurz darauf stoßen wir auf die Abzweigung, die wieder nach Norden auf die Berge zuführt, wo Tempel Nummer 4 liegt. Keine dreihundert Meter weiter stehen wir aber plötzlich vor Tempel Nummer 5.

Daniel sieht mich fragend an. „Hast du dich etwa verlaufen?"

„Kann ich mir nicht vorstellen", sage ich, öffne aber vorsorglich die detaillierte Shikoku-Karte, die ich mir auf mein Handy heruntergeladen habe, und klicke mich durch die Seiten. Nein, wir sind vollkommen richtig. Weiter geradeaus, wieder unter dem Expressway hindurch, dann geht es ein Stück den Berg rauf durch den Wald bis zum Dainichi-ji. „Also erst mal weiter", sage ich, „Bevor wir später Richtung Tempel Nummer 6 abbiegen, müssen wir sowieso hier wieder vorbei."

„Also alles ordentlich der Reihe nach", bemerkt Daniel. Ein leicht spöttischer Unterton ist nicht zu überhören.

*

Das Schönste an diesem vierten der 88 Tempel von Shikoku ist seine Lage. Den letzten Kilometer geht es bergauf durch dichten Laub- und teilweise Bambuswald.

Das erste Mal haben wir das Gefühl, so richtig ins 'ursprüngliche Japan' eingetaucht zu sein. Sogar Daniel zeigt sich beeindruckt. Als kurz hinter einer steinernen Brücke über einen munteren Bergbach das schlichte rote Tempeltor in Sicht kommt, entfährt ihm ein anerkennendes, wenn auch leises „Oh, schön."

Hier soll es schon zur Zeit von Meister Kobo einen Tempel gegeben haben, das älteste der derzeitigen Gebäude stammt allerdings vom Ende des 17. Jahrhunderts. Die ganze Anlage ist klein und eher schlicht. Teilweise wirken die Gebäude auch etwas renovierungsbedürftig. Offenbar hat dieser Tempel, wohl auch aufgrund seiner Lage, weniger Besucher als die großen, bekannteren dieses Pilgerwegs und verfügt entsprechend über weniger Geld.

Laut Infotafel vor der Meisterhalle hat Kobo Daishi bei einem Besuch hier eine 5,5 cm hohe holzgeschnitzte Statue des Dainichi Nyorai hinterlassen, des ‚kosmischen Buddha', auch Buddha der höchsten Weisheit genannt. Als ich das Daniel sage, fängt der mal wieder an zu grinsen.

„Nach höchster kosmischer Weisheit sieht das hier alles ja nicht gerade aus."

„Wer sagt denn, dass die höchste Weisheit nicht auch eher schlicht ist", gebe ich zurück.

„Stimmt, warum eigentlich nicht?", gesteht mein Sohn mir immerhin zu.

*

Kurz vor dem Jizō-ji, dem Tempel Nummer 5, kommen wir an einem kleinen Stand vorbei, an dem es *Mochi* zu kaufen gibt, mit Rote-Bohnen-Mus gefüllte süße Klopse aus gestampftem Reis. Daniel stürzt sofort darauf zu. Die hätten sie seinerzeit immer in der Pause auf dem Schulhof gegessen, schwärmt er in einem ungewohnten Anfall von Nostalgie. Natürlich müssen wir gleich ein halbes Dutzend davon kaufen.

Als wir durch das Tempeltor kommen, fällt uns als Erstes der riesige Ginkgobaum vor der Meisterhalle ins Auge. Nicht weit davon finden wir eine Bank, auf der wir es uns erst einmal gemütlich machen, um uns gemächlich die eben gekauften klebrig-süßen Klopse einzuverleiben. Zeit haben wir ja genug, so dass wir anschließend auch noch in Ruhe die ganze Tempelanlage erkunden können. Die scheint wieder etwas größer zu sein.

„Also, ‚Ji' heißt offenbar Tempel", meint Daniel, sobald er seine ersten zwei *Mochi* verdrückt hat. „Und was heißt ‚*Jizō*'?"

Natürlich freue ich mich über sein Interesse. „*Jizō* ist ein *Bodhisattva*, also so eine Art buddhistischer Schutzheiliger. Eigentlich ist er der Begleiter der Seelen der Verstorbenen auf dem Weg in die Unterwelt. Vor allem aber gilt er hier als Schutzheiliger der Kinder, Mütter und Reisenden. Erinnerst du dich an die goldenen Kitschknaben auf den Lotosblättern in dem Teich von Tempel Nummer 1? Das waren Jizō. Manchmal wird dieser *Bodhisattva* auch als lebensgroße Figur eines kahlgeschorenen Mönchs dargestellt. Allgegenwärtig ist er allerdings als kleinere Steinstatue, manchmal am Wegesrand, am häufigsten aber auf Friedhöfen, wo die Figuren für die Seelen abgetriebener oder frühverstorbener Kinder stehen. Die werden übrigens *Mizu-ko* – Wasserkinder genannt."

„Das hier sind noch deine", sagt Daniel und hält mir das Plastikschälchen mit den zwei restlichen *Mochi* hin.

Ich lehne dankend ab. „So viel bekomme ich von den süßen Dingern nicht runter."

Inzwischen hat sich eine kleine Schar von Pilgern um den Ginkgo-Baum versammelt und jeder von ihnen berührt ehrfurchtsvoll seine rissige Rinde. Erst jetzt entdecke ich die Infotafel, die neben dem Baum steht und laufe hinüber.

„Und?", fragt Daniel, als ich zu ihm zurückkomme. Inzwischen hat er auch noch den letzten der süßen Klopse vertilgt.

„Der Baum ist angeblich achthundert Jahre alt, und wer seine Rinde berührt, wird ebenfalls uralt."

"Die Tempel hier scheinen alle aufs Altwerden spezialisiert zu sein."

„Keine Sorge, sage ich, „wir kommen auch noch zu solchen, die Reichtum versprechen, und anderen, an denen man um Kindersegen oder um eine sichere Geburt beten kann."

„Auch nicht gerade meine Probleme zurzeit", stellt Daniel fest.

„Du weißt doch, der Weg ist das Ziel", sage ich. „Also los."

Auch dieser Jizō-ji ist offenbar bei Buspilgern sehr beliebt. Vor Haupt- und Meisterhalle sind mal wieder große Gruppen in Weiß versammelt. Daniel fällt allerdings auf, dass immer wieder einzelne japanische Pilger oder Touristen hinter der Meisterhalle verschwinden. Unsere Erwartung, dahinter in einen ruhigeren Teil des Tempelgeländes zu gelangen, wird nicht enttäuscht. Ein schmaler Pfad führt weiter den Hang hinauf, an einem alten Friedhof vorbei und schließlich viele Steinstufen hinauf auf eine weitere große Halle zu. ‚Halle der 500 *Rakan*', steht auf dem Hinweisschild.

„Was ist das denn schon wieder?", fragt Daniel.

Ich kläre ihn auf, dass *Rakan* der japanische Name für die legendären erleuchteten Meisterschüler des historischen Buddha ist, auf Chinesisch *Luohan* genannt, und dass viele Tempel hier gesonderte Hallen haben, in denen Hunderte von *Rakan*-Statuen aufgereiht sind. „Die sind meistens sehr sehenswert", sage ich. „Die Figuren sind immer alle individuell gestaltet, mit ausdrucksstarken, mal konzentrierten, mal heiteren, mal grimmigen und manchmal geradezu karikaturenhaften Gesichtern."

„Mit anderen Worten, die willst du dir jetzt ansehen."

„Du etwa nicht?"

„Okay – ist wenigstens mal was anderes als immer nur Buddha oder Meister Kobo."

Erst als wir aus der *Rakan*-Halle wieder herauskommen, fällt uns auf, dass man von hier einen wunderschönen Blick hinunter auf die ganze Tempelanlage und über die weite, im Sonnenschein daliegende Yoshino-Ebene hat. Daniel holt eine kleine Digitalkamera aus der Seitentasche seines Rucksacks – ich habe gar nicht gewusst, dass er sowas überhaupt dabeihat – und macht ein allererstes Foto, seit wir zusammen unterwegs sind. Noch mehr aber freut mich, dass er bedauert, dass in der *Rakan*-Halle eben das Fotografieren verboten war.

Langsam und entspannt laufen wir die Treppenstufen hinunter. Wir sind auch schon fast an dem alten Friedhof vorbei, als der Junge plötzlich fragt, ob die kleinen Steinstatuen, die da zu Dutzenden aufgereiht stehen, Jizō-Statuen seien.

„Ja, Jizō für die Wasserkinder, also für die Seelen von abgetriebenen oder zu früh verstorbenen Kindern", bestätige ich.

„Und warum tragen die meisten von denen rote Stoffkappen auf dem Kopf oder haben so rote Lätzchen um den Hals?

„Der rote Stoff soll den Schutzheiligen auf diese verlorenen Seelen aufmerksam machen, damit er ihnen beisteht. Es heißt nämlich, dass sie den Fluss der Unterwelt nicht aus eigener Kraft überqueren können, um in die jenseitige Welt zu gelangen. Oft sind die Kappen und Lätzchen auch aus einem Stoff gemacht, mit dem diese Kinder in Berührung gekommen sind, so dass der *Bodhisattva* sie schon an ihrem Geruch erkennt."

„Dann sind diese Figuren also sowas wie das versteinerte schlechte Gewissen ihrer Mütter beziehungsweise Eltern."

Kann sein, dass ich etwas zusammengezuckt bin. Aber das hat der Junge wohl gar nicht bemerkt. Er fragt gleich weiter, wieso ich diese ganzen Sachen überhaupt wüsste.

So oft, wie ich in unserer Zeit in Kobe Delegationen oder Gäste aus Deutschland durch Tempelanlagen und Schreine begleitet habe, ist mir gar nichts anderes übriggeblieben, als innerhalb kürzester Zeit zum Experten zu werden", sage ich. „So langsam sollten wir jetzt aber doch mal weiter."

*

Kaum sind wir wieder auf der Hauptstraße, die uns zu unserem letzten Ziel für heute bringen soll, kommen wir an einem Nudelshop vorbei. Erst beim Anblick der appetitanregenden Wachsmodelle der Suppengerichte in der Auslage wird uns bewusst, dass wir noch gar nichts Richtiges gegessen haben.

Dabei ist es inzwischen schon früher Nachmittag. Wir beschließen, uns hier erst einmal in aller Ruhe zu stärken. Bis zum Tempel Nummer 6 ist es gar nicht mehr weit, und wir wollen dort ja auch nicht allzu früh eintreffen. Die Tempelherberge, in der wir übernachten wollen, ist um diese Zeit wahrscheinlich noch gar nicht geöffnet.

*

Für heute haben wir es geschafft. Anraku-ji, Tempel der friedvollen Heiterkeit. Allein schon der wunderschön angelegte Garten mit Teich und Bogenbrücke links gleich hinter dem Tempeltor macht diesem Namen alle Ehre. Wir aber marschieren gleich an Haupthalle und Meisterhalle vorbei in den hinteren Teil des Tempelgeländes auf das langgestreckte Gebäude zu, das die Tempelherberge sein muss. Vor allem ich habe das dringende Bedürfnis, endlich meinen Rucksack loszuwerden. Vielleicht können wir uns aber auch schon unsere Schlafplätze für die Nacht sichern.

Ich will gleich die Stufen zum Eingang hoch, da höre ich Daniel hinter mir rufen. „Hey! Du musst doch erst mal deinen Pilgerstab reinigen!" Bevor ich weiß, wie mir geschieht, schnappt er sich meinen Stab und schwenkt dessen unteres Ende durch das Wasser in einem Steintrog, der gleich seitlich vom Eingang steht. Anschließend wischt er ihn mit einem Lappen trocken, der am Beckenrand liegt. In dem Moment öffnet sich die Tür und ein Mönch erscheint auf der obersten Stufe. Er schenkt Daniel ein kurzes, anerkennendes Nicken und verbeugt sich dann vor mir. *„Gelion-sama des' ka?"*

Ich bestätige ihm, dass wir die *Gaijin* sind, die hier für heute Nacht reserviert haben.

„Juboku?", fragt er dann zu Daniel gewandt, in einem knappen Befehlston, der eher in einen Samurai-Film gepasst hätte als zu diesem sanften Mönchgesicht. Ich habe zwar keine Ahnung, was *juboku* heißt, aber spontan antworte ich mit einem ebenso Samurai-haft lauten und knappen „Hai!" – Jawoll!"

Offenbar habe ich damit den richtigen Ton getroffen. Unser Mönch bricht in ein lautes Gelächter aus, verbeugt sich tief vor uns beiden und bittet uns herein. Er kniet sogar noch nieder, um uns die bereitstehenden Hausschuhe direkt vor die Füße zu drapieren.

Während wir unsere Schuhe ausziehen und in den kleinen Schließfächern verstauen, fragt mich Daniel leise, was denn der Kerl da eben gesagt habe. „Keine Ahnung", sage ich. „Erzähl mir lieber, was das da eben mit dieser Waschzeremonie sollte."

Da aber winkt uns der Mönch schon an die Rezeption und überreicht mir als Erstes die Rechnung. Billig ist diese heilige Herberge weiß Gott nicht. Auch Daniel macht große Augen, als sein Blick auf den Endbetrag fällt. Ich raune ihm zu, dass sich diese Tempel ja aus eigenen Einnahmen finanzieren müssen.

Immerhin ist die Segenszeremonie nach dem Abendessen im Preis enthalten, wie uns der Empfangsmönch – jetzt in gut verständlichem Englisch – erklärt. Ob wir daran teilnehmen wollten. Zu meiner Überraschung nickt Daniel zustimmend, bevor ich überhaupt etwas sagen kann. Eine andere Antwort hat unser Mönch aber offenbar auch gar nicht erwartet. Er erklärt uns noch kurz den Zeitplan: Abendessen um 18 Uhr, um 19:00 Uhr die Zeremonie, Frühstück morgen um 6:30 Uhr, und spätestens bis 8 Uhr müssen wir ausgecheckt haben. Daniel wirft mir einen erschrockenen Blick zu. An frühes Aufstehen wird er sich in den kommenden Wochen gewöhnen müssen ...

*

Wir haben ein Zimmer für uns. Wir sitzen auf den Tatami-Matten und inspizieren den Inhalt der Umschläge, die der Mönch uns beiden am Ende noch in die Hand gedrückt hat. Wir finden je ein dünnes Holztäfelchen, ein Stöckchen und mehrere Zettel. Das ist offenbar alles für die Segenszeremonie gedacht. Zum Glück liegt eine Gebrauchsanweisung dabei, mit englischer Übersetzung sogar.

„Lass mal sehen", sagt Daniel.

„Hat mich übrigens gewundert, dass du da überhaupt mitwillst", stelle ich fest.

„Aber klar doch", sagt er, als ob das vollkommen selbstverständlich wäre. „Soll 'ne tolle Show sein." Er muss mir meine Verblüffung angesehen haben. „Habe rein zufällig etwas darüber gelesen", klärt er mich auf. Der leichte Triumph in seiner Stimme ist nicht zu überhören. „Daher habe ich auch das mit dem Säubern des Pilgerstabs. Das soll man nämlich am Ende jeder Tagesetappe machen, bevor man die Pilgerherberge betritt."

Ich tue ihm den Gefallen und zeige mich gebührend beeindruckt. Aber ‚rein zufällige' Informationen über genau die Zeremonie, die heute Abend in diesem Tempel zelebriert werden soll? Jetzt will er mich wohl verkackeiern.

„Dich doch nicht", sagt er. Er sei nur zwei Tage vor unserer Abreise noch in einer Buchhandlung gewesen und dort über das Buch einer jungen Berliner Journalistin gestolpert. „Die ist diesen Pilgerweg abgelaufen und ihren Bericht über ihre Erfahrungen und Erlebnisse dabei fand ich echt witzig.

„Echt jetzt? Und wie heißt dieses Buch?"

„Meine Suche nach dem Nichts."

„Oh Gott – sicher wieder so'n esoterischer Schwachsinn."

„Im Gegenteil. Die hat lange in Japan gelebt, kennt sich aus und spricht sogar Japanisch."

Ein wenig enttäuscht bin ich schon, dass mein Sohn mir diese Information bis jetzt vorenthalten hat.

„Wenn ich das Buch dabeihätte, hätte ich es dir natürlich schon längst gezeigt", beeilt er sich zu versichern. Er habe das aber nicht auch noch mitschleppen wollen, nachdem er festgestellt habe, dass sein Rucksack schon über vierzehn Kilo schwer war. Im Übrigen sei sein Informationsvorsprung auch gar nicht so groß. Er habe das Buch in der kurzen Zeit nur zur Hälfte durchlesen können.

Trotzdem beschleicht mich das unangenehme Gefühl, dass mir hier die Regie entgleiten könnte. Wer weiß, was der Junge noch alles recherchiert hat, um sich auf unsere gemeinsame Reise vorzubereiten.

„Dass du mir diese Information bis jetzt vorenthalten hast …", sage ich. „Aber ich verstehe natürlich, dass du die möglichst eindrucksvoll an den Mann bringen wolltest."

„Du weißt hier doch sonst schon alles. Da kannst du mir ja auch mal einen kleinen Informationsvorsprung gönnen."
„Selbstverständlich", sage ich.
„Jetzt wüsste ich aber doch gerne, was dieser Mönch vorhin zu mir gesagt hat", wechselt Daniel das Thema. Er hat sich das Wort sogar noch schnell auf einen Zettel notiert, vorhin, als wir an der Rezeption standen: *Juboku*.
„Muss ich checken", sage ich. „Alles weiß ich nämlich doch nicht." Ich öffne das auf meinem Handy gespeicherte Japanisch-Englisch Wörterbuch. Daniel sieht mich erwartungsvoll an. Als ich das Wort gefunden habe, kann ich mir einen kurzen Lacher nicht verkneifen.
„Ha, jetzt verstehe ich, warum der Typ so gelacht hat. *Juboku* heißt Knappe, persönlicher Diener eines Samurai. Dieser Mönch scheint tatsächlich ein großer Fan von Samurai-Filmen zu sein. Da wird der heldenhafte Ritter ja oft von einem meist sogar ein wenig trotteligen Knappen begleitet." Daniel findet das gar nicht witzig.
„Du musst bedenken, wie das für den Mönch ausgesehen haben muss", versuche ich abzuwiegeln. „Ich in voller Pilgerrüstung und du in deinen ordinären Klamotten, und dann nimmst du mir auch noch ehrerbietig meinen Pilgerstab ab und fängst an, den sorgfältig abzuputzen."
„Verarschen kann ich mich selber", meint Daniel, aber so richtig krumm scheint er mir meinen Lacher auf seine Kosten zum Glück nicht genommen zu haben. „Jetzt lass uns mal diese Gebrauchsanweisung studieren", wird er gleich wieder sachlich.
Der erste Zettel ist offenbar so eine Art *Osame-fuda*. Da sollen wir nur unseren Namen draufschreiben. Ein weiterer Zettel soll zu einem schmalen Streifen gefaltet werden, nachdem man den Namen und den Todestag eines Vorfahren oder eines anderen geliebten Verstorbenen darauf notiert hat. Dann muss man ihn an das Stöckchen binden, das auch noch im Umschlag lag. Auf die Holztäfelchen sollen wir unseren Namen und einen Wunsch schreiben.
„Und? Was hatte die Autorin von deinem Buch so für Wünsche?", frage ich.

„Gesundheit."

„Nicht gerade originell."

„Hast recht. Aber ich glaube, der ganze Zauber wirkt besser, wenn man seine Wünsche für sich behält – jedenfalls so lange, bis sie erfüllt worden sind."

„Sehe ich auch so", sage ich.

Wir ziehen uns mit unseren Zetteln und dem Täfelchen in entgegengesetzte Ecken des Raums zurück.

„Ich komme mir vor wie ein Schüler, der noch schnell seine Hausaufgaben erledigen muss, bevor der Lehrer die Klasse betritt", sage ich.

„Und ich muss daran denken, wie wir früher Schiffe versenken gespielt haben. Da hat sich auch jeder in seine Ecke verzogen, damit der andere nicht sieht, wo man selbst seine Schiffe versteckt hat."

*

Zum Glück ist das Abendessen gar nicht so karg, wie Daniel befürchtet hat. Reis, Fisch, eingelegtes Gemüse, Miso-Suppe und *Chawan Mushi*, eine Art Eierpudding mit einer Ginkgo-Nuss unten drin. Davon kann man gut satt werden. Wir haben jetzt nämlich richtigen Hunger, nachdem wir nach Erledigung unserer 'Hausaufgaben' noch ein wenig das Tempelgelände und die Umgebung erkundet haben.

Wir sind die einzigen Ausländer im Speiseraum. Außer einer fröhlich lärmenden Gruppe von Rentner-Pilgern sitzen da sonst nur noch vier Einzelwanderer, jeder an seinem eigenen Tisch. Einer von denen ist etwa in Daniels Alter, aber auch der trägt ein weißes Pilgerhemdchen.

„Komme mir irgendwie blöd vor, so als Einziger ohne diese Verkleidung", meint Daniel.

„Mach dir nichts draus", sage ich. „Immer noch besser als diese Rentnertruppe, die sich alle als Pilger verkleidet haben, aber sich mit dem Bus von Tempel zu Tempel kutschieren lassen."

„Ich fürchte, die halten eher uns für die Heuchler, wenn wir hier als ungläubige Gaijin so tun, als wären wir echte Pilger."

„Du wirst in den nächsten Tagen schon noch feststellen, dass die Japaner uns als Pilger durchaus ernst nehmen und mit größtem Respekt behandeln."

„Du scheinst dich ja auch in dieser Hinsicht bestens auszukennen ..."

*

Wir sind so ziemlich die letzten, die den Speiseraum verlassen, und beeilen uns, noch schnell die vorbereiteten Utensilien für die Zeremonie aus unserem Zimmer zu holen. Als wir in die Gebetshalle kommen, sitzen dort allerdings erst drei von den Einzelpilgern, jeder für sich. Auf meiner Uhr ist es schon kurz vor sechs. Wir setzen uns in die Mitte der zweiten Reihe, damit wir gute Sicht auf das haben, was sich da gleich abspielen wird.

Das Licht in dem großen Raum ist gedämpft. Vor der Buddha-Statue vorne kniet ein Priester. Aus gleich mehreren Bronzegefäßen steigen Weihrauchschwaden auf.

Die andachtsvolle Stille wird jäh durchbrochen, als plötzlich der ganze Schwarm der Buspilger auf einmal in den Raum strömt und sich fröhlich plaudernd in die Sitzreihen schiebt. Einer der Alten setzt sich nach kurzem Zögern direkt neben mich. Als ich ihn freundlich anlächle, entspannt er sich und lächelt zurück.

Da beginnt der Priester auch schon mit dem Rezitieren. Die Pilger um uns herum fallen in den monotonen Singsang ein, den die meisten hier offenbar auswendig können. Einige lesen den Text aber auch aus schmalen Sutrenbüchlein ab, wie man sie in jeden Laden für Tempelbedarf kaufen kann. Ein Seitenblick auf das Büchlein meines Nachbarn verrät mir, dass es sich um das Herzsutra handelt. Den Text habe ich sogar auf meinem Handy gespeichert. So schnell aber, wie er hier rezitiert wird, habe ich ihn nicht gleich erkannt. Bei der ersten Stelle, die ich wiedererkenne, versuche ich einzufallen.

Der Alte neben mir hat offenbar gemerkt, dass ich gleich wieder ins Stocken gekommen bin. Jetzt hält er mir sein eigenes Büchlein hin und zeigt auf eine Stelle kurz vor dem Ende des Texts. Da sind wir mit diesem Teil der Zeremonie aber schon durch.

Auf einen Wink des Priesters hin steht alles auf. Der Alte drückt mir sein Sutrenbüchlein in die Hand. Ich soll es behalten. Ich bedanke mich mit einer tiefen Verbeugung, die er mit einer kurzen aber zackigen Verneigung beantwortet.

Er winkt Daniel und mich jetzt energisch nach vorne, wo sich die Pilger schon um die Buddha-Statue drängen. Neben der steht ein Holztrog auf dem Boden, in den jeder Teilnehmer der Zeremonie einen Zettel wirft. Der zackige Alte hält sich weiter neben uns. Er sieht, dass Daniel und ich etwas ratlos auf die diversen Zettel starren, die wir für die Zeremonie mitgebracht haben. Er deutet auf den, den wir mit unserem Namen versehen haben. Der also muss in den Trog.

Der nächste Schritt ist einfach: Wir sollen dem sitzenden Buddha das Knie streicheln. Der Alte macht es uns demonstrativ vor. So nett es ist, dass er uns helfen will, seine oberlehrerhafte Art beginnt mir langsam auf den Geist zu gehen. Damit er es auch ja mitbekommt, sage ich laut und deutlich zu Daniel: *„Yakushi Nyorai"*. Unser Freund soll merken, dass wir nicht ganz blöd sind und wissen, dass dies der Medizinbuddha ist. Kaum ein Tempel in Japan, in dem man keine Statue von dem findet. Ich erkläre Daniel – so laut, dass auch der Alte es hört – dass dieser Buddha so beliebt ist, weil er alle möglichen Krankheiten heilen soll. Man braucht ihn dafür nur an der Stelle zu berühren, an der es einem weh tut.

Dass bei diesem Exemplar die Knie besonders abgenutzt sind, ist also nur allzu verständlich – bei der Länge dieser Pilgerroute sowie dem Durchschnittalter des Publikums hier, witzele ich.

Unbeeindruckt will uns unser selbsternannter Gebetszeremonienführer nun schon wieder etwas erklären. Ich tue so, als hätte ich das gar nicht bemerkt und frage Daniel, ob das hier etwa schon alles war. Er habe doch versprochen, dass es eine ‚tolle Show' werden würde.

„Muss eigentlich noch kommen", meint er. „Wenn sich diese Journalistin den zweiten Teil der Veranstaltung nicht bloß ausgedacht hat."

Jetzt lässt sich das Drängen unseres Freundes nicht mehr ignorieren. Tatsächlich, der ganze Pilgerschwarm hat sich in Bewegung gesetzt. Mit dem Priester voran geht es in einen höhlenartigen Gang unterhalb der Haupthalle des Tempels hinunter. Vor uns im Dunkel leuchtet plötzlich ein neonblau schimmernder Wasserlauf auf, der den Gang durchfließt und dabei mehrere kleine Inselchen umspült.

Unser Zeremonienmeister zeigt auf den Rest der Gebetsutensilien, den wir noch in der Hand halten, und macht uns vor, was zu tun ist. Das Stöckchen, an das man den Zettel mit dem Namen eines Verstorbenen binden sollte, muss auf eine der Inseln gesteckt werden. Kaum haben wir ihm das nachgemacht, geht es an den Anfang des Wasserlaufs zurück, wo kleine Plastikboote mit einer Kerze drin aufgereiht sind. Auch Daniel und ich zünden je eine Kerze an und setzen unsere Bötchen aufs Wasser. Sie bleiben dicht beieinander, bis sie an der kleinen Insel mit unseren beiden Fähnchen vorbei außer Sicht getrieben sind.

Schon geht es weiter, zu einer geräumigen Seitenkammer, in deren Mitte eine vergoldete Buddha-Statue steht. Uns bleibt gar nichts anderes übrig, als diese, eingereiht in die Schlange der Pilger, mit zu umrunden – und das dreimal hintereinander. Zweck der Übung ist offenbar, die Holztäfelchen mit unserem Namen und unserem Wunsch drauf, die wir als letztes noch in der Hand halten, mit dem Segen des *Amida-Buddha* aufzuladen. Der alte Japaner hat mir das Mantra vorgesprochen, das dabei aufgesagt werden muss:

„Namu Amida Butsu" – Verehrung dem Buddha der allumfassenden Liebe.

Ich murmele das brav bei jeder Runde vor mich hin, auch wenn ich von dem ganzen Hokuspokus nicht allzu viel halte. Anschließend müssen wir die Täfelchen ins Feuer werfen und noch mal beten, damit der Wunsch auch erfüllt wird. Ich finde, aufrichtig wünschen muss reichen.

*

„Na, das war dann am Ende ja doch noch ganz witzig, oder?", sagt Daniel auf dem Weg zurück zu unserem Zimmer. „Ist tatsächlich alles genau so abgelaufen, wie es diese Journalistin beschrieben hat."

„Ich muss gestehen, das mit den schwimmenden Kerzen hat mich durchaus berührt", sage ich.

Daniel wirft mir einen vielsagenden Blick zu. „In dem Buch steht übrigens, dass der Weg durch diesen Keller symbolisch für Tod und Wiedergeburt stehen soll."

„Lass uns schnell rübergehen ins *Onsen*, bevor es dort zu voll wird", sage ich.

*

Wir haben Glück. Noch ist das Bad ziemlich leer, jedenfalls die Männerabteilung. Nur zwei junge Pilger sitzen vor der Wand mit den Waschplätzen auf ihren Höckerchen und sind gerade dabei, sich einzuseifen. Als sie sich vergewissert haben, dass wir alles richtig machen, beachten sie uns nicht weiter. Nur als wir zu ihnen in das große Becken mit dem heißen Thermalwasser steigen, blickt der eine kurz auf. Er nickt zufrieden, als er sieht, dass wir uns auch den Seifenschaum gründlich vom Körper geduscht haben. Bei diesen *Gaijin* weiß man ja nie ...

In der entgegengesetzten Ecke des Beckens lassen wir uns langsam ins Wasser sinken.

„Verdammt heiß", stellt Daniel fest.

„Ja, da muss man sich erst wieder dran gewöhnen."

„Tut aber gut." Daniel taucht bis an den Hals unter. „Stand schon in dem Buch, dass so ein Thermalbad das Beste überhaupt ist nach einem langen Tag pilgern."

„Na, heute ging's ja eigentlich noch", sage ich, lege den Kopf auf den Beckenrand und strecke mich der Länge nach aus, so dass ich in der heißen, leicht schweflig riechenden Brühe schwebe. „Paradiesisch ..."

„Sag mal, habe ich das vorhin richtig mitbekommen? Am Anfang dieser Zeremonie? Hast du da tatsächlich den Text mitgebetet? Sag bloß, du kennst den."

Die Frage musste ja kommen. „Das war das Herzsutra", das kennt man, wenn man mal Zen-Meditation geübt hat."

„Wusste gar nicht, dass man beim Zen auch beten muss. Ich dachte, da sitzt man nur still rum", hakt Daniel nach. Ich erkläre ihm, dass als Teil der Übung regelmäßig auch das Herz-Sutra rezitiert wird und dass man das auch als Laie mitmachen muss, weil man sonst nicht als ernsthaftes Mitglied der Gruppe akzeptiert wird. Außerdem sei das eigentlich auch gar kein Gebet.

Der Junge lässt nicht locker. Was es denn dann sei.

„Ein kurzer Text in der Form einer kleinen Lehrrede Buddhas, in der dieser seinem Lieblingsschüler Shariputra erklärt, dass die höchste Erkenntnis, die man in tiefster Versenkung gewinnt, die Leerheit aller Dinge ist."

„Ist mir zu hoch."

„Soll einfach nur heißen, dass alle Erscheinungen – die materiellen Dinge, die Sinneswahrnehmungen, das Denken, die Handlungsimpulse und das Bewusstsein letztlich keine feste, dauerhafte Substanz haben. Und dass damit auch alle Begriffe und Wertungen – wie Entstehen oder Vergehen, Reinheit oder Unreinheit, Wissen oder Unwissenheit ihre Bedeutung verlieren, sowie letztlich auch Leid, Altern und Tod.

„So weit so unverständlich." Daniel grinst. „Dass ausgerechnet du dich mit sowas Esoterischem abgegeben hast."

„So esoterisch finde ich das gar nicht. Letztlich drückt es ja nur aus, dass die ‚letzten Dinge' für unseren Verstand gar nicht fassbar sind. Ich finde, das ist längst nicht so esoterisch wie das, was sie dir in deinem katholischen Internat so alles erzählt haben. Diese Geschichten von Himmel und Hölle, Auferstehung des Fleisches und Jüngstem Gericht und – am tollsten – Erlösung von 'Sünde' durch das Blut eines vor zweitausend Jahren zu Tode gefolterten Herrn Messias."

„Dann hättest du doch eigentlich verhindern müssen, dass ich bei den Jesuiten auf die Schule gehe", sagt Daniel. Es klingt eher neckend als vorwurfsvoll.

„Das Thema hatten wir schon", sage ich. „So, jetzt wird es mir hier drin aber zu heiß."

Als wir im Vorraum vor dem Regal mit unseren Sachen stehen und uns abtrocknen, fängt der Junge schon wieder an. So ganz verstehe er mich nicht. „Nach außen tust du so, als würdest du an gar nichts glauben, und dann kennst du auf einmal irgendwelche obskuren Sutren auswendig ..."

„Vergiss nicht, dein Großvater väterlicherseits war Pfarrer. Wenn man, wie ich, in einem protestantischen Pfarrhaus aufgewachsen ist, kann man noch so gute Abwehrkräfte besitzen, irgendwas bleibt hängen. Bei mir war es das Interesse für Religiöses. Ich finde es echt spannend, was sich die Menschheit auf diesem Gebiet so alles hat einfallen lassen. Und bedenklich wird es ja erst, wenn man anfängt, irgendetwas davon zu glauben."

„Soweit ich mich erinnere – von den paar Malen, die wir deine Eltern in Hamburg besucht haben, bevor der Opa gestorben ist – hattest du doch ein ganz gutes Verhältnis zu dem."

„Warum nicht? Der war ja auch ein sehr toleranter Vertreter seiner Art. Mit ihm konnte man sogar über seinen Glauben diskutieren. Wahrscheinlich habe ich mir auch nur deshalb diese Offenheit in religiösen Fragen bewahrt. Mein erstes Buch über Zen habe ich gelesen, da war ich erst siebzehn. Das hat mich gleich fasziniert: Eine Religion, in der man sich mit der Frage nach Gott erst gar nicht befasst, weil die sowieso kein Mensch beantworten kann. Wo es nur darum geht, alles Leiden zu überwinden und auch anderen Lebewesen kein Leid anzutun. Das ist mir schon damals viel lebensnäher und humaner vorgekommen, als das, was bei uns in der Kirche gepredigt wird.

„Heißt das etwa, du glaubst doch an sowas wie Erleuchtung, Nirvana und so"?

„Ich fürchte, du hast schon gepennt, als ich gestern Abend noch versucht habe, dir diese Frage zu beantworten. Kurz gesagt: Das ist mir alles einfach zu spekulativ."

„Und haben dir deine Zen-Übungen wenigstens etwas gebracht?"

„Die Erleuchtung jedenfalls nicht. Aber es hat mir geholfen, die Dinge mit Abstand zu sehen und mich nicht in unnötigen Grübeleien zu verlieren."

„Wäre das dann nicht auch etwas für Mom gewesen?"

„Ich habe tatsächlich versucht, ihr das nahezubringen. Für sie war das aber einfach nichts. Stillsitzen und zu versuchen, an gar nichts zu denken – das würde sie verrückt machen, hat sie immer gesagt."
Auf dem Rückweg vom Onsen zu unserem Zimmer kommt uns der ganze Schwarm der Buspilger auf einmal entgegen.
„War echt eine gute Idee von dir Dad."
„Zu meditieren?"
„Nein, dass wir sofort nach der Gebetszeremonie rüber ins Bad sind."

*

„Meinst du, Mom hätte diese Zeremonie gefallen?"
Ich war schon fast eingeschlafen, aber jetzt bin ich wieder hellwach. „Mit Sicherheit", sage ich, „für sowas hatte sie einen Sinn. Erinnerst du dich noch an diesen *Daruma*, den sie dir am Anfang unserer Zeit in Tokio gekauft hat?"
Ja, natürlich erinnert er sich. Diese Puppe steht sogar heute noch bei ihm im Regal. Er erinnert sich auch, wie er damals mit seiner Mutter zusammen das eine Auge dieser Figur ausgemalt und sich dabei ein erfolgreiches erstes Schuljahr in Tokio gewünscht hat.
„Und ich weiß noch, wie wir ein Jahr später auch das zweite Auge ausgemalt haben, weil der Wunsch in Erfüllung gegangen war", ergänze ich.
Ich habe Angelika wegen ihrer Vorliebe für solche kleinen magischen Rituale oder überhaupt für Glücksbringer aller Art gelegentlich aufgezogen. Bei dieser Zeremonie bin aber auch ich damals dabei gewesen. Um alles richtig zu machen, hätten wir die Figur gleich anschließend allerdings noch in den Tempel zurückbringen müssen, in dem wir sie gekauft hatten, damit sie dort verbrannt wird. So statten jedenfalls die Japaner Bodhidarma, dem legendären Begründer des Zen-Buddhismus, für den diese Pappmaché-Figur steht, ihren Dank ab, wenn er ihren Wunsch erhört hat. Dazu war Daniel und auch seiner Mom diese Figur dann aber zu schade – und der Wunsch ja eigentlich auch nicht zu viel verlangt …
„Du, jetzt schlaf", sage ich. „Die schmeißen uns hier ja morgen früh raus."

Tag Zwei

Gleich nach dem Frühstück brechen wir auf. Es ist erst sieben Uhr dreißig, und Daniel wundert sich ein wenig, dass ich es so eilig habe. Er geht wohl davon aus, dass wir heute nur bis zum Tempel Nummer 11 wandern werden. Aus dem Buch dieser Berlinerin weiß er natürlich, dass die anschließende Strecke zum Tempel Nummer 12 über drei Berggipfel führt und als eine der schwierigsten der ganzen Pilgerstrecke gilt. Die könnten wir heute auf keinen Fall mehr in Angriff nehmen.

Dass wir stattdessen gleich nach Tempel Nummer 10 in eine ganz andere Richtung abbiegen werden, hatte ich ihm eigentlich schon gestern Abend eröffnen wollen. Da bin ich aber am Ende einfach zu müde gewesen. Wahrscheinlich hätte der Junge dann ja auch noch tausend Fragen nach dem Wieso und Warum gehabt ...

Bis zum Tempel Nummer 7, dem Juraku-ji, laufen wir gerade mal fünfzehn Minuten die Hauptstraße entlang durch die mit Reisfeldern in frischem Grün bedeckte Ebene. Der Tempel liegt wieder am Fuß eines bewaldeten Hügels. Ungewöhnlicherweise hat er sogar zwei Tore, etwas versetzt hintereinander. Auch deren Stil ist vollkommen untypisch: Eine solide gemauerte weißgetünchte Basis mit abgerundeten Kanten und bogenförmigem Durchgang, die eher an chinesische Bauten der Ming-Zeit erinnert, und oben drauf erst die typisch japanische Torkonstruktion aus Holz mit dem geschwungenen Dach. Gleich hinter dem ersten Tor erwartet uns eine Gruppe von *Jizō*-Statuen, mit ihren roten Lätzchen klar als *Mizu-ko*, ‚Wasserkinder' erkennbar.

Ein längerer Aufenthalt lohnt sich hier nicht. Der Tempel ist in seiner Geschichte gleich mehrfach niedergebrannt und die heutigen Gebäude sind relativ jung. Die Haupthalle ist sogar erst 1994 errichtet worden.

*

Die Strecke bis zum nächsten Tempel ist auch nicht gerade romantisch. Ein ganzes Stück führt die Straße unmittelbar am Expressway entlang und schließlich darunter hindurch. Das letzte Stück geht es wieder quer durch die Felder bis an den Fuß des nächsten bewaldeten Hügels, an dem der Kumatani-ji liegt. Auch dieser Tempel ist bei weitem nicht so urig, wie sein Name ‚Bärental-Tempel' verspricht. Bemerkenswert ist allenfalls das riesige Holztor, das aber auch noch relativ neu ist (Ende 17. Jahrhundert). Die Hallen des Tempels sind, wie die übliche Infotafel verrät, 1927 niedergebrannt und erst nach dem Zweiten Weltkrieg neu aufgebaut worden.

„Lass uns gleich weiter zum nächsten Tempel", sage ich.

*

„Wie weit ist es denn bis zur Nummer 9?", fragt Daniel, als wir wieder unter dem Expressway hindurchlaufen, zurück in die Ebene.

„Nicht mal zwei Kilometer", sage ich

„Warum hetzt du denn dann so?", fragt er. „Wenn ich das gestern auf dem Plan richtig gesehen habe, liegen auch die Tempel Nummer 10 und 11 gar nicht so weit entfernt. Oder willst du heute etwa noch weiter bis zur Nummer 12 in die Berge? Das schaffen wir doch nie."

„Hast recht", sage ich. „Ehrlich gesagt haben wir auch gar nicht ..."

Kaum habe ich angesetzt, meinem Sohn zu erklären, wie unser weiterer Weg aussehen wird, da dudelt auf einmal sein Handy. Weiß der Himmel, wer ihn jetzt hier im hintersten Japan anruft. Auf jeden Fall muss der Anruf erfreulich sein, so wie er strahlt. Er legt sogar einen Schritt zu, ein Signal, das mich veranlasst, diskret hinter ihm auf Abstand zu bleiben. Einige Minuten später muss ich ihm allerdings zurufen, dass wir hier abbiegen müssen. Fast wäre er nämlich an dem Schild vorbeigelaufen, dass uns den Weg zum Horin-ji weist, der mitten zwischen den Reisfeldern liegt. Erst als ich ihn direkt vor dem Tempeltor einhole, haucht Daniel etwas in sein Handy und verstaut das dann umständlich in der Seitentasche seines Rucksacks.

„Die Musikerin", informiert er mich knapp.

„Ach, deine Flugzeugbekanntschaft?"
„Sie hat jetzt schon Heimweh nach Deutschland."
„Tatsächlich?"
„Ich habe ihr gesagt, dass mir sowas wie Heimweh ganz abgeht, weil ich eigentlich sowieso nirgendwo richtig verwurzelt bin. Wofür, nebenbei bemerkt, du die Verantwortung trägst."

Ich hätte dem Jungen jetzt natürlich entgegenhalten können, dass er dafür schon als Kind Länder wie Nepal oder Japan kennenlernen durfte. Außerdem hätte er ohne mich diese kleine Japanerin ja wohl niemals getroffen. Aber ich will ihm seine sichtlich glänzende Stimmung ja nicht gleich wieder verderben. Stattdessen vertiefe ich mich erst mal in die Geschichte des Horin-ji auf der Infotafel vor dem simplen Holztor des Tempels.

„Ach, wolltest du mir nicht gerade irgendetwas eröffnen, als der Anruf kam?", ruft er mich gleich wieder in die Gegenwart zurück.

„Stimmt", sage ich. „Ich habe dir ja bisher unsere genaue Route noch gar nicht erklärt. Sobald wir nachher Tempel Nummer 10 hinter uns haben, biegen wir ab Richtung Tempel Nummer 88. Von da an werden wir der Pilgerstrecke in der Gegenrichtung folgen, bis zurück zu Tempel Nummer 38."

„Wieso das denn?"

„Vor allem aus praktischen Gründen. Ich hatte dir doch gesagt, dass wir ab jetzt keine festen Übernachtungen mehr gebucht haben, weil wir dann nicht mehr frei entscheiden könnten, wie weit wir an den einzelnen Tagen laufen. Fast alle Pilger folgen der vorgesehenen Route im Uhrzeigersinn um die Insel herum. Jetzt, wo die Saison gerade erst so richtig begonnen hat, dürften wir in der Gegenrichtung unser Endziel, den Tempel Nummer 38, gerade rechtzeitig erreichen, bevor die große Masse aus der üblichen Richtung dort eintrifft. Jedenfalls der Teil der Pilger, der wie wir zu Fuß läuft und sich mit den gleichen billigen Übernachtungsmöglichkeiten begnügt. So sind unsere Chancen wesentlich besser, abends immer noch eine günstige Unterkunft zu finden."

„Raffinierte Planung – aber warum hast du mir das nicht schon früher gesagt?"

„Ich bin davon ausgegangen, dass dir unsere genaue Route letztlich egal ist."

„Eigentlich schon. Nur hast du mich damit jetzt ausgetrickst."

„Wieso das denn?"

„Ich habe das Buch dieser Berlinerin ja nur zur Hälfte gelesen. Und das war ja nun offenbar die falsche Hälfte ..."

„Tja, wenn du mich früher in deine geheime Vorbereitungslektüre eingeweiht hättest, hätte ich dich natürlich auch früher über meine Streckenplanung informiert ..."

„Schon gut", gibt sich mein Sohn versöhnlich. „Wie weit ist es denn dann heute noch, bis zu diesem achtundachtzigsten Tempel."

„Gut zwanzig Kilometer. Allerdings geht es da überwiegend bergauf. Das ist auch der Grund, weshalb wir uns hier etwas beeilen sollten. Dann können wir es auf der Bergaufstrecke vielleicht etwas langsamer angehen lassen."

Ich wende mich wieder der Infotafel zu. Wie sich herausstellt, ist auch Tempel Nummer 9 mehrfach niedergebrannt, ein letztes Mal 1859 komplett. Hinzu kommt, dass die Hauptattraktion des Horin-ji, eine von Meister Kobo persönlich geschnitzte außergewöhnliche Statue eines liegenden Buddha, nur alle fünf Jahre öffentlich gezeigt wird. Wir beschließen also, es auch hier bei einem kurzen Rundgang zu belassen.

*

Ich hatte gedacht, auch Tempel Nummer 10 würden wir in einer halben Stunde abhaken können. Länger haben wir bis hierher an den Fuß des *Kannon*-Berges auch nicht gebraucht. Von hier aus geht es jetzt aber noch einmal mehr als dreihundert Steinstufen hinauf bis zum Tor des Kirihata-ji.

Wir haben erst gut die Hälfte der Treppe geschafft, da bin ich schon total außer Atem. Daniel hat bis jetzt nichts gesagt, aber nun fragt er, ob er mir meinen Rucksack abnehmen soll.

„Geht schon", keuche ich. Er soll schon mal vorgehen. Ich bin froh, dass er sich ohne ein weiteres Wort umdreht und weiter die Treppe hinaufsteigt. Sobald ich wieder zu Atem gekommen bin, folge ich ihm, ganz langsam jetzt, damit ich es ohne weitere Pause bis ganz nach oben schaffe.

Mein Sohn erwartet mich vor dem Tempeltor. Dankenswerterweise ignoriert er mein Keuchen und zeigt stattdessen auf die tolle Aussicht hinter mir. Ja, hier hat man tatsächlich noch mal einen fantastischen Blick über das weite Tal des Yoshino-Flusses und auf die bis zu tausendfünfhundert Meter hohen Berge auf der gegenüberliegenden Seite.

Schweigend drehen wir eine kurze Runde über das Tempelgelände. Interessant ist hier aber nur eine zweistöckige Pagode mit mächtiger Dachkonstruktion aus dem frühen siebzehnten Jahrhundert, die aus einem Shinto-Schrein in Osaka stammt und am Ende des 19. Jahrhunderts hierher verpflanzt worden ist.

„Die ganze Pagode? Echt jetzt? Allein diese komplizierte Dachkonstruktion – wie ein Puzzle aus tausend Teilen ..."

„Das ist ja gerade der Vorteil dieser Bauweise. Die Balken sind wie in einem Baukastensystem ineinandergefügt, ohne einen einzigen Nagel, und können so auch leicht wieder auseinandergenommen werden. Und am Ende ist das Ganze auch noch erstaunlich erdbebensicher", sage ich. „Jetzt aber los. Wir müssen Tempel Nummer 88 noch vor Einbruch der Dunkelheit erreichen."

„Bist du sicher, dass du dir das heute noch zumuten willst? Dies ist doch erst unser zweiter Pilgertag. Ich hätte vollstes Verständnis dafür, wenn du dich in den ersten Tagen noch etwas schonen würdest nach deiner Erkrankung."

„Kommt gar nicht in Frage", stelle ich fest.

*

Wir laufen nun schon seit über einer Stunde ein enges Tal hinauf, auf beiden Seiten dicht bewaldete Hänge. Die schmale Straße steigt immer steiler an. Nur gelegentlich weitet sich das Tal ein wenig und wir kommen durch ein kleines Dorf oder an einzeln liegenden Gehöften vorbei. Auf diese urige Strecke durch ein ursprüngliches Stück Japan hatte ich mich eigentlich schon gefreut. Nur dass sich ein Rucksack umso schwerer anfühlt, je steiler es bergauf geht, das hatte ich mir nicht klar gemacht. Inzwischen frage ich mich, ob ich nicht doch auf Daniels Vorschlag vorhin hätte eingehen sollen, mich heute noch etwas zu schonen. Aber siebenhundert Kilometer in drei Wochen zurückzulegen erfordert nun mal einen Tagesdurchschnitt von rund 33 Kilometern. Und gestern haben wir nur halb so viel geschafft ...

*

„Also jetzt mal ehrlich, warum pilgern wir hier überhaupt?" Wie aus dem Nichts überfällt mich mein Sohn mal wieder mit einer seiner inquisitorischen Fragen.

„Habe ich dir doch erklärt, sage ich, „weil uns das sicher beiden ganz guttut."

„Aber wir machen doch sowieso so gut wie nichts richtig. Da könnten wir doch auch einfach nur so wandern – wenn du schon keinen Strandurlaub machen willst. Dann könnten wir uns die Strecken aussuchen und überhaupt auch mehr Zeit lassen."

„Fängst du schon wieder damit an. Und was soll das überhaupt heißen, wir machen nichts richtig?"

„Wir hätten eigentlich auf dem Kōya-San anfangen müssen, wir laufen den Pilgerweg nur zur Hälfte, und inzwischen sind wir auch noch in der falschen Richtung unterwegs."

„Also, dass wir nicht den ganzen Weg am Stück laufen, ist vollkommen in Ordnung und üblich. Das machen nicht nur die Buspilger, sondern auch Japaner, die sich als echte Pilger verstehen. Und in umgekehrter Richtung zu laufen, ist sogar extra verdienstvoll. Das soll nämlich die Chancen erhöhen, dem heiligen Meister Kobo persönlich zu begegnen."

„Verstehe ich nicht."

„Ist eine dieser Legenden."

„Kannst ruhig erzählen. Bei diesem Tempo haben wir ja mindestens noch drei Stunden zu laufen – und wenn wir dem Meister dann tatsächlich begegnen, weiß ich wenigstens schon mal, warum."

„Okay. Also dieser Kobo Daishi, auf dessen Spuren wir hier pilgern, stammte ursprünglich aus Shikoku. Er hat in China bei einem berühmten Meister des esoterischen Buddhismus studiert und hat diese in Japan bis dahin noch unbekannte

Variante des Buddhismus dann auch hier eingeführt. Zeitweise ist er auf seiner Heimatinsel auch als Bettelmönch unterwegs gewesen. Eines Tages hat er bei dem reichsten Mann der Gegend angeklopft und um etwas zu essen gebeten. Der Mann, Emon Saburo hieß der, hat ihn aber abgewiesen. Und das an sieben Tagen hintereinander. Als Meister Kobo am achten Tag noch einmal wiederkam, hat der Emon ihm mit einem Knüppel die Bettelschale aus der Hand geschlagen, so dass die in acht Teile zerbrochen ist. Daraufhin ist der Meister verschwunden. Am folgenden Tag ist der jüngste Sohn des alten Geizhalses gestorben. Am nächsten Tag der zweitjüngste. Das ging so weiter, Tag für Tag, bis auch der achte und älteste Sohn tot war. Da erst ist dem Mann klar geworden, dass er Meister Kobo persönlich abgewiesen hatte.

Daraufhin hat er sich reuevoll auf die Suche nach dem begeben, um ihn um Vergebung zu bitten. Einundzwanzig Mal ist er im Uhrzeigersinn um die ganze Insel Shikoku gelaufen, ohne dass er den heiligen Mann einholen konnte. Schließlich kam er auf die raffinierte Idee, es einfach mal in der Gegenrichtung zu versuchen. Zu diesem Zeitpunkt war er aber schon so erschöpft, dass er die ganze Runde nicht mehr geschafft und sich zum Sterben hingelegt hat.

Und siehe da, in dem Moment ist Meister Kobo doch noch aufgetaucht und hat ihm vergeben. Emon hat noch schnell geschworen, im nächsten Leben einen Tempel zu bauen, unter der Bedingung, dass er als reicher Mann wiedergeboren würde, hat einen Stein in die Hand genommen und dann war er tot. Kurz darauf wurde irgendwo auf Shikoku ein Junge geboren, der die ganze Zeit seine Faust fest verschlossen hielt. Erst einem buddhistischen Priester gelang es mit Hilfe eines geheimen Rituals, den Jungen dazu zu bringen, die Faust zu öffnen. Darin fand man einen Stein auf dem stand: „Emon Saburo wiedergeboren."

„Klingt ganz wie eine dieser christlichen Heiligenlegenden – bis auf die Idee mit der Wiedergeburt. Aber echt krass, dass bei den angeblich so friedfertigen Buddhisten allein schon die Verweigerung einer mildtätigen Gabe mit dem Tod aller acht Söhne des Täters bestraft wird."

"Wenigstens hat der Heilige den Emon nicht auch noch aufgefordert, seine Söhne eigenhändig umzubringen, so wie der jüdisch-christliche Gott das bei Abraham gemacht hat."

„Sich mit Göttern oder Heiligen einzulassen ist offenbar nie ganz risikolos."

„Das haben sie dir jetzt aber nicht auf dem Aloysius-Kolleg beigebracht", sage ich.

„Hast recht. Müssen wohl noch Spätfolgen deiner erzieherischen Bemühungen sein."

Irgendwie gefällt mir die lakonische Art des Jungen – kann er ja eigentlich auch nur von mir haben ...

Plötzlich hält ein Kleinlaster neben uns. Der Fahrer, ein junger Mann im dunklen Overall und mit einer Baseball-Kappe auf dem Kopf, lässt das Fenster herunter und starrt uns an, als hätte er noch nie ausländische Pilger gesehen. Er zeigt bergab und sagt etwas, das wie eine verwunderte Frage klingt. Erst als er das Wort wiederholt, verstehe ich. *Gyaku-uchi* – umgekehrt herum. „*Hai, gyaku-uchi*", bestätige ich ihm, dass wir den Pilgerweg tatsächlich in umgekehrter Richtung laufen.

„*Erai, nee!*", sagt er bewundernd. Er wirft einen fragenden Blick auf Daniel. „*Are wa* – und der da?" Offenbar findet er es seltsam, dass Daniel keinen Pilgerdress trägt. „*Are wa – Juboku!*", sage ich in samurai-barschem Ton. Der Mann lacht laut auf. *Chotto matte* – wartet mal", sagt er, beugt sich zum Beifahrersitz hinüber und streckt uns schließlich, immer noch lachend, zwei Getränkedosen entgegen. „*O-settai*", ruft er, und tritt aufs Gas. Wir hatten nicht mal Zeit, danke zu sagen.

Daniel blickt auf die Getränkedose in seiner Hand, als wäre die vom Himmel gefallen. „Was sollte das denn?"

„*O-settai* – so nennt man die Geschenke, die man hier den Pilgern zusteckt. Es heißt, einem Pilger auf dieser Route eine solche kleine Gabe zu überreichen bringt genauso viel gutes Karma, als hätte man sie Meister Kobo persönlich gegeben.

„Gilt das etwa auch, wenn man den Pilger dabei verspottet? Glaub' nicht, dass ich nicht mitbekommen hätte, dass ihr wieder diesen albernen Samurai-Scherz auf meine Kosten gemacht habt."

„Tut mir leid, aber ein Pilger, der in der albernen Verkleidung eines Ausländers rumläuft, ist für die Leute hier nun mal ein seltsamer Anblick."

Da muss auch Daniel grinsen. „Okay. Damit muss ich dann wohl leben. Aber was heißt das, was er davor gesagt hat? Das klang ja doch eher anerkennend."

„Dieses ‚erai'? Das heißt so viel wie bewundernswert, großartig. Das war sein Kommentar dazu, dass wir den Pilgerweg entgegen der üblichen Richtung laufen wollen. Warum das allerdings besonders ‚erai' sein soll, verstehe ich auch nicht."

Wir setzen uns wieder in Bewegung. Wir haben, wenn's hochkommt, erst die Hälfte der Strecke bergauf hinter uns. Inzwischen habe ich auch zunehmend Mühe, mit Daniel Schritt zu halten. Der Abstand zu ihm wird immer größer. Ich muss wohl auch wieder angefangen haben, laut vernehmlich zu keuchen. Jedenfalls bleibt er plötzlich stehen und dreht sich nach mir um.

„Hey, sag doch was!" Er wartet, bis ich zu ihm aufgeschlossen habe. „Du musst mir doch nichts beweisen, Dad!"

Ab jetzt hält er sich an meiner Seite und lässt mich das Tempo bestimmen. Ich erwarte schon eine Bemerkung wie „Ich hab's dir doch gleich gesagt, Dad", aber es kommt nichts dergleichen. So viel Feingefühl hat der Junge immerhin doch.

„Hoffentlich ist noch ein Platz in der Herberge frei, wenn wir jetzt erst so spät ankommen", sage ich.

„Hattest du nicht gesagt, an diesem Ende der Route bekäme man so früh in der Pilgersaison normalerweise immer noch was?"

„Normalerweise ja. Problem ist, dieser Tempel liegt einsam in den Bergen. Soweit ich weiß, gibt es dort außer einem einzigen *Minshuku* direkt neben dem Tempelgelände weit und breit keine weitere Unterkunft. Und da oben irgendwo im Freien zu übernachten stelle ich mir ziemlich unangenehm vor. Nachts dürfte es da zu dieser Zeit noch verdammt kalt werden. Das liegt immerhin fast achthundert Meter hoch."

Es ist schon kurz vor vier. Ich bin total nassgeschwitzt und könnte durchaus eine etwas längere Pause gebrauchen. Außerdem knurrt mir der Magen. Eigentlich hatten wir ja gehofft um diese Zeit schon am Ziel zu sein, und wir haben außer einer Tafel Schokolade nichts mehr zu essen dabei.
„Wie weit, glaubst du, ist es noch?", fragt Daniel.
„Noch mindestens zehn Kilometer", schätze ich.

*

Die Straße beschreibt eine Kurve und vor uns weitet sich das Tal. Auf der rechten Seite eine Ansammlung einfacher Häuser, die meisten sogar noch mit traditionellem Strohdach. Gegenüber, auf der anderen Straßenseite, ein weites Gelände, auf dem hohe Stapel von Brettern lagern. Dahinter ein großes Gebäude, von dem das an- und abschwellende Kreischen von Sägen herüberdringt. „Vielleicht bekommen wir hier irgendwo was zu essen", ruft Daniel hoffnungsfroh.

Auf einmal läuft es sich leichter, was nicht nur daran liegt, dass das Gelände hier nicht mehr so steil ist. Abgesehen vom Lärm des Sägewerks scheint das Dörfchen wie ausgestorben. Wir sind schon fast hindurch, als wir vor einem der letzten Häuser einen Getränkeautomaten entdecken. Ein kleiner Dorfladen, der auch noch geöffnet hat. Wir sehen uns um. Niemand da zum Bedienen. Die Auswahl ist auch nicht gerade berauschend. Große Plastiksäcke mit Reis, viele Konserven, Süßkartoffeln, *Daikon* – weißer Rettich, irgendwelches Grünzeug. Die Äpfel, immerhin, sehen nicht schlecht aus. Außerdem Gummistiefel, Hacken und Spaten, Kanister, die dem Warnsymbol nach zu schließen Unkrautvernichter enthalten, und ein ganzer Ständer voll Regenschirme.

Immer noch niemand da zum Bedienen. Wir verlassen den Laden, um uns erst mal etwas zu trinken aus dem Automaten zu holen. Da gibt es tatsächlich auch heiße Getränke, wie die roten Leuchtknöpfe unter den entsprechenden Musterflaschen verraten.

„Grüner Tee mit Limone – den habe ich damals in Tokio immer getrunken!" Daniel freut sich genauso wie ich. Wir lassen gleich vier Flaschen hintereinander raus.

Hinter uns eine laute Frauenstimme: „*Gaijin Henro*" - ausländische Pilger!" Eine untersetzte Frau in Gummistiefeln kommt über die Straße direkt auf uns zugelaufen – offenbar vom Sägewerk her. Sie trägt eine schwere Gummischürze und hat grobe Handschuhe an.

„*Okubo-ji? Gyaku-uchi? Erai nee!*" Ohne unsere Antwort abzuwarten läuft sie an uns vorbei in den Laden. Zögernd folgen wir ihr. Mit der Erklärung, wir hätten sicher Hunger, verschwindet sie durch einen Vorhang, der uns vorher gar nicht aufgefallen war, in einen Raum hinter dem Laden.

„Alles ziemlich rustikal hier", sagt Daniel leise, obwohl diese Frau garantiert kein Deutsch versteht. Da streckt sie auch schon wieder ihren Kopf durch den Vorhang. Ob uns *Omuraisu* – ein mit Reis gefülltes Omelett reichen würde. Mehr hätte sie leider nicht da.

Sogar etwas Warmes – weit mehr als wir erwartet haben.

Keine zehn Minuten später sitzen wir auf niedrigen Hockern an einem Klapptisch vorne im Laden und schaufeln die Reisomeletts in uns rein und trinken dazu unseren inzwischen nur noch lauwarmen Limonentee. Die Frau sieht uns dabei zu, die Ellenbogen auf die Ladentheke gestützt. Ob wir aus Amerika kämen.

Als ich sage, dass wir aus Deutschland sind, richtet sie sich überrascht auf. „*Doitsu! Gyaku-uchi! Erai nee!*" Damit hat sie ihr Repertoire für die Kommunikation mit ausländischen Pilgern aber offenbar auch schon erschöpft. Sie stützt sich wieder auf den Ladentisch und sieht schweigend, aber mit zufriedenem Gesichtsausdruck zu, wie wir die Teller bis auf das letzte Reiskorn leerputzen.

Als ich aufstehe und meinen Geldbeutel aus der Tasche ziehe, wehrt sie ab. „*O-settai, o-settai!*" Das ist mir jetzt echt peinlich, aber sie will tatsächlich kein Geld von uns. Wenn ich sie richtig verstehe, sind wir die ersten Pilger, die in dieser Saison hier vorbeikommen. Und dann auch noch Deutsche, die den Weg in Gegenrichtung wandern!

Wir bedanken uns mit vielen tiefen Verbeugungen, nehmen unsere Rucksäcke wieder auf und marschieren weiter. Als wir uns kurz darauf noch einmal umdrehen, steht diese Frau immer noch mitten auf der Straße und winkt uns nach.

*

Wir kommen auf eine breite Landstraße hinaus. Offenbar haben wir die Passhöhe erreicht. Da steht sogar ein Wegweiser: Tempel 88, Okubo-ji, 9 km. Obwohl es ab hier eben weitergeht, komme ich schon wieder ins Schnaufen. Die Riemen des Rucksacks schneiden mir in die Schultern, und wenn ich kurz stehenbleibe, fühle ich, wie mir die Beine zittern.

Daniel wirft mir einen besorgten Blick zu, sagt aber nichts. Ich beiße die Zähne zusammen und setze nur noch mechanisch einen Fuß vor den anderen. Dann geht es auch noch durch einen engen, finsteren Tunnel. Zum Glück ist der so kurz, dass man das Licht am anderen Ende schon sieht, und es kommt auch kein Auto.

Es ist schon nach sechs, als wir endlich vor dem *Minshuku* stehen. Und ja, sie haben für uns noch ein Zimmer frei.

*

Wir haben schon vor einer ganzen Weile das Licht ausgemacht. Gleich nach dem Abendessen haben wir uns in unsere Schlafsäcke verkrochen. Es ist verdammt kalt hier in diesem kleinen Tatami-Zimmer. Mit den dick gefütterten Decken, die auf den ausgerollten *Futons* bereitgelegen haben – wir haben sie noch über unsere Schlafsäcke gebreitet – geht es einigermaßen.

Obwohl ich völlig erschöpft bin, kann ich mal wieder nicht einschlafen. Dieser verdammte Parasit hat mir anscheinend doch stärker zugesetzt, als ich gedacht habe. Ich frage mich, ob ich mir mit dieser wochenlangen Wandertour so kurz nach meiner Genesung nicht tatsächlich zu viel vorgenommen habe. Aber eine solche Gelegenheit hätte sich kaum so schnell wieder ergeben. Und wenn Daniel erst einmal eine eigene Familie gegründet hat, weiß ich nicht, ob ein solcher Versuch, miteinander ins Reine zu kommen, überhaupt noch viel bringen könnte ...

„Bist du noch wach, Dad?" Auch Daniel kann offenbar nicht schlafen.

„Ja. Ich muss gerade wieder an Mom's und meine Zeit in Kobe denken. Das war mit unsere glücklichste Zeit. Wir waren ja erst jung verheiratet damals. Und gerade Shikoku ist für mich mit ganz besonderen Erinnerungen verbunden. Hierher haben wir noch mal eine letzte größere Tour gemacht, bevor wir nach Bonn zurückversetzt worden sind. Wir sind damals so voller Hoffnungen und Erwartungen gewesen."

„Soll das etwa heißen, dies ist für dich eine Zeitreise zurück in die glückliche Zeit, in der es Sarah und mich noch nicht gab? Dann frage ich mich schon, warum du unbedingt wolltest, dass ich dabei bin."

„Du, das ist jetzt aber echt unfair. Unsere allerglücklichste Zeit waren natürlich die Jahre, die uns mit dir und Sarah zusammen vergönnt waren. Und meine Hoffnung war und ist, dass wir durch diese gemeinsame Reise wieder an diese Zeit anknüpfen können."

„Ein wenig spät, findest du nicht?", legt er nach.

„Better late than never", sage ich leichthin, um unser Gespräch zu entkrampfen. „Verstehst du denn gar nicht, was für einen schrecklichen Einschnitt Sarahs Unfall für Mom und mich bedeutet hat?"

„Heute verstehe ich das natürlich. Aber damals war ich ja noch nicht einmal fünf. Für mich hat es sich angefühlt, als hätte ich nicht nur meine große Schwester, sondern auch noch beide Eltern verloren. Und was ich nicht verstehe: Warum ihr es als erwachsene Leute nicht geschafft habt, im Laufe der Jahre über dieses Unglück hinwegzukommen. Jedenfalls Mom nicht, wie sich schließlich gezeigt hat. Und du warst ja eigentlich sowieso immer weg – ‚im Dienst', wie es immer so schön hieß.

„Ich kann nur sagen, dass wir nach Sarahs Tod alles versucht haben, dich unser Unglück nicht allzu sehr spüren zu lassen und dir ein normales Familienleben zu bieten. Aber schon gut. Ich denke, du wirst das alles erst so richtig verstehen, wenn du selber mal Kinder hast. Und jetzt lass uns schlafen. Wir sollten morgen früh los. Dann können wir unterwegs auch mal eine etwas längere Pause machen."

„War wohl doch etwas viel für dich heute."

„Schlaf gut!"

Tag Drei

Es ist schon nach neun, als wir das Gelände von Tempel Nummer 88 betreten. Ich bin heute früh kaum aus dem Schlafsack gekommen. Zum Glück gab es zum Frühstück außer dem Reis und dem Berggemüse auch noch eine Schale heiße Miso-Suppe, die man sich sogar aus einem großen Kessel beliebig nachfüllen konnte.

Es ist ein strahlender Tag, aber die Luft hier oben ist noch so eisigkalt, dass unser Atem zu kleinen Wölkchen gefriert. Der Tempel ist der bei weitem urigste bisher, eingebettet in einen dichten, düsteren Wald. Uralte Holzgebäude, Moospelz auf den sorgsam im Gelände arrangierten Felsbrocken, ein schroff aufragender felsiger Gipfel im Hintergrund. Monotoner Singsang aus tiefen Kehlen weht aus Richtung der Meisterhalle zu uns herüber.

„Was willst du denn da drin?", fragt Daniel, als ich erst mal auf das *Nokyojo* zusteuere.

„Das ist das Stempelbüro. Da bekommt man den Stempel des Tempels in sein Pilgerbuch, als Beweis, dass man hier war."

„Wusste gar nicht, dass du so ein Pilgerbuch hast."

„Das habe ich noch aus unserer Kobe-Zeit. Damals haben Mom und ich ja schon ein paar der Tempel hier auf Shikoku besichtigt."

„Und an diesem Souvenir liegt dir so viel, dass du dir hier noch mal einen Souvenirstempel abholen musst?"

„Du, Pilgerbücher mit einer vollständigen Sammlung aller 88 Stempel werden teuer gehandelt."

„Heißt das etwa, du glaubst, dass du dein Pilgerbuch irgendwann noch mal ganz voll bekommst? Dann klappern wir also ab hier sämtliche dieser *Nokyojo* ab?"

Ich nicke.

Daniel schüttelt den Kopf, aber wenigstens fragt er nicht weiter.

Der Priester, ein auffallend rundlicher Mann, staunt uns mit seinen für einen Japaner ebenso auffallend runden Augen an. „From Germany?" Er spricht sogar recht gut verständliches Englisch.

Ich lege ihm mein Pilgerbuch auf den Tisch, aufgeschlagen bereits auf der richtigen Seite. Er will noch einmal zurückblättern, wohl um zu sehen, an welchen Tempeln ich schon gewesen bin. Ich erkläre ihm, dass ich dieses Buch schon vor dreißig Jahren angefangen habe, dass ich diesmal eine ganze Strecke in Gegenrichtung pilgern will und dass ich hoffe, bis zu meinem Lebensende alle Stempel zusammenzuhaben.

Ja, die Deutschen, sagt er, wenn die sich etwas in den Kopf gesetzt haben ...

Fast wie die Japaner, sage ich.

Er strahlt. Wie mir scheint, setzt er den karmesinroten Stempel jetzt extra sorgfältig auf die dafür vorgesehene Seite und tuscht seine Kalligrafie betont schwungvoll darüber. Während er sein Werk noch kurz mit einem kleinen Föhn trocknet, fragt er, ob wir den Plan schon hätten.

Welchen Plan, frage ich. Na, das Heft mit den Skizzen, die den genauen Verlauf der *Henro-michi*, der Pilgerwege zwischen den einzelnen Tempeln, zeigten.

Von einem solchen Plan habe ich noch nie etwas gehört.

Kein Wunder, in meinem Fall, meint der Priester. Vor dreißig Jahren habe es den nämlich noch gar nicht gegeben. Daran habe ein passionierter Pilger privat sein ganzes Leben lang gearbeitet. Vor rund zwanzig Jahren habe er ihn dann veröffentlicht. Dieser Mann habe übrigens auch überall auf der Route selbstgefertigte Wegweiser angebracht, damit die Pilger sich auf den Strecken durch den Wald und über die Berge nicht verlaufen.

Ja, wenn sich ein Japaner etwas in den Kopf gesetzt hat ..., sage ich.

Der Priester lacht. Am letzten Tempel der Pilgerrunde frage normalerweise niemand mehr nach diesem Plan. Irgendwo müsse hier aber eigentlich noch ein Exemplar zu finden sein.

Er steht auf und beginnt, in dem wüsten Haufen von Papieren und Broschüren zu wühlen, der sich in der einen Ecke seines Büros türmt. Mit hochrotem Kopf taucht er schließlich wieder hinter seinem Stempeltisch auf. Er strahlt über sein ganzes kugelrundes Gesicht, während er durch das Büchlein mit den Einzelplänen blättert. Hier, sagt er, der Okubo-ji. Direkt hinter der Haupthalle kommt der Pfad aus dem Wald. Wenn ihr dort hochgeht, spart ihr auf dem Weg zum Tempel Nummer 87 mindestens sechs Kilometer im Vergleich zu der Strecke auf der Landstraße. Er schiebt uns das Büchlein über den Tisch. „O-settai", sagt er.

Eine Pilgergabe kann man nicht ablehnen.

Wir solten nicht vergessen, uns außer dem *Hondō* und der Meisterhalle auch die Halle der tausend Pilgerstäbe anzusehen, für die dieser Tempel berühmt sei. Nachdem der Meister selbst hier seinen Stab am Ende seiner Wanderungen zurückgelassen habe, hätten es ihm zahllose Pilger, die seinen Spuren gefolgt seien, nachgetan. „*O-ki o tsukete*" – passt auf euch auf – ruft uns der Priester zum Abschied noch zu und sieht mich dabei mit seinen großen Augen nachdenklich an.

Merkt man mir etwa an, wie geschafft ich von dem gestrigen Marsch immer noch bin?

Wir lassen unsere Rucksäcke auf der Bank vor dem Tempelbüro zurück und laufen zur Haupthalle hinüber.

„Der Priester hat mich irgendwie an meinen *Daruma* erinnert", sagt Daniel, „Diese Riesenaugen, und dann war er auch noch so rundlich."

„Stimmt", sage ich. „Und mit diesem Plan hat er uns sogar noch einen Wunsch erfüllt, von dem wir gar nicht wussten, dass wir ihn hatten."

„Dann steht unsere Wanderung wohl unter Bodhidarmas besonderem Schutz", sagt Daniel und grinst.

„Trotzdem sollten wir vorsorglich auch noch den Segen von Meister Kobo erbitten, jetzt, wo es so richtig losgeht", sage ich und sehe Daniel fragend an. Der zuckt nur mit den Schultern.

Er bleibt etwas zurück, während ich vor der Halle erst ein Weihrauchstäbchen entzünde, es im Bronzegefäß feststecke, und anschließend eine Kerze in der dafür vorgesehenen gläsernen Box aufstelle. Ich schwinge das Seil vor dem Eingang zur Halle, bis der kleine Gong hoch über mir anschlägt. Ich lege die Hände vor der Brust zusammen, verneige mich und bleibe dann noch einen Augenblick stehen, während der kahle Kopf des Meisters aus dem Dunkel der Halle auf mich herableuchtet.

„Hat echt professionell ausgesehen", mein Daniel, als ich zu ihm zurückkomme. „Aber kommst du dir dabei nicht komisch vor?"

„Gebe zu, ich war ganz froh, dass wir hier heute die Ersten sind und keine anderen Pilger zugeschaut haben", sage ich. „Aber solche kleinen Rituale können einem nach meiner Erfahrung durchaus ein positives Gefühl vermitteln, auch wenn man die religiösen Vorstellungen dahinter nicht teilt. Deine Mom hat übrigens sogar in buddhistischen Tempeln oder vor Shinto-Schreinen gebetet. Allerding zu ‚ihrem Gott', wie sie ihn genannt hat – und ich fürchte, der war nicht ganz derselbe Gott, den der Papst hier auf Erden vertritt."

„Echt jetzt?" Daniel sieht mich leicht irritiert an.

„Jetzt sollten wir aber los", sage ich.

„Wollen wir nicht doch lieber die Straße nehmen, sicherheitshalber?"

„Wieder stundenlang über Asphalt und womöglich auch noch durch weitere von diesen scheußlichen Tunneln? Außerdem sparen wir mindestens sechs Kilometer, hat dein *Daruma* gesagt ..."

„Okay, wenn du meinst."

*

Die Stelle hinter der Haupthalle, an der der Pilgerpfad in den Wald führt, ist ganz einfach zu finden. Da steht sogar ein Schild mit den drei Schriftzeichen für h*enro michi* – Pilgerweg. Trotz meiner steifen und schmerzenden Glieder und dem an meinen Schultern zerrenden Rucksack freue ich mich jetzt sogar ein wenig auf die bevorstehende Wanderung durch diesen geheimnisvoll nebelverschleierten Zedernwald.

Es ist dämmrig unter den hohen Bäumen. Bis auf einen gelegentlichen Vogelruf ist es still wie in einer Kathedrale. Die feuchtkühle Luft durchzieht ein Duft nach Kräutern und Harz, der an Weihrauch erinnert. Auf dem federnden Boden läuft es sich deutlich angenehmer als gestern auf der Straße. Es geht mäßig bergauf. Auf manchen etwas stärker ansteigenden Abschnitten ist der Pfad sogar treppenartig ausgebaut.

„Na, ist das hier nicht tausendmal besser als so eine geteerte Straße?", rufe ich Daniel zu, der – schon ein ganzes Stück voraus – gerade um eine Wegbiegung verschwinden will. In dem Moment bleibt er abrupt stehen. Statt zu antworten zeigt er nur stumm nach vorn. Oder eher nach oben.

Erst als ich ihn erreicht habe, sehe ich es auch: Hinter der Kurve steigt der Pfad plötzlich steil an. Von hier unten sieht das aus, wie eine einzige endlose Treppe. Die verliert sich allerdings nach ein paar hundert Metern hinter einer weiteren Kurve.

„Okay, bis da oben schaff' ich das schon", sage ich. Daniel nickt nur stumm. Schon nach wenigen Minuten beginne ich wieder zu keuchen. Da haben wir aber erst ein Drittel der überschaubaren Strecke geschafft. Daniel läuft jetzt direkt neben mir.

„Geht schon", sage ich.

„Mach ganz langsam", sagt er. „Es reicht doch, wenn wir heute nur bis Tempel 87 kommen." Dem detaillierten japanischen Shikoku-Atlas auf meinem Handy zufolge, den ich während des Frühstücks noch mals konsultiert habe, wären es bis zu diesem Tempel auf der Straße gerade mal zwanzig Kilometer, auf unserer Abkürzung also nicht einmal fünfzehn – lächerlich, eigentlich.

Ich zwinge mich langsam und stetig Stufe um Stufe hinauf. Jetzt, wo ich warmgelaufen bin, schmerzen wenigstens meine Muskeln und Gelenke nicht mehr so. Nach zwei weiteren kurzen Verschnaufpausen haben wir die nächste Biegung erreicht. Daniel entfährt ein leises „Oh Gott!" Ich zwinge mich, nach oben zu schauen. Zuerst geht es noch mal so ein Stück genauso treppenartig ausgebaut weiter wie bisher. Noch weiter oben aber scheint der Weg in einen regelrechten Klettersteig überzugehen.

Erst jetzt wird mir klar, worauf wir uns eingelassen haben. Wir sind anscheinend schnurstracks auf den schroffen Bergrücken zumarschiert, den man vom Tempelgelände aus hinter den Baumwipfeln hat aufragen sehen. Unser Pilgerweg führt offenbar da oben über den Pass ...

Mein Sohn schaut mich fragend an. Ich bemühe mich, mein Keuchen unter Kontrolle zu bringen. „Das ziehen wir jetzt durch", sage ich schließlich. „Der Arzt hat gesagt, wandern wäre genau das Richtige für mich, um wieder auf die Beine zu kommen."

„Dabei hat der aber wahrscheinlich eher an sowas wie die Lüneburger Heide gedacht. Soll ich dir nicht wenigstens den Rucksack abnehmen?"

„Schon gut", schnaufe ich, obwohl mir die Last jetzt schon doppelt so schwer vorkommt wie gestern. „Ich habe ja auch noch meinen Pilgerstab!"

„Okay, wie du willst. Aber dann lauf' du jetzt vor mir. Dann habe ich dich wenigstens im Auge."

Wortlos schiebe ich mich an dem Jungen vorbei und mache mich an den weiteren Aufstieg. Alle zwanzig oder eher zehn Meter bleibe ich stehen, um – schwer auf meinen Stab gestützt – wieder zu Atem zu kommen. Jetzt bin ich erst recht froh, dass mir die Frau in dem Pilgerladen am Tempel Nummer 1 dieses kleine Schweißtuch aufgedrängt hat. Bei jeder Verschnaufpause ziehe ich das aus der Spitze des Pilgerhuts und wische mir damit den Schweiß aus Gesicht und Nacken. Kurz in die frische Brise gehalten und wieder in den Hut gestopft kühlt mir das schweißnasse Tuch auf der nächsten Etappe noch ein Weilchen die Glatze.

Wenigstens sagt Daniel nichts mehr. Er wartet jedes Mal geduldig, bis ich mich wieder in Bewegung setze und manchmal lächelt er mir dann sogar aufmunternd zu. Vielleicht zeigt er sich aber jetzt auch nur deshalb so versöhnlich, weil ihm leidtut, was er mir gestern Abend vor dem Einschlafen noch an den Kopf geworfen hat ...

Inzwischen haben wir den Wald hinter uns gelassen. Auch der ausgebaute Teil des Pfads endet nun. Vor uns ein felsiger, mit Geröll bedeckter Steilhang. Da brauchen wir auch unsere Hände. Mein Pilgerstab, der mir eben noch Gold wert war, wird hier zum lästigen Hindernis.

Daniel meint, ich soll ihm den irgendwo an seinem Rucksack befestigen, aber senkrecht, damit er damit nicht zwischen den Felsen hängenbleibt. Mir bleibt nichts anderes übrig, als zu tun, was er sagt. Nach einigem Herumprobieren gelingt es mir auch, das glatte Ding so unter zwei Schnallen seines Rucksacks durchzuschieben, dass es hält.

Teilweise ist das Vorwärtskommen jetzt sogar leichter, weil man die Arme nutzen kann, um sich an den Felsen links und rechts hochzuziehen. Dann aber muss man sich wieder so hohe Stufen hochwuchten, dass einem fast die Beine versagen. Inzwischen höre ich auch Daniel hinter mir keuchen. Trotzdem stützt oder schiebt er mich jetzt gelegentlich noch von hinten.

Ganz langsam, mit immer längeren Pausen dazwischen, quälen wir uns den Berg hoch. Mein Herz rast, die Zunge klebt mir trocken am Gaumen, ich bin vollkommen nassgeschwitzt. Inzwischen pfeift uns auch noch ein eiskalter Wind um die Ohren.

Ich schimpfe auf den verdammten Stempelpriester, der – so wie der aussah – diesen höllischen Weg garantiert nie selber zurückgelegt hat.

Daniel hinter mir grummelt irgendwas Unverständliches. Ich arbeite mich nur noch ganz mechanisch voran und versuche auch erst gar nicht mehr, das Zittern in Armen und Beinen zu unterdrücken.

Plötzlich vor uns ein Schild, das in die Tiefe hinter uns zurückweist: Tempel Nummer 88, Okuboji, 1,2 km. Wir sind oben!

„1,2 Kilometer – das kann nicht stimmen – das waren mindestens fünf", keuche ich. Daniel kann ein leichtes Grinsen nicht unterdrücken, aber auch er schnauft hörbar.

Wir gönnen uns nur eine kurze Pause auf der kahlen und zugigen Passhöhe, bevor wir uns an den Abstieg auf der anderen Seite machen. Der erweist sich als mindestens genauso herausfordernd. Steil geht es über bröckelnde Felsen in die Tiefe. Hier und da sind sogar Ketten oder Stahlrohre an den Fels geschmiedet, an denen man sich herunterhangeln muss.

Wir atmen erst auf, als wir in den Wald eintauchen, der uns wenigstens vor den eiskalten Böen schützt. Hier bin ich aber wieder auf den Pilgerstab angewiesen. Der treppenartige Abstieg geht schwer auf die Knie. Die Füße schmerzen und die Muskeln krampfen. Wenigstens kommen wir nun deutlich schneller voran. Allmählich wird es auch wärmer. Der Pfad wird enger und ist hier teilweise überwuchert. Zum ersten Mal kommt mein Pilgerstab als Schlangenverscheucher zum Einsatz.

*

Endlich kommen wir auf eine schmale, asphaltierte Straße hinaus. Daniel fragt, ob ich nicht eine kurze Rast einlegen will. Ich fürchte, wenn ich hier erst einmal sitze, komme ich so schnell nicht wieder hoch. Also weiter. Die Straße windet sich in engen Kehren bergab durch den Wald. Sie scheint kein Ende zu nehmen. Der Schmerz in meinen Knien wird stechend. Auf den grasbewachsenen Seitenstreifen auszuweichen bringt nur wenig Erleichterung. Ich rufe Daniel zu, dass ich doch nicht ganz so schnell kann. Er wartet, bis ich ihn eingeholt habe.

„Wir machen jetzt erst mal Pause!" Ich nicke nur. Ohne zu fragen, hebt er meinen Rucksack an. Ich lasse es geschehen, strecke nur die Arme nach hinten, damit er ihn mir ganz abnehmen kann. Wir lassen uns ins Gras fallen. Auch er entledigt sich seines Rucksacks.

Ich klicke mich durch meine off-line Shikoku-Karte. Bis nach Nagao, zum Tempel Nummer 87, müssen es noch gut zehn Kilometer sein. Ich knete an meinen Knien herum und massiere meine Beine. Ich tue so, als sähe ich die abschätzenden Blicke nicht, mit denen mein Sohn mich bedenkt. Aber da kommt auch schon sein Urteil:

„Ich glaube, wir sollten es für heute gut sein lassen. Bis Nagao schaffen wir es doch nicht mehr, wenn du nicht riskieren willst, für ein, zwei Tage ganz auszufallen."

„Es ist doch gerade erst Mittag. Und wo sollen wir in dieser gottverlassenen Gegend eine Unterkunft finden?", wende ich ein.

„Hast du nicht gesagt, wir würden sowieso öfters irgendwo im Freien übernachten? Wird ja wohl nicht allzu kalt werden, hier unten. Und nach Regen sieht es auch nicht aus."

Ich lasse ein Knurren hören. So als überlegte ich noch. Aber mir ist natürlich klar, dass er recht hat.

„Nach den mehr als dreißig Kilometern gestern ist es ja keine Katastrophe, wenn wir heute mal nur zehn Kilometer schaffen. Lass uns jetzt erst mal nach einem geeigneten Plätzchen zum Ausruhen suchen. Vielleicht können wir dann am späteren Nachmittag doch noch mal einen Versuch unternehmen, weiterzukommen." Daniel klingt wie ein Vater, der seinen kleinen Sohn trösten will, der gerade ein Wettrennen gegen seinen ärgsten Rivalen verloren hat.

Ich weiß nicht, was mich mehr nervt, meine eigene Schwäche oder dieser überlegene Tonfall. Ich stehe auf und wuchte mir meinen Rucksack auf den Rücken, bevor der Junge erneut eingreifen kann. Nach den ersten humpelnden Schritten geht es auch wieder einigermaßen, auch wenn das Bergablaufen meinen Knien weiterhin gar nicht guttut.

Hinter einer weiteren der zahllosen Kehren schimmert plötzlich weit unter uns die glitzernde Oberfläche eines Sees durch die Bäume. Allein der Anblick des Wassers lässt uns unsere ausgedörrten Kehlen noch quälender spüren. Unsere Trinkflaschen, die wir oben am Tempelbrunnen noch einmal aufgefüllt hatten, haben wir längst bis auf den letzten Tropfen geleert. Ich vergesse meine Knie und hole Daniel ein, den es offenbar auch unwiderstehlich nach unten zieht.

Schneller als gedacht sind wir auf der Höhe des Sees angelangt. Die Straße führt hier direkt am Ufer entlang. Das glasklare Wasser aber bleibt unerreichbar für uns. Die Uferböschung ist glatt und steil, und weit und breit nichts in Sicht, woran man sich festhalten könnte, um da runterzukommen, ohne abzurutschen. Wir versichern uns gegenseitig, dass das da wohl sowieso kein Trinkwasser ist.

Nach einer weiteren Biegung entdecken wir, dass dieser See an einer breiten Staumauer endet. Dahinter könnte es einen geeigneten Lagerplatz geben ...

Tatsächlich tut sich gleich hinter der Mauer ein tiefer Taleinschnitt auf, und ein schmaler Pfad führt von der Straße ab dort hinunter. Nach kurzer Kletterei erreichen wir das steinige Bett des Bergbachs, den die mächtige Betonmauer hinter uns zu einem See aufgestaut und ab hier zu einem kleinen Rinnsal erniedrigt hat. Wir fallen beide auf die Knie und erfrischen uns an dem eiskalten Wasser.

Jenseits des Bächleins, nicht weit vom Fuß der Staumauer, finden wir hinter einem Felsen ein sandiges Plätzchen, das von der Straße oben nicht einsehbar ist und als Lager bestens geeignet erscheint. Ich werfe den Rucksack ab, setze mich in den weichen Sand, lehne mich an den glatten, sonnendurchwärmten Felsen und strecke mit einem tiefen Seufzer die Beine aus. Daniel lässt seinen Rucksack neben mich fallen, bleibt aber stehen.

Er meint, es könne eigentlich nicht mehr weit sein bis zur nächsten größeren Straßenkreuzung, wo es vielleicht wenigstens einen Getränkeautomaten gibt. Ich bewundere seinen grenzenlosen Optimismus. Ich wünsche ihm viel Glück und schließe die Augen. Als ich die noch einmal kurz öffne und um den Felsen herumschaue, hat er fast schon wieder die Straße oben erreicht ...

*

Der Talgrund um mich herum liegt schon im Schatten, als mich das Geräusch kollernder Steine weckt. Daniel ist zurück. Mit einem Bündel unter dem Arm kommt er springend und rutschend den steilen Hang herunter. Schon von weitem winkt er mir zu. Anscheinend ist er immer noch fit und offensichtlich bester Laune.

Ganz vorsichtig legt er mir sein Bündel zu Füßen, als hätte er darin rohe Eier verpackt. Es ist seine Wanderjacke, die er zum Transportsack umfunktioniert hat. Feierlich zieht er den Reißverschluss auf. Ein Dutzend Getränkedosen kullert vor mir in den Sand. Auch zwei große Gläser sind dabei – die extra großen Sake-Gläser Marke Ozeki mit Aluverschluss und Plastikdeckel zum Wiederverschließen.

„Als Schlaftrunk", sagt Daniel mit zufriedenem Grinsen. Er hat nicht einmal eine halbe Stunde gebraucht, da hat ihn die Straße schon in die Ebene hinausgeführt. Einen Getränkeautomaten hat er dann tatsächlich auch bald gefunden, gleich an der nächsten Kreuzung, neben einer Bushaltestelle. Eine Dose mit irgendeinem ‚power drink' hat er sofort an Ort und Stelle hinuntergekippt, zwei weitere auf seinem Rückweg hierher. Jetzt aber sei ich dran, sagt er, und reicht mir eine erste Flasche grünen Tee mit Limone.

„Den Sake bewahren wir uns aber für später auf", sage ich. Ganz habe ich meine Hoffnung nicht aufgegeben, dass ich mich nach dieser Pause wieder soweit erholt haben könnte, dass wir uns heute doch noch bis nach Nagao durchschlagen können.

Erst einmal aber lasse ich mir genüsslich den noch lauwarmen Limonentee die Kehle hinunterrinnen und schaue zu, wie die Sonne langsam auf den hohen Bergrücken gegenüber hinabwandert. Kaum ist sie zur Hälfte dahinter verschwunden, zieht ein Wind durch das enge Tal zu uns herauf, und die heftigen Wirbel, zu denen ihn die Staumauer über uns provoziert, lassen uns erschauern. Daniel sieht mich fragend an. Okay, sage ich und greife nach einem der beiden Gläser mit Sake. Damit ist es entschieden. Aber bevor wir uns diesem Genuss hingeben, rollen wir vorsorglich schon mal unsere Isomatten aus und machen es uns in unseren Schlafsäcken gemütlich.

*

Angelika!

Sie muss von der anderen Seite herübergekommen sein. Plötzlich steht sie da oben auf der steinernen Bogenbrücke, die sich über den rauschenden Bergbach wölbt. Der Schirm, den sie über sich hält, leuchtet in tiefem Orange vor der düsteren Felswand drüben. Seitlich die Kiefer reckt ihre knorrigen Arme mit den lichtgrünen Nadelbüscheln so kunstgerecht, als wolle sie die gesamte Szenerie in die Zeitlosigkeit eines Zen-Gartens heben. In der Ferne jedoch, weiter das Tal hinauf, etwas, das wie ein chinesischer Pavillon aussieht.

Sie lächelt. Ein Lächeln, traurig und doch wie erlöst. Sogar ein klein wenig spöttisch, wie mir jetzt scheint.

Es liegt ein weicher Klang in der Luft – wie ein vom Wind herangetragenes fernes Glockengeläut. Ja, es ist ihre Stimme, aber was sie mir mitteilen will, ist durch das Rauschen des Bergbachs kaum zu verstehen. Ein an- und abschwellender Singsang. Ein Mantra aus drei oder vier Silben, welches sie unverwandt wiederholt. Dabei gleitet ihre Tonlage in ständigem Wechsel mal von oben hinab, mal von tief unten wieder herauf. Ihre Worte scheinen eine Warnung zu sein, aber ihr Lächeln verwandelt diese in eine Beruhigungsformel. Was sich zuerst wie "lass es sein, lass es sein ..." angehört hat, verfärbt sich immer klarer in ein „alles wird gut, alles wird gut ..."

Auf einmal ist sie verschwunden und mit ihr die Brücke. Das Rauschen des Bergbachs hat sich in ein tiefes Brausen verwandelt, als hätte sich über mir ein riesiger Schwarm zorniger Hornissen zusammengeballt. Rauch zieht zwischen den Stämmen der mächtigen Zedern hindurch ...

*

Hinter mir ein Schnauben und Grunzen. Etwas stößt mich in den Rücken. Ich schrecke hoch.

Daniel sitzt senkrecht in seinem Schlafsack und nickt kaum merklich mit dem Kopf Richtung Fußende. Im schwachen Licht des fast ganz hinter Wolken verborgenen Mondes sehe ich, wie sich da etwas bewegt. Ein kleines Tier, dunkel, mit kaum erkennbaren, etwas helleren Streifen. Es scheint an Daniels Schlafsack zu schnüffeln. Jetzt lässt es ein leises Grunzen hören. Etwas weiter entfernt entdecke ich eine große dunkle Masse – und dahinter gleich mehrere solcher Schatten! Ringsum dieses Schnauben und Grunzen. Jetzt fällt mir auch der Geruch auf. Ein Geruch wie im Zoo. Wildschweine! Eine ganze Rotte. Mit Frischlingen!

Auch Daniel ist offenbar bewusst, wie gefährlich diese Viecher sein können, wenn sie ihren Nachwuchs bedroht sehen. Erst als das kleine Tier zu seinen Füßen seine Neugier befriedigt und sich weit genug entfernt hat, beginnt er, sich ganz langsam aus seinem Schlafsack zu winden. Sobald eines der erwachsenen Wildschweine in der Nähe den Kopf hebt, erstarrt er. Ich tue es ihm nach.

Es dauert eine gefühlte Ewigkeit, bis wir in Zeitlupe Schlafsack und Isomatte zusammengerollt und ganz langsam und fast geräuschlos unsere Rucksäcke zu uns herangezogen haben. Dann ziehen wir uns im Kriechgang bis an die Staumauer zurück. Von dort Richtung Straße entdecken wir mindestens ein weiteres Dutzend ausgewachsene Wildschweine. Am Bach tummeln sich besonders viele von den Jungtieren.

Wir sehen uns an. Es hilft nichts, wir müssen da vorbei. Vorsichtig arbeiten wir uns mit der Staumauer im Rücken bis über den Bach vor, Rucksack und Schlafrolle wie Schild und Schwert an uns gedrückt.

Zu unserer Erleichterung nimmt keines der Tiere überhaupt Notiz von uns. Anscheinend sind hier im Talgrund besonders köstliche Leckerbissen verborgen, die aus der Erde zu wühlen die ganze Aufmerksamkeit der Rotte beansprucht. Ein Stück den Pfad hinauf, der zur Straße hochführt, hat sich allerdings ein besonders stattlicher Eber postiert. Er lässt uns nicht aus den Augen. Seine beeindruckenden Hauer glänzen im Mondlicht.

Ihn seitlich zu umgehen trauen wir uns nicht. Von seiner Position über uns aus könnte er uns jederzeit mit Leichtigkeit über den Haufen rennen. Ein Weilchen bleiben wir einfach stehen und rühren uns nicht. Schließlich bewegen wir uns ganz langsam seitlich zurück auf die Staumauer zu. Offenbar versteht der Eber dies als die Demutsgeste, als die sie gemeint ist. Hocherhobenen Hauptes trottet das Tier an uns vorbei in Richtung der Rotte, ohne uns auch nur noch eines Blickes zu würdigen.

Erst als wir außer Atem die Straße erreicht haben, bleiben wir noch einmal kurz stehen und sehen zurück. Inzwischen hat sich der Mond zur Gänze aus den langsam ziehenden Wolken gearbeitet und taucht den Taleinschnitt unter uns in ein unwirkliches Licht. Dort hat sich inzwischen die ganze Wildschweinrotte in Bewegung gesetzt und strebt auf den Waldsaum zu, der gegenüber bis an den Talgrund hinabreicht. Daniel zückt hektisch seine kleine Digitalkamera und versucht, die Tiere noch einzufangen, bevor sie im Schatten der Bäume verschwinden.

Tag Vier

Da ist dieses seltsame Rascheln, das mich geweckt haben muss. Ich friere am ganzen Körper. Die feuchte Kälte ist durch den angeblich so gut isolierenden Schlafsack und bis unter meine gefütterte Softshelljacke gekrochen.

Auch Daniel muss gefroren haben. Er hat sich – wahrscheinlich unwillkürlich im Schlaf – von hinten an mich gekuschelt. So körperlich nahe sind wir uns seit Jahren nicht mehr gekommen – wenn man mal von den flüchtigen Begrüßungs- und Abschiedsumarmungen auf irgendwelchen Flughäfen absieht ...

Es ist kurz nach vier und stockfinster! Und nein, dieses Rascheln und Huschen kann nicht nur der Wind in den Büschen um uns herum sein. Und nun auch noch so ein 'Plopp-Plopp-Plopp'. Ein Frosch, der vorbeihopst? Stille. Jetzt ein wischendes Geräusch. Eine fette Kröte, die ihren Bauch durch das Gras schleift? Eine Schlange? *Mamushi*! Nur noch Wildschweine im Kopf hatten wir bei der Wahl unseres neuen Schlafplatzes unter den Büschen am Straßenrand an Giftschlangen überhaupt nicht gedacht ...

Ich ziehe die Beine an und tauche bis über die Augen in den schützenden Schlafsack, versuche, ganz langsam und ruhig zu atmen.

Nein, das halte ich nicht länger aus. Ich setzte mich ruckartig auf und rüttle an Daniels Schulter.

Nur zwei Stunden später stehen wir mit prallgefüllten Einkaufstüten vor einem Seven-Eleven am Ortsrand von Nagao. Es waren vielleicht gerade mal sieben Kilometer bis hierher.

Daniel hatte nicht übertrieben. Von unserem ungemütlichen Zwischenlager oben an der Straße haben wir selbst bei meinem langsameren Tempo nicht viel länger als eine halbe Stunde bis zu der Kreuzung mit dem Getränkeautomaten gebraucht. Von da aus ging es immer nur geradeaus durch die flache Küstenebene. Trotz meiner schmerzenden Beine und Füße hat es sich gut angefühlt, so durch die nächtliche Stille zu wandern. Die wurde die ganze Zeit nur durch das rhythmische Tappen unserer Wanderstiefel auf dem Asphalt, das Tokkern meines Pilgerstabs und ein gelegentliches Aufquaken eines Froschs in den Reisfeldern beiderseits der Straße durchbrochen. Die ganze Strecke sind wir keiner Menschenseele begegnet.

Am Ortseingang von Nagao ist uns das erste Mal ein Fahrzeug entgegengekommen, ein Lieferwagen, der wohl direkt vom Fischereihafen kam, nach der Duftwolke zu urteilen, die er hinter sich herzog.

Erst dachten wir, der Seven-Eleven wäre geschlossen, weil sich in dem hellerleuchteten Laden nichts regte. Aber dann schoss plötzlich der völlig verstrubbelte Kopf eines verschlafenen Jünglings hinter der Theke empor. Der Schreck über unseren unerwarteten Anblick wich erst aus seinem blassen Gesicht, als Daniel und ich gleichzeitig zu lachen anfingen.

Bis zum Tempel Nummer 87 kann es jetzt auch nicht mehr weit sein. Der liegt mitten im Ort. Wir beschließen, unser Frühstück erst dort auszupacken. Vielleicht finden wir da ja ein geschütztes Plätzchen, wo wir nach dieser schrecklichen Nacht auch noch etwas Schlaf finden können, bevor das Tempelbüro öffnet.

*

Die erste Frage des Priesters, als wir kurz nach acht zu ihm ins *Nokyojo* stolpern und ihm mein Pilgerbuch vorlegen: Ob wir etwa auf dem Weg über den Berg gekommen sind. Unser Nicken quittiert er mit einem Ausruf, der offenbar so viel wie ‚das darf doch nicht wahr sein' bedeutet. Er rät allen Pilgern, die hier Richtung Nummer 88 vorbeikommen, auf jeden Fall die Straße zu nehmen. Der Pilgerpfad nach drüben über den Berg sei ja schon hart genug. Aber in der Richtung, in der wir herübergekommen seien, sei er ja noch schlimmer!

Daniel und ich sehen uns an.

Die dreihundert Yen, die wir für den Stempel auf den Tisch gelegt haben, schiebt der Priester uns wieder zurück. Bitte nehmt das als *Settai* – sieht aus, als bräuchtet ihr ganz dringend etwas zu essen und zu trinken.

Offenbar sind ihm die beiden Tüten mit dem, was nach unserem ersten Frühstück von dem großzügigen Einkauf beim Seven-Eleven noch übriggeblieben ist, gar nicht aufgefallen. So oder so, das *Settai* können wir nicht ablehnen. Wir bedanken uns mit einer Verbeugung und beeilen uns, sein Büro zu verlassen, unsere restlichen Vorräte unauffällig an uns gedrückt.

Ich fühle mich immer noch wie zerschlagen. Auch Daniel hat keine Lust, jetzt sofort durch den morgendlichen Berufsverkehr weiterzuwandern. Über das Tempelgelände ergießt sich gerade eine Busladung mit Touristen und Pilgern. Wir ziehen uns unauffällig wieder hinter die Meister Kobo-Halle zurück. Dort bildet die hölzerne Plattform, auf der die Halle errichtet ist, eine schmale Terrasse, auf der wir bereits die Zeit bis zur Öffnung des Tempelbüros verbracht haben. Unser Plan, dort nach unserem ausgiebigen Picknick (Sandwiches mit Thunfisch und Ei, Bananen und Keksen) noch ein, zwei Stunden Schlaf nachzuholen, hat leider nicht funktioniert. Nach unserem nächtlichen Abenteuer waren wir wohl einfach zu überdreht.

Jetzt aber lehne ich mich entspannt an die Rückwand der Halle, strecke alle Viere von mir und höre zu, wie Daniel irgendetwas von der Halle der tausend Pilgerstäbe beim Tempel Nummer 88 erzählt, die zu besichtigen wir gestern früh ganz vergessen hätten …

*

Als ich aufwache, liege ich längs auf den Bohlen. Mein Kopf ist auf meinen zusammengerollten Schlafsack gebettet. Den muss mir Daniel noch untergeschoben haben, als ich schon weg war. Die Erschöpfung nach den Strapazen der letzten vierundzwanzig Stunden hat mich wohl ganz plötzlich übermannt.

Der Junge sitzt neben mir und legt jetzt sein Notizheft beiseite, in das er sich anscheinend gerade etwas notiert hat. Er schaut halb besorgt, halb erwartungsvoll auf mich herab. Ich sehe auf die Uhr. Es ist bereits Mittag! Mit einem Ruck setze ich mich auf. Kurz ist mir schwindlig und ein Aufstöhnen kann ich auch nicht ganz unterdrücken. Mir tun alle Knochen weh.

„Oh Gott!", entfährt es meinem Sohn, „Was machen wir jetzt?"

„Weiter! Zum nächsten Tempel."

„Meinst du das ernst?"

„Also übernachten will ich hier nicht. Außerdem haben wir nur drei Wochen, um unser Ziel am Kap Ashizuri zu erreichen. Das bedeutet, wie du dir leicht ausrechnen kannst, dass wir ab jetzt im Schnitt 35 Kilometer pro Tag zurücklegen müssen."

Daniel schüttelt den Kopf. „Kannst du mir mal verraten, warum du es auf Teufel komm raus bis dorthin schaffen willst?

„Aus dem einfachen Grund, weil dort der Tempel Nummer 38 liegt, der letzte Shikoku-Tempel, den ich seinerzeit mit unserer Mom aufgesucht habe."

„Und der war besonders schön oder was?"

„Jedenfalls ist das ein Tempel mit einer ganz besonderen Atmosphäre – schon von seiner Lage her am äußersten Ende eines Kaps, das weit in den Pazifik hinausragt."

„Aber wäre es dann nicht viel bequemer gewesen, wir wären doch in der üblichen Richtung weitergepilgert. Ab Tempel Nummer 10 hätten wir bis Nummer 38 nur 28 weitere Tempel abklappern müssen, statt fünfzig, wie jetzt."

„Die Strecke wäre aber ungefähr gleich weit gewesen, rund siebenhundert Kilometer. Diese 28 Tempel liegen nämlich erheblich weiter auseinander. Zwischen Tempel Nummer 37 und 38 gibt es zum Beispiel eine Durststrecke von fast siebzig Kilometern, immer die Küstenstraße entlang."

„Klingt doch eigentlich ganz reizvoll."

„Theoretisch ja. Problem ist der Verkehr, und dass man das Meer über weite Strecken nicht einmal sieht, weil die Flutschutzmauern so hoch sind. Am schlimmsten aber sind die vielen Tunnel, durch die man da durchmuss. Die sind meist unbeleuchtet, nicht richtig belüftet, und es gibt nicht einmal einen gesonderten Gehsteig. Da ist man hinterher jedes Mal froh, wenn man da drin nicht erstickt ist oder überfahren wurde."

„Oh Gott! Klingt fast so, als ob du da auch schon mal gelaufen wärst."

„Wenn du es so genau wissen willst: Mit Mom bin ich diese Strecke damals tatsächlich zu Fuß gelaufen."

Ich angele nach meinem Rucksack. „Wenn du heute noch das Meer sehen willst, müssen wir jetzt aber wirklich los."

Ohne weitere Diskussion hebt Daniel mir den Rucksack auf den Rücken. Ich helfe ihm mit seinem, dann machen wir uns auf den Weg. Mit tut alles weh und zuerst bin ich noch ein wenig wackelig auf den Beinen. Mit jedem Schritt wird es dann aber besser. Bis zum nächsten Tempel auf unserer Route sind es laut Shikoku-Atlas auf meinem Handy nicht einmal fünf Kilometer, immer geradeaus die Hauptstraße lang.

*

Nagao liegt bereits hinter uns und zwischen den Häusern tauchen erste Reisfelder auf. Hier und da ragen unvermittelt dicht bewaldete, kegelförmige Hügel aus der flachen Ebene. Unter einer Autobahn hindurch kommen wir ins Hafenstädtchen Shido. Zehn Minuten später stehen wir unter uralten Bäumen auf dem weitläufigen Gelände von Tempel Nummer 86. Bis zum Meer kann es nicht weit sein. Der Weihrauchduft, der uns von der Haupthalle entgegenweht, mischt sich mit einer frischen Brise, die schmeckt nach Seetang und Salz.

Diesmal sehen wir uns erst mal die Tempelgebäude an, bevor wir uns unseren Stempel holen. Daniel zeigt sich vor allem davon beeindruckt, dass die jahrhundertealte, aus Holz errichtete fünfstöckige Pagode tatsächlich bereits mehrere schwere Erdbeben völlig unbeschadet überstanden hat.

Als wir ins *Nokyojo* kommen, wartet dort gerade eine ganze Schlange von Pilgern darauf, dass der Priester hinter dem Tresen ihre Bücher abstempelt. Offenbar wieder eine Gruppe von Buspilgern. In einer Ecke entdecken wir einen großen Trinkwasserbehälter mit Stapeln von Pappbechern daneben. Wir leeren einen Becher von dem kühlen Wasser nach dem anderen, als hätten wir den ganzen Tag nichts getrunken.

Als wir endlich dran sind, fragt der alte Priester als Erstes, ob wir etwa zu Fuß gekommen wären. Hier an der Küstenstraße kämen um diese Zeit fast nur motorisierte 'Pilger' vorbei. Und dann seien wir auch noch extra aus Europa gekommen, um hier ganz traditionell zu pilgern! Der alte Mann erhebt sich, um sich vor uns zu verneigen, dann erst setzt er Stempel und Kalligrafie auf die vorgesehene Seite in meinem Pilgerbuch.

Auf der Bank vor dem Büro studieren wir erst noch einmal den Shikoku-Plan. Bis zum Tempel Nummer 85 sind es nur rund sechs Kilometer. Er liegt mitten auf einer kleinen Halbinsel, die in die Inlandsee hinausragt. Daniel zeigt auf die Höhenlinien, die auf dem Plan eingezeichnet sind. Offenbar geht es da das letzte Stück Straße wieder ziemlich steil nach oben. „Und anschließend müssen wir auch noch ein Quartier für die Nacht suchen", gibt er zu bedenken.

„Gebe zu, heute Nacht hätte ich gerne wieder ein richtiges Bett", sage ich. „Aber vom Tempel direkt runter an die Küste sind es Luftlinie ja höchstens anderthalb Kilometer. Da unten am Strand gibt es bestimmt kleine Hotels oder Pensionen. Also, diesen einen Stempel holen wir uns noch!"

*

Inzwischen beginne ich zu zweifeln, ob meine spontane Entscheidung nicht doch wieder zu ehrgeizig war. Unser Marsch auf dem harten Asphalt der Route 11, der vielbefahrenen Hauptstraße an der Küste, war kein Vergnügen. Für das lange Teilstück durch die Stadt und um die Gewerbegebiete und Hafenanlagen am Meer herum haben wir außerdem länger gebraucht als gedacht, auch wegen eines Zwischenstopps in einem kleinen Nudelshop – schließlich wissen wir nicht, ob und wann wir heute noch einmal etwas zu essen bekommen.

Jetzt führt die Route 11 unmittelbar an der felsigen Küste entlang, und unser Ziel, die gebirgige Halbinsel, liegt direkt vor unseren Augen. Der Yakuri-Tempel soll sich auf dem höchsten Punkt dieses auch wieder dicht bewaldeten Gebirgszugs befinden. Sieht tatsächlich verdammt steil aus von hier ...

Dort, wo die schmale Straße abzweigt, die direkt am Meer entlang einmal um die ganze Halbinsel herumführt, entdeckt Daniel einen kleinen Shintoschrein, der unter bizarren Kiefern oben auf einer ins Meer hinausragenden Felsklippe thront. Das Tōri leuchtet scharlachrot in der Sonne. Daniel fingert in der Innentasche seiner Wanderjacke mal wieder nach seiner kleinen Digitalkamera und macht gleich mehrere Fotos. Es ist nun schon das dritte Mal, dass er das Ding benutzt – für mich ein Zeichen, dass er mehr und mehr Geschmack an unserer Unternehmung findet ...

Am liebsten würden wir jetzt schon auf dieser schmalen Straße am Meer entlang auf die Halbinsel hinauslaufen. Am nächsten größeren Strand dort wollen wir uns ja später auch die Unterkunft für die Nacht suchen. Aber gleich von dieser Seite aus direkt zum Tempel hochzuklettern erscheint selbst Daniel zu steil, zumal weder auf meiner off-line-Karte noch auf unserer speziellen Pilgerkarte ein Weg dort hinauf verzeichnet ist. Also weiter auf dieser schrecklichen Küstenstraße, an der entlang es oft nicht einmal einen begehbaren Seitenstreifen gibt. Immer wieder donnern schwere Laster so nah an uns vorbei, dass mir ihre Luftwirbel den Pilgerhut vom Kopf reißen würden, wenn ich ihn nicht jedes Mal schnell festhalten würde.

Wenigstens sind es laut Plan nur noch anderthalb Kilometer bis zu der Pilgerstraße, die sich von der Landseite her den Tempelberg hinaufschlängelt.

*

Es ist schon halb vier, als wir keuchend und abgekämpft vor dem Tor des Yakuri-Tempels stehen. Das letzte Stück des Anstiegs war vor allem für mich wieder im wahrsten Sinne des Wortes atemberaubend.

Auf dem Weg hier herauf sind wir keiner Menschenseele begegnet. Umso überraschter sind wir, wie viele Touristen und Pilger sich auf dem Tempelgelände drängen. Vor dem Stempelbüro hat sich sogar auch hier eine Warteschlange gebildet. Wie wir von einem der Wartenden erfahren, gehört er zu einer größeren Gruppe, die mit der Seilbahn hier hochgekommen ist. Die Talstation liege direkt unten an der Küstenstraße.

Irgendwas scheinen wir falsch zu machen. Wahrscheinlich hätten wir nur ein paar hundert Meter weiterlaufen müssen, um ganz bequem und ausgeruht hier oben anzukommen. Wir trösten uns mit dem Gedanken, dass diese Leute hier trotz ihrer Verkleidung eigentlich gar keine richtigen Pilger sind, wenn die sich das Ganze so einfach machen. Richtige Langstreckenpilger können ja eigentlich sowieso noch kaum hier sein. Wenn sie, wie wir, zu Saisonbeginn bei Tempel Nummer 1 gestartet sind und die Route in der üblichen Richtung ablaufen, dürften die bis jetzt kaum weiter als bis zu Tempel Nummer 12 oder 13 gekommen sein ...

Statt uns anzustellen, machen wir erst mal unsere Runde über das Tempelgelände. Alles wieder sehr urig. Die Meisterhalle trägt sogar ein Strohdach wie ein traditionelles japanisches Bauernhaus. Dahinter ragen kegelförmige Felsen auf. Auf einer erhöhten Plattform thront der Gründer des Tempels im Lotossitz mit einer Schriftrolle in der Hand. Einer Aufschrift entnehmen wir, dass es sich um Meister Ganjin handelt, einen chinesischen Mönch, der Mitte des achten Jahrhunderts eine wichtige Rolle bei der Verbreitung des Buddhismus in Japan gespielt hat.

Eindrucksvoll ist der Blick, den man von diesem erhöhten Platz aus über die waldbedeckten Höhen der Halbinsel genießt. Dahinter die Inlandsee, in deren dunstiger Ferne man vereinzelte kleine Inseln ausmachen kann.

Auf der Bank vor dem inzwischen nicht mehr umlagerten Tempelbüro legen wir die Rucksäcke ab und setzten uns für eine kurze Ruhepause daneben. Kaum haben wir uns niedergelassen, kommt ein älterer Japaner im Pilger-Outfit auf uns zu und fragt mit einer höflichen Verbeugung, ob er sich zu uns setzen darf. So wie der schwitzt, ist auch er hier zu Fuß raufgekommen. Wir stellen die Rucksäcke vor uns auf den Boden und rücken zusammen.

Noch drei Tage und er hat seine Pilgerreise vollendet, verkündet er, während er sich mit einem Tuch den Schweiß aus dem Gesicht wischt.

Die ganze Tour ab Tempel Nummer 1 an einem Stück, frage ich. Da muss er ja schon Ende Februar losmarschiert sein.

Er lacht. Aber nein, er ist nun schon seit acht Jahren auf diesem Weg. Jedes Jahr fünf oder sechs Tage – seinen ganzen Jahresurlaub. Wo wir denn herkämen.

Aus Deutschland, sage ich, und dass wir *gyaku-uchi* laufen und in den nächsten drei Wochen noch bis zu Tempel Nummer 38 kommen wollen. Er antwortet, wie zu erwarten, mit einem staunenden „soo des' nee …"

Ich krame nach dem Pilgerbuch in meinem Rucksack. Er hat seins schon in der Hand, aber nun lässt er uns den Vortritt. Wir hätten ja noch eine viel längere Strecke vor uns als er.

Wir wünschen uns gegenseitig alles Gute für den jeweiligen Rest unserer Pilgerreise.

*

Es hat wie ein Trampelpfad ausgesehen, teilweise überwuchert und ziemlich steil bergab, aber zweifellos genau in die richtige Richtung. Nur ein Katzensprung bis runter ans Meer.

Viele scheinen diesen Pfad in letzter Zeit allerdings nicht benutzt zu haben, so dicht zugewachsen ist alles. Mittlerweile fragen wir uns sogar, ob wir nicht völlig vom Weg abgekommen sind. Die Rinne, die wir eben noch für unseren Pfad gehalten haben, ähnelt immer mehr einem ausgetrockneten Bachbett. Nun geht es auch noch so steil runter, dass wir uns an den Bäumen oder Felsen links und rechts regelrecht hinunterhangeln müssen.

Schon zittern mir wieder die Beine. Ich muss an die Seilbahn denken, mit der wir vom Tempel aus bequem hätten nach unten schweben können. Beim Blick nach oben wird mir beinahe schwindelig. Nein, ein Zurück gibt es nicht mehr, dazu sind wir schon viel zu weit unten.

„Jedenfalls können wir uns nicht verirren", ruft Daniel unter mir. „Solange wir uns bergab halten, können wir den Strand ja gar nicht verfehlen."

„Du willst doch heute wohl nicht etwa noch schwimmen gehen", rufe ich zurück.

„Warum nicht?" Mit einem herausfordernden Grinsen dreht er sich zu mir um. Im gleichen Moment verliert er den Halt und rutscht die steinige Rinne hinunter. Ich halte den Atem an. Endlich bekommt er eine Wurzel zu packen, die ihm eine Kiefer entgegenstreckt.

„Bist du verletzt?" Die schlimmsten Szenarien schießen mir durch den Kopf, während ich verfolge, wie Daniel seinen Oberschenkel abtastet. Ich höre ihn stöhnen. Meter für Meter hangele ich mich durch die steile Rinne hinunter zu ihm. Jetzt nicht auch noch ich ...

„Anscheinend nur eine Prellung." Vorsichtig bewegt der Junge sein Bein. Zumindest äußerlich ist nichts zu sehen. „Geht schon", sagt er, während er sich langsam aufrichtet.

„Dein Rucksack sieht ziemlich ramponiert aus", stelle ich fest.

„Und wenn wir hier weiter so rumphilosophieren, wird es dunkel, bevor wir unten sind." Damit kommt Daniel vollends auf die Beine.

Ich kann ihm gerade noch rasch den Rucksack zurechtrücken, der zum Glück doch nicht ernsthaft beschädigt ist, da greift er auch schon nach dem nächsten erreichbaren Ast, der ihm Halt verspricht, und tut einen ersten vorsichtigen Schritt.

Noch langsamer als zuvor hangeln wir uns jetzt beide weiter bergab.

*

Direkt unter uns leuchten die blauglasierten Dachziegel eines größeren Gebäudes in der bereits tiefstehenden Sonne. Vielleicht ein Hotel oder eine Pension? Das Haus liegt direkt an der Küstenstraße. Jenseits davon ein fast weißer Sandstrand, der eine kleine, smaragdgrün leuchtende Bucht umarmt.

Diese öffnet sich zur im Licht des späten Nachmittags spiegelglatt daliegenden Inlandsee hin.

Keine zehn Höhenmeter trennen uns von diesem idyllischen Ort. Auf direktem Weg kommen wir aber von der steilen Abbruchkante, auf die wir gerade hinausgekommen sind, nicht dort hinunter. Wir müssen erst noch ein ganzes Stück seitwärts um die Bucht herum, bis dorthin, wo der Abhang flacher wird. Auf der Straße dürften es dann aber nur wenige Minuten sein bis zurück zu dieser Pension unter uns. Voller Hoffnung auf ein warmes Abendessen und ein weiches Bett machen wir uns auf die letzte Etappe dieses langen Tages.

*

Am liebsten würde ich mich hier am Straßenrand einfach fallenlassen. Meine Beine scheinen kurz davor, ihren Dienst aufzukündigen. Meine Fußsohlen fühle ich schon gar nicht mehr.

Wenigstens bin ich diesmal nicht der einzige Invalide. Daniel macht vor allem sein rechtes Bein zu schaffen. Erst jetzt stellen wir fest, dass er sich bei seinem Sturz nicht nur eine Prellung geholt hat. An seinem rechten Oberschenkel zeichnet sich ein dunkler, feuchter Fleck ab. Dort sickert offenbar Blut aus einer aufgescheuerten Stelle. Damit muss er hart an einer Baumwurzel oder einem kantigen Stein entlanggerutscht sein.

Was uns aber soeben den Rest gegeben hat: Schon von hier aus kann man sehen, dass unsere 'Pension' offenbar aufgegeben ist. Das Holzhaus unter dem von oben so vielversprechenden blauen Dach ist völlig heruntergekommen. Die Türöffnung ist mit Brettern vernagelt und eines der Fenster im Erdgeschoss ist eingeschlagen. Trotzdem raffen wir uns auf und laufen jetzt noch das letzte Stück bis vor das Haus. Vielleicht können wir dort ja einsteigen. Da hätten wir wenigstens ein Dach über dem Kopf für die Nacht.

Während Daniel an den Brettern vor dem Eingang rüttelt, lasse ich mich auf die verwitterten Holzstufen der Veranda fallen und checke noch mal den Shikoku-Atlas auf meinem Handy. Ein kleines Stück weiter die Küste hinunter ist in der Mitte einer langgezogenen Bucht ein kleiner Sonnenschirm eingetragen. Ich vermute mal, dass das das Symbol für einen Badestrand ist. Dann müsste es dort doch Übernachtungsmöglichkeiten geben – selbst in unserem Zustand kaum mehr als eine halbe Stunde entfernt.

„Also dann", sagt Daniel und lässt von seinem Einbruchsversuch ab.

*

Nach einer weiten Biegung um eine ins Meer vorgeschobene Bergflanke herum liegt tatsächlich ein langer Sandstrand vor uns. Daran reihen sich mehr als ein Dutzend Pensionen oder kleine Hotels aneinander, meist Holzhäuser im amerikanischen Stil mit überdachten Terrassen davor.

Unsere erneut aufgekommene Hoffnung verwandelt sich aber schnell in tiefe Enttäuschung. Hier ist alles geschlossen! Erst jetzt fällt mir ein, wie strikt man hier in Japan die offizielle Badesaison einhält. Die wird ja üblicherweise erst Mitte Juli eröffnet! Wie hatte ich das nur vergessen können ...

Und nun? Etwa noch mal zurück zu der Ruine von vorher? Nein, die Kraft dafür bringen wir nicht mehr auf. Vor allem müssen wir uns dringend um die Versorgung von Daniels Wunde kümmern. Der Fleck auf seiner Jeans wird immer größer.

Wir beschließen, uns in einem windgeschützten Winkel auf der überdachten Terrasse des nächstgelegenen Hauses für die Nacht einzurichten.

Gerade sind wir dabei, unsere Isomatten und Schlafsäcke auf dem Bretterboden auszubreiten, da tönt von irgendwoher ein lautes „Hello!" Eine Frauenstimme. Wir entdecken eine junge Japanerin in einem rosa Hausanzug, die uns zwei Häuser weiter von einem Balkon aus zuwinkt.

„Die will, dass wir hier abhauen", meint Daniel.

„Ich glaube eher, die will, dass wir zu ihr rüberkommen", sage ich, „das ist doch dieses Winkekatzen-Winken von oben nach unten."

Zögernd klauben wir unsere Sachen zusammen und laufen hinüber. Inzwischen steht auch noch ein großer, hagerer

Mann neben der Frau. Auch er trägt einen Hausanzug aus dickem Frotteestoff, aber in Grau.

Ja, hier ist alles geschlossen, bestätigen uns die beiden, als wir unter ihrem Balkon angekommen sind. Bei Ihnen aber seien Gäste immer willkommen, wir sollen doch bitte hereinkommen.

Gleich darauf stehen beide strahlend in der weit geöffneten Haustür und lassen uns ein. Als sie hören, woher wir sind, sind sie begeistert. In Deutschland haben sie ihren Honeymoon verbracht, und es ist alles so unglaublich romantisch gewesen. Sie strahlt über ihr ganzes rundes, von einem exakt geschnittenen Pony eingerahmtes Puppengesicht.

Während wir erst einmal unsere Schuhe ausziehen, bevor wir in den großen Hauptraum des Hauses eintreten, fragt Daniel, ob sie vielleicht auch Verbandszeug haben und zeigt auf die Stelle an seinem Oberschenkel.

„My God!", ruft sie entsetzt, ob wir etwa einen Arzt bräuchten.

„Oh no, it's just a scratch!", wehrt Daniel ab.

Okay, sie wird uns gleich ein Bad vorbereiten und legt uns dort auch Verbandszeug hin. Aber jetzt will sie uns erst einmal unser Zimmer zeigen, damit wir unser Gepäck abladen können. Ihr Mann soll uns in der Zwischenzeit schon mal einen Tee machen.

Der Angesprochene verschwindet auch gleich in die angrenzende, halboffene Küche, während uns unsere Gastgeberin auf die Treppe vorausläuft, die aus dem großen Gästeraum ins obere Stockwerk führt. Dort öffnet sie eine der Türen: Zwei richtige Betten und Meerblick! Schon ist sie wieder auf dem Weg hinunter.

Wir lassen unsere Rucksäcke fallen und können unser Glück kaum fassen.

„Hätten wir nicht erst einmal fragen sollen, was das hier überhaupt kostet?", fragt Daniel.

„Ist mir egal", sage ich. „Von sowas habe ich schon den ganzen Tag lang geträumt."

*

Anderthalb Stunden später sitzen wir beide frisch gebadet - Daniel mit einem schneeweißen Verband um den Oberschenkel – unseren Gastgebern gegenüber auf Kissen an einem der typisch japanischen niedrigen Tische unten im Gästeraum. Sie hat darauf bestanden, unsere verdreckten und durchgeschwitzten Sachen in die Waschmaschine zu stecken, so dass Daniel und ich jetzt *Yukata* tragen, die traditionellen japanischen Bademäntel aus dünnem Baumwollstoff. So sehen wir jetzt aus wie Japaner, während unsere Gastgeber in ihren Frottee-Kostümen eher wie Darsteller von Erwachsenen in einem lustigen Kinderfilm wirken.

Während sie ein Gericht nach dem anderen aus der Küche bringt, gießt er uns laufend heißen Tee und kaltes Bier nach und erzählt von ihren Reisen. Die beiden sind so eine Art Aussteiger. Sie haben früher Reportagen für ein Reisemagazin in Tokio gemacht, aber das Leben dort wurde ihnen eines Tages zu stressig. So haben sie ihre kleine Wohnung in Meguro gegen das große Haus hier getauscht, verdienen in der Sommersaison gutes Geld mit Badetouristen und sind im Rest des Jahres viel in der Welt unterwegs. So gesehen haben wir Glück gehabt, dass sie zurzeit gerade hier sind. Sie betreiben einen anscheinend recht populären Blog, in dem sie über ihre Reisen und fremde Länder berichten – daher auch all die Fotos ringsum an der Wand – und er schreibt nebenher auch noch Kinderbücher.

Als sie hören, dass ich im diplomatischen Dienst tätig bin, wollen sie natürlich wissen, wo ich gerade auf Posten bin.
„Dhaka, Bangladesch", sage ich.
Ob ich da Botschafter wäre, fragt unsere Gastgeberin.
Ich nicke.
„*Sugoi, nee!*", findet sie.
Mein erster Auslandsposten ist allerdings Kobe gewesen, an unserem Generalkonsulat dort.
Ob wir etwa während des großen Erdbebens 1995 dort gewesen wären, schaltet sich unser Frottee-Mann ein.
Das war zum Glück vorher, sage ich, von 1985-88. Die schrecklichen Bilder von dem Beben hätten wir aber natürlich

im Fernsehen gesehen. Da waren wir – nach drei Jahren Peking – gerade wieder in Bonn. Später seien wir allerdings noch mal in Japan gewesen, von 2001 bis 2005 an der Botschaft in Tokio.

Daher also auch mein gutes Japanisch, meint er (dabei haben wir jetzt die meiste Zeit nur Englisch gesprochen …).

Als Botschafter?, hakt sie wieder nach.

Nein, dort sei ich Leiter der Kulturabteilung gewesen, gebe ich Auskunft.

Jedenfalls waren Sie immer in Asien auf Posten, stellt er fest.

Nicht ganz, sage ich. Zwischendurch sei ich auch mal drei Jahre lang an unserer UN-Vertretung in New York tätig gewesen.

„New York – great!", meint er.

Ich erkläre, dass ich das gar nicht so toll fand – dieses ewig lange Verhandeln um irgendwelche Formulierungen in irgendwelchen Resolutionen, um die sich anschließend sowieso niemand schert –, und dann auch noch der Terroranschlag vom 11. September 2001.

Er habe New York geil gefunden, wirft Daniel ein. Wir hätten ja nicht in Manhattan gewohnt, sondern etwas außerhalb in der Nähe der deutschen Schule. Von diesem Anschlag hätten wir nur die Bilder im Fernsehen gesehen. Aber anschließend Tokio sei natürlich auch super gewesen.

Ob er denn da auf eine japanische Schule gegangen sei, fragt unsere rosa Wirtin, die gerade mit einer Platte frisch gegrillter Hühnerspießchen aus der Küche kommt. Von der Deutschen Schule in Yokohama hat sie noch nie etwas gehört.

Während wir uns über die Spießchen hermachen, berichtet er von einem Filmprojekt über Nepal, an dem sie beide gerade arbeiten. Erst vor zwei Wochen seien sie von den Filmarbeiten aus Kathmandu zurückgekehrt.

„Da war ich zufällig auch mal auf Posten, als Botschafter, von 2009 bis 2011", sage ich spontan. Dabei geht mir diese Postenaufzählerei allmählich selbst auf den Geist.

Wie es Daniel denn in Kathmandu gefallen habe, fragt unser Gastgeber.

Da sei er schon nicht mehr dabei gewesen, erklärt der, und dass er ab 2009 an der Uni in Bonn studiert hat.

Jetzt hat seine Frau auch noch eine Frage: Wie Daniels Mutter denn mit diesen ständigen Umzügen und den anderen Herausforderungen des Diplomatenlebens zurechtgekommen sei.

„No Problem", sage ich. In Tokio habe Angelika sogar als Lehrerin an Daniels Schule arbeiten können.

„Angerika – what a nice name!", ruft sie entzückt. Zu schade, dass meine Frau nicht mitgekommen sei auf unsere Pilgerreise.

Um endlich das Thema zu wechseln, sage ich ihr, wie glücklich und dankbar wir sind, dass sie uns aufgenommen haben, und wie köstlich das Essen ist, und dass sie wirklich unsere letzte Rettung gewesen sind. Und dann sage ich noch, dass wir morgen möglichst früh loswollen.

*

„Irgendwie niedlich, dieses grau-rosa Pärchen", raunt Daniel mir zu, als wir endlich die Treppe zu unserem Zimmer hinaufsteigen. „So sanftmütig, wie die sind, würde es mich nicht wundern, wenn die hinter dem Haus auch noch eine kleine Cannabis-Zucht betreiben würden."

„Etwas Besseres konnte uns heute Abend jedenfalls nicht passieren", sage ich.

„Wart erst mal ab, bis sie dir morgen früh die Rechnung präsentieren", meint er.

Kaum haben wir uns beide erschöpft ins Bett fallen lassen, fragt Daniel, warum ich denn tatsächlich fast alle meine Auslandsposten aufgezählt hätte. Soweit er wisse, sei es in Japan doch absolut unüblich, sich selbst so in den Vordergrund zu spielen.

„Aber die beiden wollten das doch so genau wissen. Schon deshalb, weil sie selber solche Reisefreaks sind."

„Warum hast du dann nicht auch erzählt, dass du viel früher schon mal in Kathmandu auf Posten gewesen bist, und zwar zusammen mit mir?"

„Eben hast du dich doch gerade beschwert, dass ich überhaupt so viel erzählt habe. Und jetzt hätte ich auch noch diese kurze Episode erwähnen sollen?"

„Okay, aber dass du nicht gesagt hast, dass Mom gar nicht mehr lebt, das verstehe ich nicht. Und Sarah hast du nicht mal erwähnt!"

„Du müsstest doch eigentlich wissen, dass es in Japan noch unüblicher ist, vor Fremden sein eigenes familiäres Unglück auszubreiten."

Er grummelt irgendwas. Kurz darauf höre ich ihn schnarchen.

Ich aber bin wieder hellwach und frage mich, ob der Junge tatsächlich gewollt hätte, dass ich gegenüber unseren Gastgebern auch noch das halbe Jahr erwähne, das wir zu zweit in Kathmandu verbracht haben – etwas, das fast zwanzig Jahre zurückliegt. Dann hätte ich in der Tat auch noch erwähnen müssen, dass seine große Schwester damals gerade bei einem Badeunfall ums Leben gekommen war. Beides hängt ja untrennbar zusammen.

All das hätte doch mit ziemlicher Sicherheit nur weitere Fragen provoziert. Zum Beispiel die Frage, wie seine Mutter es damals, so kurz nach dem tragischen Tod unserer Tochter, überhaupt übers Herz gebracht hat, meiner Abordnung nach Nepal zuzustimmen – und dann auch noch darauf zu drängen, dass unser kleiner Sohn mich dabei begleitet, während sie selbst in der Klinik zurückblieb?

Nein, für unsere sanftmütigen Gastgeber hier wäre das mit Sicherheit kaum zu verstehen gewesen. Selbst ich verstehe das ja – wie so manches an Angelikas Verhalten damals – bis heute immer noch nicht so ganz ...

Tag Fünf

Es ist kurz vor sechs. Strahlendes Sonnenlicht füllt das Zimmer. Das Meer liegt immer noch spiegelglatt vor unserem Fenster. Eine Aussicht wie das Umschlagbild eines Kitschromans.

Ich lasse mich wieder ins Kissen zurückfallen. Unten hört man schon etwas rumoren. Vielleicht hätte ich das mit dem Früh-Loswollen gestern Abend nicht sagen sollen. Aber wir dürfen ja mit unserem Tagespensum nicht noch weiter in Rückstand geraten, wenn wir unser Ziel tatsächlich in drei Wochen erreichen wollen. Ich rüttele Daniel wach.

Wenig später sitzen wir wieder unten auf unseren Kissen an dem niedrigen Tischchen. American Breakfast: Pancakes mit Ahornsirup, Spiegeleier mit Speck. Die Rucksäcke stehen schon fertig gepackt an der Treppe.

Unsere Gastgeber bedauern unendlich, dass wir sie so schnell wieder verlassen wollen. Es sei so interessant gewesen mit uns. Ja, auch wir wären gerne länger geblieben.

Ich frage nach der Rechnung. Unsere Gastgeberin lächelt. Zweitausend Yen.

Das wären viertausend Yen für uns beide. Gerade mal dreißig Euro, spottbillig für so eine Unterkunft mit Vollpension, Wäscheservice und allem ...

Aber nein, ich habe das missverstanden. Es sind zweitausend Yen für uns beide.

„Echt jetzt?", fragt Daniel leise. Man sieht uns unsere Verlegenheit offenbar an. Sie hätten auf ihren Reisen schon so viel Gastfreundschaft erfahren, da sei dies ja gar nichts. Die zweitausend Yen nähmen sie nur, damit wir uns nicht beschämt fühlten. Der Rest sei *o-settai*, was wir als wahre Pilger ja auf keinen Fall ablehnen dürften.

Am Ende winkt uns das Frottee-Pärchen von seiner erhöhten Terrasse aus noch so lange nach, bis wir hinter der ersten Biegung außer Sicht kommen.

Daniel und ich atmen tief durch. Mir tut noch alles weh, von den wundgelaufenen Füßen über die strapazierten Beinmuskeln bis hinauf zu Rücken und Schultern, an denen schon wieder der Rucksack zerrt. Ich bin aber nach kurzer Zeit soweit wieder eingelaufen, dass wir einen Schritt zulegen können. Dass Daniel immer noch leicht humpelt und mir deshalb nicht gleich wieder davonläuft, empfinde ich zugegebenermaßen durchaus als angenehm.

Es kann jetzt auch gar nicht mehr weit sein, bis wir wieder auf die Route 11 stoßen. Unser nächstes Ziel: Eine weitere Halbinsel, wieder ein Berg, insgesamt gut zehn Kilometer zu laufen. Vielleicht schaffen wir es ja, pünktlich zur Öffnung des Stempelbüros am Tempel Nummer 84 zu sein.

*

Wir sind jetzt schon eine halbe Stunde gelaufen, ohne dass einer von uns beiden etwas gesagt hat. War wohl jeder mit seinen eigenen Gedanken beschäftigt. Natürlich ist es mein Sohn, der das Gespräch wieder mit einer Frage eröffnet.

„Sag mal, Dad, hast du eigentlich nie bereut, dass du Diplomat geworden bist?"

„Wie kommst du denn auf die Frage? Hast du etwa den Eindruck, ich wäre mit meinem Beruf nicht zufrieden? Natürlich sind diese vielen Umzüge, der ständige Neuanfang – immer neue Länder, neue Sprachen und meist auch völlig neue Aufgaben – eine große Herausforderung. Vor allem natürlich auch für die mitausreisende Familie. Davon kannst du ja selber ein Lied singen. Wem es aber nicht reicht, die Welt nur oberflächlich von außen kennenzulernen, dem kann ich nur raten, Diplomat zu werden."

„Mir kam das, was ich so mitbekommen habe von deinem Job, eher reichlich oberflächlich vor – ständig Gastgeber spielen, langweilige Reden halten und Rumstehen auf öden Cocktailempfängen."

„Aber als Diplomat kommst du überall hin und überall rein, kannst bei allen möglichen wichtigen oder interessanten Ereignissen und Treffen dabei sein. Außerdem kommst du mit so verschiedenen Menschen zusammen, wie in kaum einem anderen Beruf – von Slumbewohnern bis zu Politikern,

Künstlern und Wissenschaftlern, von Drogendealern und Mördern, die du im Gefängnis besuchen musst, weil sie deutsche Staatsbürger sind, bis hin zum Papst oder dem Kaiser von Japan."

„Schon gut Dad, ich glaub's dir ja. Aber was du zum Beispiel gestern Abend über deinen Job in New York gesagt hast, klang ja nun wirklich nicht gerade begeistert."

„Okay, aber wer stellt nicht manchmal die Sinnfrage bei dem, was er tut."

„Da muss ich dir allerdings recht geben, Dad", sagt Daniel und wirft mir einen vielsagenden Blick zu, den ich aber nicht so recht deuten kann.

„Als Jurist und als ‚Amtskind', wie das bei uns so schön heißt, hättest du übrigens beste Chancen, falls du dich nach deinem zweiten Staatsexamen doch noch für den diplomatischen Dienst bewerben wolltest."

„Sorry, Dad, aber das ist echt nicht mein Ding." Anscheinend hat er gemerkt, dass diese Reaktion auf meinen kleinen Vorstoß wohl doch etwas zu harsch war. Jedenfalls schiebt er gleich eine weitere Frage nach – vielleicht auch, um wenigstens noch ein gewisses Interesse an meiner beruflichen Tätigkeit zu signalisieren: Wie lange ich eigentlich noch in Bangladesch bleiben werde, und ob ich schon weiß, wohin man mich anschließend versetzen wird.

Ich erkläre ihm, dass ich nur noch nach Dhaka zurückkehren werde, um dort meinen Umzug abzuwickeln. Meine Zeit dort wäre jetzt im Sommer sowieso zu Ende gewesen. Außerdem hat mir der Gesundheitsdienst bescheinigt, dass ich auch nach meiner endgültigen Genesung bis auf weiteres nur noch eingeschränkt tropentauglich sein werde. „Ansonsten weiß ich nur, dass ich auf keinen Fall noch mal in der Zentrale arbeiten will."

„Warum das denn nicht?"

„Wegen der Sinnfrage."

„Wie meinst du das denn?"

„Die Zentrale ist ein aufgeblähter bürokratischer Riesenapparat mit mehreren Hierarchieebenen. Und über allem thront die ‚Leitungsebene', deren immer zahlreicher werdende

Mitarbeiter ständig ihre Existenzberechtigung nachweisen müssen. Deshalb überschütten sie einen mit einer Flut von Anforderungen, Vorgaben und Weisungen und halten einen so von sinnvoller Arbeit ab. Dazu kommt, dass man ewig in irgendwelchen Besprechungen herumsitzt, Referatsbesprechungen, Abteilungsrunden, Strategiesitzungen, Koordinierungsrunden und Ressortbesprechungen, dazu Sitzungen in irgendwelchen Gremien oder Ausschüssen, unter anderem im Bundestag oder in Brüssel.

Schlimmer sind eigentlich nur noch die Posten direkt bei den multilateralen Organisationen in Brüssel, Wien, Genf oder New York. Dort besteht das Leben fast nur noch aus Sitzungen, EU-Koordinierungen oder Kungelrunden am Rande. Dort bewegt man sich praktisch nur noch in einem Dickicht aus leeren Worten und Phrasen, arbeitet an ‚globalen Lösungen‘, beteuert seine ‚Dialogbereitschaft‘, arbeitet ‚partnerschaftlich‘ zusammen, fordert ‚internationale Solidarität‘ ein, beschwört ‚Friedensverantwortung‘.

Aus der Ferne erscheint das alles richtig und wichtig, aber allzu oft verschleiern diese Phrasen nur dahinterstehende Interessen und Machtkämpfe – wenn es überhaupt mehr ist als das Bauen von Luftschlössern im luftleeren Raum."

„Boah ey! Und da willst du mir weismachen, dein Beruf wäre sinnvoll?"

„Was mich reizt, ist die Arbeit an den bilateralen Auslandsvertretungen. Da kann man an die exotischsten Orte kommen. Da begegnet man immer mal wieder auch dem richtigen Leben – bei Fahrten über Land, bei der Besichtigung von Fabriken und Baustellen, bei Diskussionen mit Schülern oder Studenten, beim Besuch sozialer Projekte, in Krankenhäusern, an Unglücksorten oder in Katastrophengebieten, in Situationen, wo man handeln muss oder kann. Und", füge ich noch hinzu, „da trifft man – wie gesagt – die interessantesten Leute und kann bei den spannendsten Ereignissen direkt dabei sein."

Den Satz, der mir in diesem Moment durch den Sinn geht, nämlich dass mir meine Auslandseinsätze in all den Jahren seit Angelikas Tod auch kleine Fluchten gewesen sind, den behalte ich lieber für mich ...

„Du, müssen wir hier nicht ab?"

Daniel hat recht, fast wären wir an der Straße vorbeigelaufen, die hier auf die Yashima-Halbinsel abzweigt. Schon der Name ‚Yashima Skyway' über der Mautstelle, die wir jetzt passieren, verrät, dass es gleich wieder steil nach oben gehen wird. Die Straße ist hervorragend ausgebaut, aber so früh am Morgen ist hier noch überhaupt nichts los.

„Habe ich das eben eigentlich richtig verstanden? Du hättest diesen Sommer sowieso zur Versetzung angestanden, aber selbst jetzt, nicht mal drei Monate vorher, hast du immer noch keine Ahnung, wohin? Ist das bei euch im Amt etwa üblich?"

„Manchmal durchaus. Aber in diesem Fall haben sie mir zumindest schon mal ein Angebot gemacht."

„Und?"

„Riad ..."

„Saudi-Arabien? Echt? Die wollen dich in die Wüste schicken?"

„So könnte man das in der Tat nennen. Jedenfalls habe ich noch nicht entschieden, ob ich mich darauf einlassen werde."

Nach dieser Auskunft scheint die Wissbegierde meines Sohnes erst einmal befriedigt zu sein. Jedenfalls läuft er nun wieder schweigend neben mir her. Ist mir auch ganz lieb, denn jetzt, wo ich wieder außer Atem gerate, ist das viele Reden sowieso nur zusätzlicher Stress.

„Riad." Ein Blitz aus heiterem Himmel. Hatte man mir doch den Posten in Dhaka seinerzeit mit der Zusage schmackhaft gemacht, dass ich dafür mit einem deutlich attraktiveren Anschlussposten würde rechnen können ...

Dass man mich nach zwei Jahren Bangladesch als Experten für die islamische Welt einstufte, hätte man durchaus als Kompliment werten können. Wahrscheinlicher aber war, dass man sich zurzeit schwertat, überhaupt einen Kollegen zu finden, der sich freiwillig als Botschafter in die Wüste Saudi-Arabiens schicken lassen wollte.

Jetzt sehe ich das Gebrauchtwagenhändler-Lächeln des Leiters der Personalabteilung wieder deutlich vor mir. „Ziemlich einmalige Chance, noch auf die B 6 hochgestuft zu werden – und das auch noch ohne die übliche zwischenzeitliche Bewährung in der Zentrale."

Ich habe erst mal auf Zeit gespielt – selbst auf das Risiko hin, dass man mir eine solche Chance auf die B 6 nicht noch einmal bieten würde. Ich hatte auch gleich mehrere gute Argumente.

Ich sei ja noch gar nicht so ganz wieder genesen. Nicht einmal in der Lage, jetzt schon eine letzte Reise nach Dhaka zu unternehmen, um meinen Umzug von dort in die Wege zu leiten. Unser Gesundheitsdienst habe mir sogar noch eine Kur oder zumindest eine längere Auszeit empfohlen.

Kur fände ich ein wenig übertrieben, habe ich behauptet. So alt sei ich ja nun noch nicht. Aber man sei doch auch angehalten, angesammelten Urlaub vor Antritt eines neuen Postens möglichst vollständig abzubauen. Allein aus dem vergangenen Jahr hätte ich noch achtzehn Urlaubstage, die ich bisher aus zwingenden dienstlichen Gründen nicht hätte nehmen können. Das jetzt erst einmal abzuarbeiten sei eigentlich vordringlich.

Bis zum einheitlichen Versetzungstermin im Sommer seien im Übrigen noch einige Monate Zeit.

Kurz: Es gebe doch wohl keine schwerwiegenden Gründe, die dagegensprächen, mir eine Bedenkzeit von vier bis sechs Wochen zuzugestehen, die Zeit, die ich laut Gesundheitsdienst bis zu meiner vollständigen Genesung ohnehin bräuchte.

Ja, selbst jetzt noch finde ich diese Argumente durchaus überzeugend, auch wenn sie ein wenig an der eigentlichen Sache vorbeigingen ...

Trotzdem, das war eindeutig ein Anflug ungläubigen Staunens, der nach meinen Ausführungen das Verkäuferlächeln des Herrn Abteilungsleiters durchkreuzt hat. Dass ein Kollege eine solche Chance nicht sofort begeistert ergriff, war ihm wohl schon länger nicht mehr untergekommen.

„Ob wir Ihnen den Posten so lange freihalten können ... Okay, dann sehen wir mal."

Wenn der Gute wüsste, dass ich hier jetzt gerade im hintersten Japan die Berge hochkraxle, statt zu kuren – oder wenigstens schon mal nach Dhaka zu fliegen, um in den gut gekühlten Räumen der Residenz meine paar Sachen zu packen ...

Das wenige, was mir dort in den amtlich ausgestatteten Räumen selber gehört, in meine Alu-Transportkisten und ein paar Kartons zu verstauen, würde mich nicht einmal einen vollen Tag kosten. Um den Rest würde sich ja der Kanzler der Botschaft kümmern können. Alles, was mir wirklich etwas bedeutet – die große Bronzelaterne etwa oder die anderen mit besonderen Erinnerungen verbundenen Stücke, die Angelika und ich uns gemeinsam gekauft haben, stehen ohnehin längst in meiner kleinen Berliner Wohnung. In Kathmandu und in Kanton ist ja nicht mehr viel dazugekommen – und in Dhaka schon gar nicht ...

Ich war offenbar so in Gedanken, ich habe gar nicht bemerkt, dass Daniel sich schon wieder einen beachtlichen Vorsprung erarbeitet hat. Als ich ihn schwer schnaufend einhole, schreckt auch er aus irgendwelchen Gedanken auf.

„Hey Dad, hättest mir doch bloß zuzurufen brauchen, dass ich wieder zu schnell bin ..."

*

Auch Tempel Nummer 84 liegt wieder weit ab von allem oben im Wald. So früh am Morgen haben wir diesen entrückten Ort auch fast ganz für uns allein. Einziger Schönheitsfehler: Der morgendliche Verkehrslärm aus der Stadt Takamatsu unten am Meer dringt bis hier herauf.

Vor der Haupthalle verschnaufen wir für einen Moment. Das letzte Stück des Aufstiegs war schon wieder etwas steiler.

„Wäre es nicht an der Zeit, mal wieder eine zünftige buddhistische Gebetszeremonie abzuhalten?", fordert Daniel mich heraus.

Ich lasse mich nicht provozieren. „Das sollte man sich für Momente aufsparen, in denen man ein wirklich ernsthaftes

Anliegen hat", sage ich. Der Junge sieht mich fragend an, verkneift sich aber jeden weiteren Kommentar.

Nach einem kurzen Rundgang auf dem Gelände – nachdem wir in den letzten drei Tagen bereits mehr als ein Dutzend Tempel besichtigt haben, bin sogar ich ein wenig tempelmüde – holen wir uns unseren Stempel. Erst als wir das *Nokyojo* verlassen haben, wo der junge Priester mal wieder mein dreißig Jahre altes Pilgerbuch bewundert hat, merke ich, dass Daniel sauer ist.

„Ist dir nicht aufgefallen, dass der mich wieder total ignoriert hat?" Immer ziehe er neugierige oder fragende Blicke auf sich, während ich in meiner Pilgerkluft neben ihm gar nicht auffiele. Aber bei Gesprächen würden die Leute sich immer nur an mich wenden.

„Vielleicht solltest du dir das mit dem Pilgeroutfit doch noch mal überlegen", sage ich.

*

Die nächste Etappe wird etwas länger. Zunächst geht es weiter die schreckliche Route 11 entlang bis nach Takamatsu hinein, dann weiter auf einer ewig langen, schnurgeraden und ebenfalls verkehrsreichen Ausfallstraße landeinwärts. Ganz allmählich lockert die Bebauung auf, dazwischen immer mehr Reisfelder. Alle zwei Kilometer fragt Daniel, ob ich noch kann. Allmählich geht mir das auf die Nerven. Abgesehen davon, dass mir vor allem die Füße und manchmal auch noch die Knie weh tun, und ich mich immer noch nicht an den verdammten Rucksack gewöhnt habe, geht es recht gut. Trotzdem bin ich froh, als wir endlich in die etwas ruhigere Nebenstraße einbiegen, an der unser nächster Tempel liegt.

Nummer 83 ist eine kleinere Tempelanlage und jetzt, um die Mittagszeit, sind wir die einzigen Besucher. Sogar das *Nokyojo* ist vorübergehend geschlossen, wie uns ein handgeschriebener Zettel verrät. Willkommener Anlass für eine etwas längere Pause.

In einer Ecke des Geländes entdecken wir ein kleines Steinhäuschen mit einer schmalen Öffnung an der Vorderseite.

Daneben ein Schild. Ich brauche etwas, um den Sinn der Erläuterungen zu verstehen und für Daniel zu übersetzen: Da drinnen soll eine Statue des Medizinbuddha sitzen. Wer den Kopf durch die Öffnung steckt, hört entweder die süßen Klänge des westlichen Paradieses oder die grässlichen Geräusche der Hölle. Bei ganz üblen Sündern soll sich auch noch der Spalt verengen, so dass die ihren Kopf dort nicht mehr herausbekommen.

„Na, meinst du, du bestehst diesen Test?", fordere jetzt ich meinen Sohn heraus.

„Aber hallo!", sagt er und schon ist sein Kopf in der Öffnung verschwunden. Er zieht ihn aber gleich wieder raus. „Riecht ziemlich muffig da drin. Und diesen Buddha kann man in der Dunkelheit sowieso nicht richtig sehen. Trotzdem, jetzt bist du dran, dich deinen Sünden zu stellen."

Ich werfe einen kurzen Blick durch den Spalt. „Die Bocca della Verità in Rom finde ich lustiger. Da wird dem Lügner wenigstens nur die Hand abgebissen, und nicht gleich der ganze Kopf."

Da das Tempelbüro immer noch geschlossen ist, beschließen wir, in einem Nudelshop essen zu gehen, an dem wir kurz zuvor vorbeigekommen sind. Dort gab es auch *Gyōza*.

Zurück am Tempel steht die Tür zum *Nokyojo* offen und wir sind immer noch die Einzigen, die sich zu dieser Stunde in diesen Sündentest-Tempel verirrt haben. Der Priester staunt wie üblich darüber, dass wir extra aus Deutschland zum Pilgern nach Shikoku gekommen sind, und dass wir so ein altes Pilgerbuch dabeihaben, in dem die Hälfte der Seiten bereits vollgestempelt ist. Nachdem er sein Werk in aller Sorgfalt verrichtet hat, wünscht er uns noch Meister Kobos Segen für den weiteren Weg.

Kaum haben wir das Stempelbüro verlassen, schnappt Daniel mir das Pilgerbuch aus der Hand, das ich nicht – wie sonst immer – gleich wieder in meinem Rucksack verstaut hatte. „Zeig mal, wieviel Stempel fehlen dir eigentlich noch?"

„Das weißt du doch", sage ich. „Von den Tempeln zwischen hier und der Nummer 38, unserem Ziel, habe ich noch keinen einzigen Stempel."

Bevor ich Daniel das Buch wieder aus der Hand nehmen kann, blättert er sich bereits durch die vorderen Seiten. „Habe ich mir's doch gedacht", ruft er, als hätte er sonst was entdeckt. „Die Stempel von Tempel Nummer 1 bis Nummer 38 hast du schon vollständig! Du bist damals mit Mom tatsächlich die gesamte erste Hälfte des Pilgerwegs abgelaufen!"

„Na und?", sage ich.

„Bisher hast du nur zugegeben, dass du mit Mom ‚einige der Tempel' hier schon mal besucht hättest."

„Was heißt hier ‚zugegeben'? So genau hast du danach bisher doch noch gar nicht gefragt. Und wieso ist das jetzt auf einmal so wichtig?"

„Weil mich das der Antwort auf die Frage näherbringt, warum du es unbedingt genau bis zur Nummer 38 schaffen willst."

„Also, als Untersuchungsrichter wärst du bestens geeignet."

„Und du als Jurist müsstest doch wissen, dass es einen Unterschied macht, ob man die Wahrheit sagt, oder die ganze Wahrheit."

„Manchmal merkt man dir deine Schulzeit bei den Jesuiten ja doch noch an. Vielleicht solltest du dich um einen Job bei der Heiligen Inquisition bewerben."

„Tolle Idee", meint Daniel. Auch sein Lachen wirkt ein wenig gezwungen.

*

Zurück auf der Straße laufen wir weiter durch die Ebene. Dort aber, wo wir hinmüssen, erheben sich schon wieder steile, bewaldete Höhen. Unser letztes Ziel für heute, der Negoro-Tempel, liegt ganz dort oben. Luftlinie ist er höchstens zehn Kilometer entfernt. Um den Einstieg zu finden, müssen wir diese Berge aber erst noch ein ganzes Stück weit umrunden. Die Gegend ist auch nicht gerade romantisch. Wir laufen schmale Landstraßen ohne begehbaren Seitenstreifen entlang auf hartem Asphalt durch kleinere oder größere Ortschaften, die alle irgendwie gleich aussehen. Immer wieder muss man sich an den Rand drücken, damit einen nicht einer der vorbeifahrenden Laster erwischt. Zwischen den Ortschaften aber auch mal das Glitzern der Sonne auf gefluteten Reisfeldern und das Quaken von Fröschen.

Wir überqueren einen Fluss, an dessen Ufer sich hässliche, schmutziggraue Wohnblocks entlangziehen, unterqueren den Takamatsu-Expressway, und kurz darauf erreichen wir wieder die Route 11. Jenseits davon geht es wieder auf einer Landstraße weiter, die parallel zu einer Eisenbahnlinie verläuft.

Es ist erst vier Uhr nachmittags, als Daniel auf einmal feststellt, wir seien jetzt doch sicher schon dreißig Kilometer gelaufen. Ob wir es nicht gut sein lassen sollten für heute.

Ich wäre ihm am liebsten um den Hals gefallen. Auch ich habe mich nämlich gerade gefragt, ob wir es bis da oben zur Nummer 82 überhaupt schaffen können, bevor es dunkel wird. „Okay", sage ich, „auf eine weitere Nacht unter Wildschweinen habe auch ich keine Lust."

Wir sind uns einig, ab sofort nach einem dieser einfachen Businesshotels Ausschau zu halten, die man hier für gewöhnlich in der Umgebung jeder Bahnstation findet.

*

Keine halbe Stunde später sitze ich auf dem Bett in unserem kleinen Hotelzimmer und versorge erst mal die große Blase, die ich mir heute gelaufen habe.

Daniel hat mir eben eröffnet, er habe sich schon gewundert, dass ich nicht schon eher mit sowas gekomken sei. Er hat tatsächlich alles für solche Fälle dabei, von einem Fläschchen Desinfektionsmittel über Blasenpflaster in verschiedenen Größen bis hin zu einem Töpfchen Vaseline. Dabei braucht er selber das alles gar nicht. Seine Schuhe und Fußsohlen sind, anders als meine, gründlich eingelaufen.

Diesen Hang, für alle nur denkbaren Fälle vorzusorgen, hat er wohl von seiner Mutter. Das habe ich schon gedacht, als er zum ersten Mal die Tube Rei ausgepackt hat, mit der wir nun gelegentlich unsere Socken auswaschen.

Er selbst ist gerade noch mal raus, einkaufen. Auch er hatte keine Lust, heute Abend noch mal zum Essen auszugehen. Was mich betrifft, so will ich jetzt nur noch eins: Ausruhen und möglichst nicht mehr daran denken, dass morgen schon wieder eine harte Bergstrecke vor uns liegt.

*

Der Junge hat ein ganzes Picknick zusammengekauft: hartgekochte Eier, *Yakitori*-Spießchen, zwei Plastikschälchen mit *Maguro*-Sushi, Thunfisch-Sandwiches und dann noch in Gelatine eingelegte Pfirsichhälften und eine Packung *Mochi* zum Nachtisch. Selbst zwei große Dosen Bier fehlen nicht.

Unser Zimmer ist so klein, dass neben dem Doppelbett nicht mal eine Sitzecke Platz hat. Also steigen wir ins Bett und breiten das Buffet auf der Bettdecke aus.

„Das haben Mom und ich früher öfter gemacht", sage ich.

„Tatsächlich?"

„Aber ja – vor allem natürlich, als wir noch jung verheiratet waren."

„Damit ist dann wohl spätestens nach Sarahs Unfall Schluss gewesen. Ich kann mich jedenfalls nicht daran erinnern, dass es in der Zeit danach bei uns zu Hause besonders entspannt zugegangen wäre. Jedenfalls in der Bonner Zeit – danach, ab New York, ist es ja allmählich etwas besser geworden."

Ich will schon widersprechen, aber da fällt mir die Sache mit dem Foto ein. Das letzte Bild von Angelika, das sie noch vollkommen glücklich zeigt. Sie am Strand von Hikkaduwa, schon bis zu den Hüften im Wasser, wie sie mich anstrahlt. Mit einem halb erhobenen Arm winkt sie mir da noch einmal zu, bevor sie sich übermütig in die hinter ihr schon aufbäumende Welle fallen lässt ...

Angelika hat damals gewollt, dass ich das Foto auf der Stelle vernichte. Erst ein paar Wochen nach unserem zum Albtraum gewordenen Sri Lanka-Urlaub war ich in Bonn dazu gekommen, unsere Urlaubsfotos entwickeln zu lassen. Sie fand es makaber, dass ich gerade dieses Bild auf meinem Nachttisch aufstellen wollte. Nur weil ich es am Morgen des Tages aufgenommen hatte, an dem es später zu der Katastrophe gekommen war. Als ob so ein Unglück auch alles Schöne entwerten würde, was es zuvor gab. Ich habe meinen Standpunkt ziemlich lautstark verteidigt. Habe wohl auch das Wort hysterisch benutzt. Wir waren dann beide erschrocken, als wir Daniel in der halboffenen Schlafzimmertür bemerkt haben, wie er mit weit aufgerissenen Augen zu uns hereinstarrt ...

Erst vor fünf oder sechs Jahren habe ich dieses Bild wieder hervorgeholt, und seitdem steht es wieder bei mir auf dem Nachttisch.

„Du", sage ich, „ich weiß ja, dass das eine sehr schwierige Zeit für dich gewesen ist. Das ist damals auch Mom und mir nur allzu bewusst gewesen. Glaub' mir, wir haben wirklich alles versucht, dir über den Verlust deiner Schwester hinwegzuhelfen. Ich habe dich damals doch nur auf meine Abordnung nach Kathmandu mitgenommen, um dich aus der Erstarrung zu reißen, in die du nach Sarahs Beerdigung verfallen warst. Um dich auf andere Gedanken zu bringen. Auch die Entscheidung, dich nach diesem halben Jahr im katholischen Aloysius-Kolleg in Bonn einzuschulen, war nur durch den Wunsch deiner Mutter motiviert, dir eine besonders geschützte Umgebung zu bieten, die geeignet erschien, dir Halt und Orientierung zu geben."

Daniel hat sich gerade tief in einen besonders üppig gefüllten flauschigen Thunfisch-Sandwich verbissen und gibt nur ein undefinierbares Knurren von sich.

Natürlich hat auch mich dieses Argument Angelikas seinerzeit überzeugt. Aber vielleicht war die Entscheidung, den Jungen auf eine streng katholische Schule zu schicken, ja mit ein Grund dafür, dass mein Sohn und ich uns einander entfremdet haben ...

„Du musst doch zugeben", unternehme ich noch einen Vorstoß, „dass ich mich zumindest später, als auch noch das mit Mom passiert war, so intensiv um dich gekümmert habe, wie nie zuvor. In den paar Monaten, für die wir damals noch mal allein nach Tokio zurückgekehrt sind, habe ich doch praktisch jedes Wochenende etwas mit dir unternommen. Selbst wenn es im Dienst noch so stressig war. Und zu der Theateraufführung in der Schule, in der sie dir dann auch noch die Hauptrolle gegeben hatten, bin ich doch auch gekommen."

„Okay, Dad. Ich erkenne ja durchaus an, dass du dir gelegentlich Mühe gegeben hast. Aber warum musst du eigentlich immer noch so um den heißen Brei herumreden? So, als ob Mom einfach nur irgendein Unglück zugestoßen wäre. Als ob sie sich nicht selber das Leben genommen hätte, indem sie sich vor dieses zufällig vorbeikommende Auto geworfen hat. Dass ich das erst drei Jahre später durch Zufall erfahren habe, war noch mal ein ziemlicher Schlag für mich. Schließlich war ich Weihnachten 2004, als es passiert ist, kein so ganz kleiner Junge mehr."

„Du warst damals gerade mal vierzehn! Also in dem Punkt bin ich heute noch überzeugt, dass es richtig war, dich nicht auch gleich noch mit dem Wissen über die genauen Umstände des Todes deiner Mutter zu belasten."

„Nun ja ... Trotzdem finde ich, ein wenig mehr Offenheit mir gegenüber wäre von deiner Seite sicher nicht schlecht gewesen. Du warst doch der Einzige, den ich noch hatte ..."

„Und ich finde, du könntest wenigstens anerkennen, dass ich mein Bestes versucht habe, um meiner Rolle als Vater gerecht zu werden. Selbst wenn ich da nicht immer so ganz erfolgreich gewesen bin. Eins steht jedenfalls fest: Jetzt im Nachhinein können wir das alles sowieso nicht mehr ändern. Wäre es da nicht das Beste, wenn wir ab jetzt konsequent nur noch nach vorn schauen würden?"

„Okay, Dad, das ist wahrscheinlich tatsächlich das Beste."

„Dann lass uns jetzt darauf anstoßen. Du hattest doch auch noch zwei Dosen Bier mitgebracht."

Die beiden Halbliterdosen haben wir in wenigen Minuten geleert.

*

Nach diesem Austausch habe ich das Bedürfnis, mich erst einmal ein wenig zurückzuziehen. Unser 'Bad' hier ist von der Sorte, wie man sie oft in japanischen Billighotels findet: Ein aus einem einzigen Guss geformter Container aus in der Regel blassrosa Kunststoff, der auf winzigstem Raum alles enthält, war ein Bad ausmacht: Eine blassrosa Sitzbadewanne, in der man als normalgroßer *Gaijin* mit angezogenen Knieen gerade so Platz findet, ein winziges blassrosa Waschbecken und eine blassrosa Toilette, die auch hier mit einer – allerdings weißen – heizbaren Klobrille mit integrierter Warmwasser-Intimwaschanlage (Washlet) ausgestattet ist. Deren Steuerelemente berühre ich allerdings grundsätzlich nicht mehr, da ich auch nach insgesamt sechs Jahren Japan nicht so ganz verstanden habe, wann, wohin und wozu der feine Wasserstrahl jeweils zielt.

Stattdessen setze ich mich auf den Rand der Mini-Sitzbadewanne und atme ein paar Mal tief durch. Aber auch das kann nicht verhindern, dass ich die Szene an jenem zweiten Weihnachtsfeiertag bei den Schwiegereltern in Münster wieder in aller Deutlichkeit vor mir sehe.

Da steht auf einmal ein Polizist in der Tür und behauptet, sie sei sofort tot gewesen, und ich frage zurück, wie er das meint, und gleichzeitig höre ich, wie hinter mir Angelikas Mutter den Jungen hinauf in sein Zimmer scheucht.

Wir hatten nicht mal bemerkt, dass unsere ‚Mom' gleich nach den Abendnachrichten nach draußen auf die Straße gerannt war. Ich dachte ja, sie wäre nur kurz raus auf die Toilette.

Im Fernsehen waren zuvor die Bilder von der großen Tsunami-Katastrophe in Südostasien zu sehen gewesen. Die Bilder aus Thailand: Die Riesenwelle, die plötzlich durch die Palmen bricht, die Verwüstung, die sie zurücklässt, die schreienden Menschen, die leblosen Körper am Strand ...

Nur wenige Monate nach dem Schock, den schon die in das Höhlen-*Onsen* in Katsuura hereinflutenden Brecher bei ihr ausgelöst hatten, müssen diese Bilder Angelikas Verzweiflung über den Verlust unserer Tochter vollends wieder zum Ausbruch gebracht haben. Ich habe sogar noch gesehen, wie ihr Gesicht plötzlich versteinerte. Der Rest der Familie hat wie gebannt auf den Fernseher gestarrt, aber ich habe ihr Gesicht gesehen.

Als sie aufgesprungen ist, wollte ich natürlich sofort hinterher, aber sie hat nur gerufen, sie wäre gleich wieder zurück ...

Tag Sechs

Endlich liegen der Lärm und die abgasgeschwängerte Luft der dicht besiedelten Küstenebene hinter uns. Selbst, dass es jetzt für längere Zeit wieder bergauf gehen wird, hat nach dem zweistündigen Anmarsch durch den frühmorgendlichen Verkehr seinen Schrecken verloren.

Die schmale Straße in die Berge, auf der wir jetzt angelangt sich, windet sich in weiten Serpentinen die bewaldeten, hier und da von *Mikan*-Plantagen durchsetzten Hänge hinauf. Es ist ein weiterer sonniger Tag. Die Luft ist frisch und klar, und die kühle Brise ist sogar angenehm, denn wir kommen bereits wieder ins Schwitzen. Nur selten überholt uns ein einzelnes Fahrzeug. Über lange Strecken hört man nur das Rauschen des Windes in den Bäumen und Vogelgezwitscher. Allmählich werden die Plantagen auf beiden Seiten der Straße vollends von immer dichterem Wald abgelöst und der Anstieg wird steiler.

Ich muss daran denken, wie sehr Angelika unsere Fahrten durch das ländliche Japan geliebt hat – vor allem im Herbst, wenn die reifen *Mikan*-Mandarinen und die Kaki-Früchte überall an den Hängen leuchten wie tausende kleine orangene Laternen ...

Daniel unterbricht mich in meinen Gedanken. Er besteht hier und jetzt auf einer etwas längeren Pause. Ich kann ihm nicht überzeugend widersprechen, denn ich bin tatsächlich schon wieder ganz außer Atem.

Während wir am Straßenrand sitzen und mein Sohn mir die von den Rucksackgurten malträtierten Schultern massiert, schießt er plötzlich wieder eine seiner speziellen Fragen ab:

„Wie habt ihr Euch eigentlich kennengelernt, Mom und du? Wo ihr in Bonn doch quasi an den entgegengesetzten Polen gewohnt habt – du in der Ausbildungsstätte für die Diplomaten in Ippendorf und Mom im sozialen Brennpunkt in Tannenbusch."

Ich bin eigentlich sicher, dass er diese Geschichte nicht nur einmal gehört hat. Seine Mom oder ich haben sie seinerzeit bestimmt öfter erzählt. Aber damals hat ihn das wahrscheinlich kaum interessiert. „Wo man sich halt am ehesten über den Weg läuft – am Bonner Hauptbahnhof", sage ich. „Ich kam von einem Wochenendbesuch bei meinen Eltern aus Hamburg zurück und sie aus Münster, wo sie dem Bernd, ihrem damaligen Freund, gerade eröffnet hatte, dass das nichts werden würde mit ihnen."

„Ach ja, und da hast du ihr gleich angesehen, dass sie einsam war, und hast dich an sie herangemacht."

„Du, jetzt reichts mit dem Massieren. Nein, ich habe ihr angesehen, dass der Koffer, mit dem sie sich abgeschleppt hat, viel zu schwer für sie war. Natürlich habe ich angeboten, ihr tragen zu helfen. Eigentlich nur bis zur Haltestelle der Straßenbahn. Aber dann haben wir uns so gut unterhalten, dass ich mit eingestiegen bin. Und in Tannenbusch hatte sie ja auch noch eine ganze Strecke zu laufen mit ihrem schweren Koffer. Und als wir vor ihrer Wohnung standen, hat sie mich noch auf einen Tee eingeladen."

„Okay, okay, was dann gelaufen ist, will ich gar nicht wissen. Aber wie ist Mom überhaupt in Bonn gelandet? Sie ist doch in Bielefeld aufgewachsen und studiert hat sie in Münster."

„Das ist damals natürlich auch eine meiner ersten Fragen gewesen. Und ihre Antwort fand ich sehr überzeugend. Sie wollte einfach nur weiter weg von zu Hause. Ihre Eltern waren ihr zu katholisch, ihr Freund zu protestantisch – er hatte damals sein Sozialpädagogikstudium abgebrochen, um stattdessen Theologie zu studieren – und die Straßenkinder in Rio waren ihr dann doch zu weit weg."

„Wieso Straßenkinder in Rio?"

„Das hat Mom doch öfter erwähnt. Dass sie sich als Schülerin in der Jugendarbeit ihrer Gemeinde engagiert hat, und dass die eine Patenschaft für irgend so ein Straßenkinderprojekt in Brasilien übernommen hatte. Dort vor Ort persönlich zu helfen ist sowas wie ihr Jungmädchentraum gewesen. War wohl auch der Grund dafür, dass sie sich entschieden hat, ihr Referendariat am Schulzentrum im sozialen Brennpunkt in Tannenbusch abzuleisten."

„Oh Gott – und dann ist sie als Diplomatengattin mit dir in Japan gelandet."

„Wie das Schicksal so spielt."

„Oder wie es einem so mitspielt …"

Schon setzt Daniel zu einer weiteren Frage an, aber diesmal komme ich ihm zuvor. Wo er eigentlich seine Freundin kennengelernt hat. Die, die ihn am Flughafen in Düsseldorf verabschiedet hat.

„Ach die", sagt er. Mit der zusammen habe er für die Strafrechtsklausur gepaukt. Sei deshalb hilfreich gewesen, weil sie sich beide eigentlich nicht so besonders für dieses spezielle Fach interessiert hätten. Vor einem Jahr seien sie dann zusammen in eine Wohnung gezogen. Spare schließlich eine Menge Miete.

„Dann hätte ich dir für dein letztes Semester ja gar nicht mehr so viel Geld überweisen müssen", werfe ich scherzhaft ein. Aber ein bisschen betroffen bin ich doch, dass ich das erst jetzt und auf Nachfrage erfahre. „Aber heiraten wollt ihr noch nicht?"

„Dad! Die ist eine hundertprozentige Juristin!"

„Na und? Du etwa nicht?"

„Und dann auch noch Schwerpunkt Wirtschafts- und Steuerrecht … Nein, ich habe auch noch was anderes im Kopf." Was das ist, frage ich jetzt lieber nicht auch noch.

Auch er zieht es offenbar vor, das Thema zu wechseln: „Dieser Theologe, von dem Mom damals wegwollte, ist das nicht der Pastor in dem kleinen Dorf in der Nähe von Münster? Der, mit dem ihr euch manchmal getroffen habt, wenn wir Oma und Opa da oben besucht haben?"

„Genau. Der Bernd, der dann Mom's beste Freundin Marie geheiratet hat. Nur deshalb ist der Kontakt auch erhalten geblieben. Er heißt übrigens eigentlich Bernhard und sie Marie-Louise. Aber Mom hat immer nur von Bernd und Marie gesprochen. Ich fand die beiden ja auch ganz nett damals.

„Jetzt nicht mehr?"

„Ich meine ja nur. Seit Mom nicht mehr lebt, ist der Kontakt so gut wie eingeschlafen." Ich komme wieder auf die Füße. „Kann weitergehen. Hilf mir mal mit dem Rucksack."

*

Wenn wir zu Tempel Nummer 82 nicht so endlos viele Treppenstufen hätten hinaufsteigen müssen, hätte der sicher einen noch tieferen Eindruck auf mich gemacht. Die alten Holzgebäude sind am Berghang auf von massiven Natursteinmauern gestützten Terrassen errichtet. Nur wenige Touristen und noch weniger Pilger bewegen sich andächtig im Schatten der hohen Zedern.

Wir ziehen uns erst einmal für eine kleine Verschnaufpause in den stillen Winkel hinter der fünfstöckigen Pagode zurück und lassen uns dort auf einem abgeflachten Felsen nieder. Hierher dringt außer dem allgegenwärtigen Vogelgezwitscher nur das gelegentliche blecherne Anschlagen des kleinen Gongs über dem Eingang zur Haupthalle.

Das Wissen darum, dass heute noch mindestens sechzehn Kilometer Fußmarsch durch die Berge zu bewältigen sind, lässt sowas wie eine andächtige Stimmung bei mir aber gar nicht erst hochkommen. Wer weiß, wie meine Fußsohlen heute Abend schon wieder aussehen. Ich ziehe meine Wanderschuhe aus. Soll der Blasenbildung vorbeugen, wenn man das unterwegs gelegentlich macht, habe ich mal irgendwo gelesen. Hätte mich daran nur schon früher erinnern sollen ...

„Schon zwölf Uhr vorbei", stellt Daniel fest. Also los – zunächst zum Tempelbüro.

Der alte Priester sitzt an einem Tisch hinten im Raum. Seine Glatze glänzt im Licht der nackten Glühbirne, die direkt über seinem Kopf hängt. Er schaut erst auf, als ich mich räuspere und kommt dann zu uns an den Tresen vorgeschlurft. Kommentarlos nimmt er mein Pilgerbuch, setzt den Stempel und malt schweigend seine Kalligrafie.

„Der Erste, der selbst dir kaum Beachtung geschenkt hat", stellt Daniel fest, als wir wieder draußen sind.

„Vielleicht hat er ein Gelübde abgelegt, heute den ganzen Tag in meditativem Schweigen zu verbringen", sage ich.

Vor der Haupthalle verbeuge ich mich, wie man das als Pilger so macht, aber den ganzen Rest der Zeremonie schenke ich mir. Noch kurz einen Schlenker an der Halle von Meister Kobo vorbei und ein Blick in eine weitere Halle, in der ganze Korridore entlang Hunderte, wenn nicht Tausende von Miniaturstatuen aufgereiht stehen. Scheint *Kannon* zu sein, der *Bodhisattva* des Mitgefühls, der im Laufe der Jahrhunderte eine geradezu marienhaft weibliche Gestalt angenommen hat. Beim Rausgehen entdecken wir, dass dieses Gebäude tatsächlich die Halle der zehntausend *Kannon* heißt.

*

Schon sind wir wieder unterwegs. Wer weiß, wie lange wir brauchen, bis wir wieder unten in der Ebene sind, und wir wollen auf keinen Fall noch mal in eine Situation geraten, in der wir aus Zeitgründen eine wilde Abkürzung irgendeinen steilen Abhang hinunter benutzen müssen.

Leider habe ich mir unsere heutige Strecke vorher nicht noch einmal genauer angeschaut. Ich hatte mir nur gemerkt, dass der nächste Tempel in einem Taleinschnitt liegt. Wenn mir klar gewesen wäre, dass es bis dahin noch über mehrere Höhenzüge bergauf und bergab gehen würde, hätte ich in Nummer 82 sicher nach einem *Tsuyado* gefragt – einem dieser einfachen Räume oder Verschläge, in denen Pilger in manchen Tempeln umsonst übernachten können – und wir hätten Schluss gemacht für heute.

Inzwischen geht es schon den zweiten Berg ziemlich steil aufwärts. Ich werde immer langsamer und mein Keuchen immer lauter. Meinem Sohn dagegen scheint das hier gar nichts auszumachen. Im Gegenteil. Gerade hat er mir erzählt, wie wunderschön er das Bambuswäldchen fand, durch das wir eben gekommen sind.

Jetzt fängt er auch noch an, von japanischen Tempeln zu schwärmen. In unserer Tokio-Zeit habe er es echt ätzend gefunden, dass wir mit ihm fast jedes Wochenende zu irgendwelchen alten Tempeln rausgefahren seien, nach Kamakura oder so. Inzwischen aber könne er das durchaus verstehen.
„Tatsächlich?", bringe ich keuchend hervor.
„Ja. Die heitere Ruhe und Harmonie, die diese Tempelanlagen ausstrahlen. Nichts von der einschüchternden Größe oder überwältigenden Pracht christlicher Kathedralen. Keine dicken Mauern oder klotzigen Säulen, kein Marmor, kein Protz. Nichts, was für Macht oder gar Allmacht steht. Stattdessen diese wohlproportionierten Holzgebäude, harmonisch eingebettet in eine von Menschenhand gestaltete Landschaft, in der jedes einzelne Element – ob Hügel oder Stein, Kiefer oder Teich – exakt an der Stelle platziert ist, wo es für sich allein und als Teil des Ganzen die größtmögliche ästhetische Wirkung erzielt. Und dann darf hier in den Tempeln auch noch fröhlich geplaudert und sogar lauthals gelacht werden. Hier hat alles – wie soll ich sagen – ja, menschliches Maß."
„So habe ich dich ja noch nie reden hören", stelle ich fest. „Das war ja beinahe poetisch."
„Findest du? Echt?" Er sieht mich an, als hätte ich ihm gerade ein ganz besonderes Kompliment gemacht.
„Weißt du, dass auch unsere Mom immer so von den Tempeln in Japan geschwärmt hat? Vor allem von den Tempeln in den Bergen im Herbst, wenn sich die Wälder hier so intensiv verfärbten. Wie hat sie das sonnengelbe Leuchten der Ginkgo Bäume oder das lodernde Rot des Ahorns geliebt ..."
„Jetzt wirst du aber selber poetisch", zieht Daniel mich auf. Kann es sein, dass wir uns gerade ein Stück nähergekommen sind ...?

Endlich sind wir oben auf dem Pass angelangt. Vor uns ein Tal und jenseits ein weiterer Berg, über den wir offenbar auch noch hinübermüssen. Jetzt macht sogar Daniel für einen

Moment ein bedenkliches Gesicht. Dann nickt er mir aufmunternd zu. „Das schaffst du schon." Ich solle doch einfach immer nur sagen, wenn ich eine Pause bräuchte.

Er hat gut reden. Selbst mit seinem lädierten Oberschenkel ist diese nächste Erhebung für ihn wohl keine allzu große Herausforderung. Erst einmal aber geht es bergab. Meine Knie! Aber wenigstens muss ich da nicht so keuchen ...

Ich beiße die Zähne zusammen. Zum Glück ist diese Bergaufstrecke nicht ganz so lang, wie die beiden zuvor. Ich schaffe es tatsächlich ohne Pause bis ganz nach oben.

Ein paar hundert Meter geht es nun auf dem Kamm entlang. Und plötzlich eröffnet sich ein weiter Blick über die Sanuki-Ebene. Reisfelder in frischem Frühjahrsgrün, durchsetzt mit kleinen Siedlungen, dehnen sich bis zu der zentralen Bergkette Shikokus, die in rund zwanzig Kilometer Entfernung den Horizont nach Süden begrenzt. Hier und da ragen kegelförmige, dicht bewaldete Berge aus der Ebene, wie willkürlich aufgeschüttet. Überall blinken Teiche oder kleinere Seen in der Nachmittagssonne. Die sind fast alle so regelmäßig geformt, dass es sich wohl um künstlich angelegte Becken für die Bewässerung der Reisfelder hier im regenarmen Norden Shikokus handelt.

Hier zweigt auch ein Pilgerpfad von der Straße ab, auf dem es endlich konsequent immer nur abwärts geht. Bis zum Tempel Nummer 81 kann es jetzt nicht mehr weit sein.

*

Endlich stößt der Pfad wieder auf die Straße. Kurz darauf stolpern wir ins *Nokyojo* des Shiromine-Tempels.

Als der kräftig gebaute, jugendlich wirkende Priester beim Durchblättern meines Pilgerbuchs feststellt, dass wir in der Gegenrichtung pilgern, schenkt er mir ein anerkennendes Lächeln. Keine schlechte Idee, meint er. So früh in der Pilgersaison sei es auf diesem Teil der Strecke ja noch schön ruhig. Daniel streift er nur mit einem kurzen, fragenden Blick, der sogar mir auffällt, dann haut er den Stempel in mein Buch und wirft schwungvoll seine Kalligrafie darüber.

Viel Zeit lassen wir uns auch hier nicht. Die Gebäude des Tempels scheinen erst kürzlich runderneuert worden zu sein und können uns schon deshalb nicht sonderlich beeindrucken. Das Gelände ist bereits menschenleer. Der Priester aus dem Büro scheint für heute auch nicht mehr mit weiteren Pilgern zu rechnen. Jedenfalls macht er sich jetzt daran, die schweren Holztüren der Meister Kobo-Halle zu schließen – unterstützt von einer jungen, rundlichen Frau mit auffallend rosigen Wangen und mit Händen, die kräftiges Zupacken gewohnt zu sein scheinen.

Wir lassen uns noch für einen Moment auf den Stufen der Haupthalle nieder und schauen den beiden zu. So wie sie miteinander umgehen, dürfte sie die Ehefrau des jungen Priesters sein. Als sie zu uns herüberkommen, um auch hier die Türen zu schließen, erheben wir uns und machen uns auf den Weg.

Wenn wir noch bei Tageslicht beim *Kokubun-ji* ankommen wollten, müssten wir den *Henro-michi* nehmen. Der gehe etwa dreihundert Meter die Straße hinunter links ab, ruft uns der Priester noch nach. Und wir sollten aufpassen, dass wir da nicht vom Weg abkämen, ergänzt seine Frau noch.

*

Fast wären wir an der Stelle vorbeigelaufen, an der der Pilgerpfad abzweigt. Das handgemalte Hinweisschild ist durch einen herabhängenden Zweig zur Hälfte verdeckt. Der steile Abstieg ist erneut eine heftige Probe für meine Knie und Oberschenkel. Streckenweise ist der Pfad auch noch so überwuchert, dass wir aufpassen müssen, nicht davon abzuirren.

Es ist bereits fünf, als wir aus dem Wald auf die breite Straße hinaustreten, die direkt am Fuß des Berges entlangführt. Auf der gegenüberliegenden Straßenseite entdecken wir einen Getränkeautomaten vor einem geschlossenen Lädchen. Ohne ein Wort stürzen wir beide hinüber.

Wir haben schon mehrere Flaschen Grüntee mit Zitrone rausgelassen, als Daniel auch noch die Flaschen mit dem blauen Label entdeckt, auf dem ‚Pocari Sweat' steht. „Genau das, was wir jetzt brauchen", meint er. Diesen ‚Sports Drink' hätten sie seinerzeit in Tokio oft nach dem Fußballspielen getrunken. Bevor ich einschreiten kann, hat er unsere restlichen Fünfhundert- und Einhundert-Yen-Stücke auch noch aufgebraucht, um sich mit dem Zeug einzudecken.

Wir laufen die Straße entlang, immer auf dem schmalen, grasbewachsenen Seitenstreifen, und leeren eine Flasche nach der anderen. In der nächsten Ortschaft kommen wir an einer kleinen Bahnstation vorbei. Ein kurzer Blick auf meinen digitalen Shikoku-Atlas zeigt uns, dass die Bahnlinie ab hier gleich neben unserer Straße verläuft und die übernächste Station direkt gegenüber von Tempel Nummer 80 liegt. Der Gedanke, jetzt einfach in einen Zug einzusteigen und den Rest unserer heutigen Strecke gemütlich zu fahren, ist nur allzu verführerisch. Aber wenn wir schon am sechsten Tag unserer Pilgerwanderung dem Vorsatz untreu werden, die ganze Tour tatsächlich zu Fuß durchzuziehen, würden wir das später sicher bedauern.

„Wenn du meinst", sagt Daniel nur lakonisch.

*

Die Sonne steht schon tief über dem Horizont, als wir unseren letzten Tempel für heute erreichen. Gerade noch rechtzeitig vor 17:00 Uhr. Zu unserer großen Enttäuschung ist die Tür des Tempelbüros aber bereits verschlossen. Erschöpft lasse ich mich auf die Bank neben dem Eingang des *Nokyojo* fallen. Daniel bleibt stehen und sieht sich ratlos um. Das Tempelgelände scheint sehr weitläufig zu sein. Die hohe Pagode, die uns schon von Weitem die Lage des Tempels verraten hat, ist von hier aus noch ein ganzes Stück weit entfernt.

Plötzlich schreckt uns eine krächzende Stimme auf. Aus dem Nirgendwo ist eine alte Frau aufgetaucht und steuert direkt auf uns zu. Erst denken wir, die will uns verscheuchen, aber die wachen Augen in ihrem verrunzelten kleinen Gesicht strahlen uns an.

„*Gaijin Henro*", ruft sie und schlägt dabei ihre Hände zusammen, als hätte sie soeben zwei besonders süße Babys entdeckt. Ihr wollt bestimmt eure Stempel, krächzt sie, kramt in ihrer Schürzentasche herum und holt einen altertümlichen Schlüssel hervor. Ehe wir's uns versehen, hat sie die Tür geöffnet und winkt uns, ihr zu folgen. Erstaunlich behände kurvt sie um den Tresen herum, und noch bevor ich die richtige Seite in meinem Pilgerbuch aufschlagen kann, nimmt sie mir das auch schon aus der Hand. Die Kalligrafie wirft sie mit einem souveränen Schwung auf das Papier, dem man jahrzehntelange Übung ansehen kann.

Bevor wir das Büro verlassen, hat sie noch einen Rat für uns. Wir sollen morgen auf keinen Fall den Pilgerpfad durch den Wald nehmen. Der sei zwar deutlich kürzer als die Straße, aber viel zu steil, und man könne sich leicht verirren.

Ich sage ihr, dass wir diesen Pfad gerade heruntergekommen sind, weil wir andersherum laufen – so wie einst Emon Saburo. Wieder schlägt sie die Hände zusammen. *„Erai, nee!"* Solche wahren Pilger gebe es ja heutzutage kaum noch, sagt sie und strahlt uns an wie ein junges Mädchen. Sie wünsche uns, dass wir fänden, was wir hier suchten.

„Irre, die Alte", sagt Daniel, als wir beide – seltsam aufgeheitert – das Tempelbüro verlassen.

Jetzt steuern wir direkt das *Minshuku* an der Hauptstraße an, an dem wir vorbeigekommen waren, kurz bevor wir den Tempel erreicht hatten.

*

Ausgebucht! Die stämmige Wirtin fertigt uns gleich an der Tür ab, bevor wir überhaupt etwas sagen können.

„*Sō des' nee* ...", sage ich, betont langsam. Sie soll merken, dass wir keine Barbaren sind, von denen sie zu befürchten hat, dass wir in Straßenschuhen über die *Tatami* laufen oder gar in den normalen Hausschuhen die Toilette betreten.

Alles ausgebucht, wiederholt sie, und hält uns ihre zu einem großen ‚X' gekreuzten Unterarme entgegen. Überall!

Ich schaue sie fragend an.

Es sei uns doch wohl klar, dass man in der Golden Week, die heute begonnen habe, nicht einfach so anklopfen könne – ohne Vorreservierung.

Das ist wie ein Schlag vor den Kopf. Heute ist der 29. April! Kaisers Geburtstag! Der Feiertag, mit dem eine ganze Woche voller Feiertage beginnt, in der Millionen Japaner auf Reisen sind. Daran hätte ich bei meiner Planung natürlich denken müssen. Jetzt verstehe ich auch, warum die ganze Zeit hier an der Hauptstraße so viele Tourbusse an uns vorbeigefahren sind.

„Na toll", meint Daniel, als ich ihm die Lage erkläre.

„Hättest du ja eigentlich auch wissen können", stelle ich fest. Jedenfalls sind wir uns einig, dass es zwecklos ist, jetzt noch die ganze Gegend abzuklappern, um vielleicht doch noch ein Dach über den Kopf zu finden.

„Vielleicht gibt es ja irgendwo hinten auf dem Tempelgelände ein Plätzchen, wo uns niemand stört", meint Daniel.

„Wollte ich auch gerade sagen", sage ich.

*

Der Boden hier unter den Büschen ist eben, sandig und trocken. Das Tempeltor war schon geschlossen, aber wir haben im hinteren Teil des Tempelgeländes im schwachen Widerschein der Straßenbeleuchtung eine Lücke in der Umfriedung gefunden, und sind so hinter die Haupthalle gelangt.

Wir rollen unsere Isomatten aus und machen uns gleich über den Inhalt der Bentōboxen her, die es an dem Kiosk an der Bahnstation zu kaufen gab: Reis mit ein paar Streifen *Tonkatsu* – paniertem Schnitzel darüber, *Inari-zushi* – Reis in einer Hülle aus gebratenem Tofu, gegrillter Aal, Lotoswurzelscheiben, ein Würfel Tofu in Sesamsoße mit einem Häufchen gestampfter Ingwerwurzel gekrönt, alles kalt, aber wir sind froh, dass wir überhaupt so schnell noch etwas zu essen gefunden haben.

Nach dem Festmahl komme ich endlich dazu, mir die Strümpfe auszuziehen. So wie sich zumindest der eine Fuß anfühlt, befürchte ich das Schlimmste. Daniel lässt seine Handy-Lampe aufleuchten. Ja, inzwischen sind es zwei große Blasen. Die eine ist bereits aufgegangen und blutig gescheuert.

„Sofort desinfizieren", sagt mein Sohn und findet nach kurzem Suchen auch den Beutel mit den einschlägigen Utensilien in seinem Rucksack. Während ich ihm die Lampe halte, tupft er mir fürsorglich die Desinfektionsflüssigkeit auf die beiden brennenden Stellen, klebt frische Blasenpflaster darüber und fettet die Fußsohlen ganz mit Vaseline ein.

„Jetzt muss ich dich aber echt einmal loben", sage ich. „Sowas von vorausschauender Planung …"

„Und ich muss sagen, dass ich dir das eigentlich gar nicht zugetraut hätte, so wie du das die letzten drei Tage durchgezogen hast."

Der Sake, den wir uns heiß aus dem Automaten am Bahnhof geholt haben, ist mittlerweile nur noch lauwarm, aber immerhin. Wir prosten uns zu, leeren die Gläser in einem Zug und kriechen sofort in die Schlafsäcke, um möglichst viel von der Wärme, die sich gleich im ganzen Körper ausbreitet, in die Nacht zu retten.

„Bist du immer noch der Meinung, dass diese Pilgerei eine gute Idee war?"

„Ein bisschen hart muss eine Pilgerreise gelegentlich sein", sage ich. „Sonst wäre das ja nichts als ein normaler Wanderurlaub."

„Wusste gar nicht, dass du so eine masochistische Ader hast. Oder soll das hier etwa sowas wie eine Bußprozession sein?"

„Glaub mir, ich würde jetzt auch lieber in einem warmen, weichen Bett liegen …"

Tag Sieben

Es ist noch nicht einmal sieben Uhr, da kommt schon Tempel Nummer 79 in Sicht. Mich hat die Kälte um fünf Uhr geweckt. Kurz darauf hat es auch Daniel nicht mehr in seinem Schlafsack ausgehalten.

Wir sind sofort losgetrottet, die Straße parallel zur Eisenbahnlinie in die Richtung zurück, aus der wir gestern gekommen sind. Als wir uns aus dem Getränkeautomaten von gestern wieder mit heißem Limonentee versorgen wollten, hat Daniel ein kurzes Stück weiter die Straße hinunter die Leuchtreklame eines *Ramen*-Shops entdeckt. Der ist auch tatsächlich schon offen gewesen. Nach der heißen Suppe mit chinesischen Nudeln und Scheiben mit ordentlich fettem

Schweinefleisch obendrauf zeigte sich der eben noch trübe Morgen auf einmal von seiner strahlenden Seite. Wenig später hat uns das Schild Richtung Tenno-ji von der bereits ziemlich belebten Hauptstraße weg in dieses ruhige Wohnviertel verwiesen.

Die großen Grundstücke hier sind von ockerfarbenen, mit grauen Ziegeln gekrönten Mauern umgeben, hinter denen sich elegante Häuser im traditionellen japanischen Stil unter hohe Kiefern ducken. Der beschauliche kleine Tempel liegt am Rande des Viertels am Fuß eines bambusbestandenen Hügels. Die Tür des Stempelbüros ist noch verschlossen.

Daniel meint, wir könnten uns ja noch ein wenig aufs Ohr legen. Wir wollen gerade los, um ein dafür geeignetes Plätzchen zu suchen, als wir hinter uns im Büro etwas rumoren hören. Ihr seid aber früh dran, sagt der hagere alte Priester, der erst prüfend seinen kahlgeschorenen Kopf aus der Tür streckt, bevor der diese jetzt weit aufstößt. Fünf Minuten später habe ich meinen Stempel, und nach einer anerkennenden Verbeugung vor der Haupthalle machen wir uns gleich wieder auf dem Weg.

*

Heute liegt eine ebene Strecke vor uns, auf der sich die Tempel dicht aneinanderreihen. Wir hoffen, so an einem Tag mal ohne allzu große Strapazen mindestens ein halbes Dutzend Stempel einsammeln zu können. Erst einmal aber durchqueren wir Muromachi, einen etwas größeren Ort. Auf der Höhe des Bahnhofs kreuzen wir eine überdachte Einkaufsstraße. Die Läden sind zu dieser frühen Stunde noch geschlossen, bis auf einen *Kombini* – gute Gelegenheit, uns noch mit etwas Proviant für unterwegs einzudecken. Nachdem ich meinen Grüntee mit Limone gefunden habe, will ich Daniel fragen, ob er auch ein paar von den Äpfeln will, aber ich kann ihn nirgendwo mehr im Laden entdecken. Ich zahle schnell und sehe mich draußen um. Auch hier ist er nirgends zu sehen.

Schräg gegenüber tritt gerade ein Mann im Pilgeroutfit auf die Mall hinaus. Das Geschäft dort scheint also auch bereits offen zu sein. Der Mann ist ein *Gaijin* mit rosigem Gesicht, rotblonden Haaren und der Statur eines Ringers, dem sogar sein extraweites Pilgerhemd noch um die Schultern spannt. Der ganze Mann kommt mir irgendwie seltsam vor, ohne dass ich genau sagen könnte, warum. Jetzt hat auch er mich entdeckt. Er nickt mir kurz zu, so als kennten wir uns. Dabei bin ich mir sicher, diesen Mann noch nie gesehen zu haben.

Da ich Daniel hier draußen weiterhin nirgends entdecken kann, ist er vielleicht auch da drüben in dem Geschäft. Langsam schlendere ich hinüber. Der seltsame *Gaijin* zieht gerade etwas aus einem Ständer, der vor dem Laden steht. Er wiegt den Stab prüfend in der Hand. Dies ist anscheinend ein Laden für Pilgerausrüstung. Dem Typ scheint aber das Hemd zu genügen. Er stellt den Stab wieder zurück und wendet sich zum Gehen. Als er an mir vorbeiläuft, grüßt er mich mit einem leise gemurmelten „*dogyo ninin*" – auf dem Weg ist man immer zu zweit. Automatisch antworte auch ich mit diesem traditionellen Gruß der Shikoku-Pilger.

Ohne sich noch einmal umzudrehen läuft der Mann Richtung Eingang der Einkaufspassage. Ich sehe ihm nach, bis er auf die Hauptstraße einbiegt.

Aus dem Laden dringt jetzt ein unjapanisch lautes „*sayōnara*" zu mir heraus. Nein, ich habe mich nicht getäuscht, das war Daniels Stimme. Und schon steht er vor mir – im Pilgeroutfit! In dem weiten, leuchtendweißen Hemdchen und mit dem Stab in der Hand wirkt er völlig verwandelt. Fehlt nur noch der Strohhut.

„Der war mir dann doch zu klobig", sagt er, als er meinen fragenden Blick sieht. Das Ganze scheint ihm jetzt doch ein wenig peinlich zu sein.

„Willkommen im Club", sage ich und klopfe ihm auf die Schulter.

Er sei es einfach leid gewesen – immer diese abschätzigen Blicke, wenn die Leute ihn neben mir sähen. Selbst die muntere Alte im letzten Tempel gestern Abend hätte sich ja einen solchen Blick nicht verkneifen können.

„Die Sachen sind doch auch ein super Souvenir", sage ich leichthin und zeige ihm, dass ich auch für ihn noch zwei Äpfel gekauft habe.

„Na, dann los!", ruft Daniel lauter als nötig.

Jetzt tokkern wir zu zweit mit unseren Pilgerstäben auf das harte Steinpflaster der immer noch menschenleeren Einkaufsstraße. Kurz darauf fällt mir auf: Wir tokkern sogar im Takt.

*

Bis zum nächsten Tempel sind es gerade mal vier Kilometer. Zwischendurch laufen wir zwischen den riesigen Betonpfeilern der *Seto-Ohashi* hindurch, der großen Brücke, die an dieser Stelle Japans Hauptinsel Honshu mit Shikoku verbindet. Jetzt verstehe ich auch, weshalb es gerade hier in Muromachi diesen Laden für Pilgerbedarf gab. Leute, die von drüben aus Okayama oder Hiroshima nach Shikoku kommen, um hier ihre Pilgertour zu starten, kommen zuerst durch diesen Ort.

Im Tempel Nummer 78, dem Gosho-ji, holen wir uns als Erstes unseren Stempel. Dann steigen wir, einem Tipp des Priesters folgend, in der Haupthalle noch eine Treppe hinunter und laufen einen im Rechteck angelegten unterirdischen Gang ab, in dem kleine Statuen, zwanzigtausend angeblich, in mehreren Etagen übereinander aufgereiht stehen. Sie stellen den Amida Buddha dar, den Buddha, in dessen ‚Reinem Land' der gläubige Anhänger des esoterischen Shingon-Buddhismus wiedergeboren zu werden hofft, erkläre ich Daniel auf seine Frage hin. Der Weg durch den schummrigen Tunnel steht wohl wieder symbolisch für den Prozess dieser Wiedergeburt. Wir dagegen müssen auf die Hauptstraße zurück.

*

Bis zu unserem nächsten Ziel geht es immer geradeaus die schmale, aber belebte Küstenstraße entlang. Auf halbem Weg kommen wir durch das Hafenstädtchen Marugame. Der Ort ist bekannt für seine schöne alte Burg, die wir schon von Weitem auf einem Hügel in der Sonne blendend weiß leuchten sehen. Da hinauf wollen wir jetzt aber nicht auch noch. Bis zum Tempel Nummer 77 werden wir noch eine weitere halbe Stunde brauchen.

Der *Doryu-ji* ist der erste Tempel, in dessen *Nokyojo* wir eine Dose Eiskaffee serviert bekommen. Den holt die auffallend attraktive Dame mittleren Alters, die hier über den Stempel herrscht, allerdings erst aus dem Kühlschrank in der Ecke ihres kleinen Büros, nachdem sie uns kurz und gezielt ausgefragt hat. Als sie unsere überraschten Gesichter sieht, klärt sie uns auf, dass sie diese Dosen exklusiv für Pilger reserviert hat, die den Weg tatsächlich noch vollständig zu Fuß machen. Das gebe es ja heutzutage kaum noch.

„Dass du auch einen Kaffee bekommen hast, hast du garantiert nur deinem schicken neuen Pilgeroutfit zu verdanken", sage ich, als wir zum Hondō hinüberlaufen. Daniel reagiert inzwischen wieder vollkommen entspannt. Dann könne er ja hoffen, sagt er mit einem Grinsen, dass sich seine heutige Anschaffung noch vor Tempel Nummer 38 voll amortisiert haben werde.

*

Weiter geht es auf einer schmalen Nebenstraße fort von der Küste ins Landesinnere, quer durch die Reisfelder. Hier und da einfache ein- oder zweistöckige Häuser, einzeln oder in kleinen Gruppen, auf erhöhten Betonsockeln, die wie rechteckige Inseln aus dem Meer der gefluteten und frisch bepflanzten Felder ragen.

Auf Tempel Nummer 76 stoßen wir gleich hinter einer Sake-Brauerei. Auf dem Gelände hat sich eine kleine Gruppe älterer japanischer Pilger um eine alte Kiefer versammelt. Ihr mit einem Fähnchen bewaffneter Führer beendet gerade seinen Vortrag. Alle nicken bedeutungsvoll. Mit dem Baum scheint eine besondere Bewandtnis zu haben.

Der alte Priester im *Nokyojo* versucht, uns aufzuklären, nachdem er seine Kalligrafie in mein Pilgerbuch gepinselt hat. Das, was ich von seiner wortreichen Erklärung verstehe, gebe ich gleich an Daniel weiter: Dieser Tempel hat offenbar eine Zeit lang als Residenz eines kaiserlichen Generals namens Nogi gedient. Den wollte in der Neujahrsnacht 1898 seine Frau besuchen, die extra aus Tokio angereist war. Der General aber weigerte sich, sie zu empfangen, weil er die ganze Zeit über irgendeine Schlacht nachgrübelte, die er anscheinend verloren hatte. Er erwog deshalb zum wiederholten Mal, Selbstmord zu begehen. Seine Frau wartete die ganze Nacht lang im Schnee unter dieser Kiefer. Dann verstand sie, dass sie ihrem Mann diese alte Schuld nicht abnehmen konnte. Am nächsten Tag kehrte sie nach Tokio zurück, ohne ihn gesehen zu haben.

„Und wenn sie nicht gestorben sind, leben sie heute noch", raunt Daniel mir zu. Der Priester sieht mich fragend an. Mein Sohn will wissen, wie die Geschichte ausgegangen ist, behaupte ich. Der Priester wirft Daniel einen anerkennenden Blick zu. Vierzehn Jahre später, als den General die Nachricht vom Tod des Meiji-Kaisers erreicht habe, habe er in Tokio zusammen mit seiner Frau Seppuku begangen, den traditionellen Selbstmord mit dem Kurzschwert.

„*Omoshiroi*" – interessant, sage ich, und auch Daniel nickt jetzt gebührend beeindruckt. Wir verabschieden uns mit einer tiefen Verbeugung. „Wartet!", sagt der alte Priester, und ich fürchte schon, er will uns noch eine Geschichte erzählen. Dann schiebt mir aber nur die dreihundert Yen über den Tresen zurück, die ich ihm für den Stempel bezahlt hatte.

„*O-settai*", sagt er.

Vor dem *Nokyojo* laufen wir einem großen, blonden Ausländer über den Weg. Wie sich herausstellt, ist der Niederländer – und Fahrradpilger! Von Tempel Nummer 1 bis hierher hat er gerade mal eine Woche gebraucht. Fünf weitere Tage rechnet er noch bis zum Tempel Nummer 88, und am gleichen Abend noch will er sein Rennrad bei dem Fahrradverleih am Tempel Nummer 1 wieder abgeben. Am darauffolgenden Tag muss er nämlich nach Osaka zurück, weil er noch eine Tempelübernachtung auf dem *Kōya-san* gebucht hat, bevor es am nächsten Vormittag mit KLM wieder zurück nach Amsterdam geht.

Für uns hat er auch noch einen Tipp: „Wenn ihr mal eine richtig gute Nudelsuppe essen wollt: Den kleinen Nudelshop gleich gegenüber vom Tempeltor kann ich nur wärmstens empfehlen." Wir kommen gerade noch dazu, uns für diesen guten Rat zu bedanken, da ist er schon im Nokyojo verschwunden. Während ich ihm folge, läuft Daniel schon mal zur Haupthalle hinüber.

Als ich – noch mit dem Pilgerbuch in der Hand – wieder zu ihm stoße, fragt Daniel, ob ich vor der Nudelsuppe nicht noch eine kleine Gebetszeremonie vor der berühmten Statue der *Kishimojin* hier im *Hondō* verrichten will.

„Wer ist das denn, um Himmels Willen", frage ich.

„Eine Schutzheilige für Mütter und ihre Kinder, die exklusiv in diesem Tempel verehrt wird – stand auf der Infotafel, sogar auch auf Englisch."

„Du weißt doch, dass ich von Schutzheiligen nicht so viel halte."

Daruma sei doch auch so eine Art Schutzheiliger, kontert er, und ich sei damals in Tokio sogar bei der Augenausmal-Zeremonie mit dabei gewesen." Mein Sohn will mich offensichtlich herausfordern.

Das sei ja was anderes, sage ich. *Daruma* sei Folklore und Folklore sei harmlos.

Daniel grinst. „Manchmal habe ich den Eindruck, du bist auch auf eine Jesuitenschule gegangen."

„Jedenfalls finde ich, wir haben diesem Tempel schon genügend Respekt erwiesen und uns eine kleine Mittagspause verdient", mache ich unserem kleinen Disput ein Ende.

Der Nudelshop ist nicht zu verfehlen. Es ist sogar noch ein Tisch am Fenster frei. Kaum haben wir uns dort niedergelassen, sehen wir unseren fliegenden Holländer mit wehenden Haaren und flatterndem Pilgerhemdchen draußen auf seinem Fahrrad vorbeiflitzen. Auch wenn man den als Pilger nicht so ganz ernst nehmen kann, von Nudelsuppen versteht er was. Unsere *kamo namban* – Soba-Nudeln mit Entenbrustscheiben und etwas Lauch – ist so gut, dass Daniel gleich noch eine zweite Portion bestellt.

*

Tempel Nummer 75 ist gerade mal vier Kilometer entfernt. Es ist die größte Tempelanlage, die wir auf unserer Tour bisher besucht haben. Der Infotafel vor dem Haupttor ist zu entnehmen, dass an diesem Ort einst das Elternhaus von Meister

Kobo gestanden hat. Gleich mehrere große Gruppen von Buspilgern – die Fahrzeuge haben wir schon auf dem riesigen Parkplatz vor dem Eingang gesehen – ziehen ihre vorgeschriebenen Bahnen über das weitläufige Gelände. Einer der Trupps verlässt gerade das Stempelbüro. Der nächste nähert sich schon aus der Richtung des *Hondō*. Wir nutzen die Lücke, um schnell unseren Stempel einzuholen.

Was uns bei unserer anschließenden Runde am meisten beeindruckt, sind mehrere massige, angeblich über tausendjährige Kampfer-Bäume. Auch die fünfstöckige Pagode ist höher und prächtiger als alle, die wir bisher gesehen haben. Es soll auch noch ein Gebäude mit einer heißen Quelle darin geben, in der Kobo Daishi als Neugeborener erst mals gebadet wurde, sowie einen Platz, wo er seinen Hund begraben hat.

Die Zeit, auch diese heiligen Orte aufzusuchen, gönnen wir uns aber nicht. Es ist uns hier einfach zu voll, was sicher auch an der Goldenen Woche liegt. Außerdem haben wir heute noch einiges vor. Die nächsten drei Tempel liegen quasi gleich um die Ecke.

Acht Tempel an einem Tag, vielleicht sogar neun – wenn das so weitergehe, seien wir ja in weniger als fünf Tagen durch, meint Daniel, als wir loslaufen.

„Freu' dich nicht zu früh", sage ich, „die eigentlichen Durststrecken kommen erst noch."

*

Dass wir heute noch im Paradies landen würden, hatten wir nicht erwartet. Daniel und ich liegen im heißen Wasser und rühren uns nicht. Ich halte schon deshalb die Füße still, damit keinem der Japaner um uns herum die weißen Pflaster ins Auge fallen, mit denen beide Ballen verklebt sind. Mit sowas ins große Gemeinschaftsbecken zu steigen kommt in Japan nicht so gut an.

Eigentlich hatten wir vorgehabt, heute mal in einem *Shukubo* zu übernachten, einem dieser simplen Tempelquartiere. Wir waren davon ausgegangen, dass die bei den Golden Week-Touristen nicht so beliebt sein würden. Dabei hatten wir nicht bedacht, dass wir uns hier im Herzen von Kobo Daishi-Country befinden. Hier hat der Meister seine Kindheit und

Jugend verbracht. Kein Ort oder Tempel in der Gegend, um den sich nicht irgendwelche Geschichten oder Legenden über ihn ranken. So viele Touristen, aber auch 'echte' Pilger, wie in unseren letzten vier Tempeln heute haben wir seit Nummer 1 nicht mehr erlebt. Selbst im *Mandara*-Tempel (Nummer 72) – an dem Daniel und ich, wie auch an den beiden davor, eigentlich nichts Besonderes fanden – hatte der Priester im *Nokyojo* bedauernd mit den Achseln gezuckt. Bei den Pilgern sei eine Übernachtung hier nun mal besonders beliebt. Es handle sich nämlich um den Familientempel des Saeki-Clans, des Clans, dem der Meister entstamme.

Dann versuchen wir es einfach bei Tempel 71 noch mal, hat Daniel gemeint. Der sei ja keine drei Kilometer entfernt, und vielleicht könnten wir sogar noch vor fünf Uhr dort sein.

Ich habe mich breitschlagen lassen, trotz meiner schmerzenden Füße, auch weil ich nicht genau hingeschaut hatte. Die drei Kilometer waren Luftlinie. Dazwischen aber lag ein Berg, den wir umrunden mussten. Nach anderthalb Stunden hartem Straßenpflaster endlich das Hinweisschild: Hyadani-ji 800 Meter.

Und dann der Schock: Der Pfeil auf dem Schild wies direkt auf den nächsten Berg, nicht mal zweihundert Meter entfernt, und gleich so steil, dass mir schwindelig wurde. Durch Geäst und Blattwerk der vordersten Bäume grinsten mir schon die ersten Treppenstufen entgegen wie das entblößte Gebiss einer lauernden Bestie.

Ich habe mich spontan unter einem Baum am Straßenrand niedergelassen, habe mir die Schuhe ausgezogen und die Strümpfe von den Füßen gerissen. Auch die Blase am linken Ballen war inzwischen aufgescheuert, trotz des vorsorglich darübergeklebten Blasenpflasters.

Warum ich nicht offen gesagt hätte, dass es zu viel für mich wird, hat sich Daniel beschwert. Dabei war es seine Idee gewesen, auch noch bis hierher weiterzulaufen. Wir hätten für diese Strecke doch auch einfach mal den Bus nehmen können, hat er gemeint.

„Wenn man sich einmal für etwas entschieden hat, muss man das auch konsequent durchziehen", habe ich mit Entschiedenheit festgestellt.

Daniel fand das einfach nur stur. Gerade als ich antworten wollte, dass er das eines Tages schon noch verstehen werde, ist mir das Hinweisschild auf der gegenüberliegenden Straßenseite ins Auge gefallen: *Fureai-Paaku*.

Das könnte sowas wie ‚Begegnungspark' heißen, habe ich vermutet, vielleicht bekommt man da ja auch was zu essen.

Etwas zu trinken wäre auch schon mal nicht schlecht, hat Daniel ergänzt.

Nie wären wir darauf gekommen, was sich tatsächlich hinter der nächsten Biegung verbarg: ein riesiges Thermalbadeparadies inklusive Hotel mit gleich mehreren Restaurants. Die nächste Überraschung war, dass die sogar noch ein Zimmer für uns hatten – wenn auch nur ein ‚Superior'. Beim Übernachtungspreis bin ich etwas zusammengezuckt, aber wahrscheinlich hätte ich sogar das Doppelte gezahlt, um nicht wieder auf die Straße zu müssen.

Kaum im Zimmer hat Daniel nur schnell meine Blasen versorgt – er hat sogar wasserdichtes Pflaster dabei – wir haben uns beide die braun gemusterten *Yukata* übergeworfen, die alle männlichen Gäste hier tragen (die weiblichen, wie könnte es anders sein, sind in rosa Kirschblütenmuster gehüllt), sind den langen Gang in die Badeabteilung hinüber und haben uns spontan für das große Außenbecken entschieden.

Da liegen wir also nun im heißen Thermalwasser und genießen den Blick auf den in der Abendsonne daliegenden Berg, der mir vorhin noch so abschreckend erschienen ist. Die steile Treppe zum Tempel hinauf hält er jetzt gnädig unter seinem dichten Laubmantel verborgen.

Die einzige Frage von Bedeutung, die wir heute noch zu entscheiden haben, ist die, ob wir gleich in die *Sushi*-Bar oder ins *Teppanyaki*-Restaurant gehen sollen. Und anschließend könnten wir eigentlich auch noch die Sauna, die Salzgrotte oder das Orangenblütenbad ausprobieren …

„Weißt du, woran ich denken musste, als dieser Priester das von der Frau des Generals erzählt hat?" Daniels Frage reißt mich aus meinen trägen Gedanken.

„Woran denn?", frage ich, obwohl ich die Antwort schon ahne.

„An Mom. Wie sie uns damals beide nach Kathmandu hat gehen lassen, nur ein halbes Jahr nach Sarahs Unfall, obwohl sie wusste, dass sie uns dann monatelang nicht wiedersehen würde."

„Was hat das denn mit dieser sentimentalen Generalsgeschichte zu tun?"

„Na, dessen Frau hat doch sicher auch monatelang auf ein Wiedersehen warten müssen, nachdem der General sie alleine nach Tokio hat zurückreisen lassen.

„Das ist mit unserer Situation seinerzeit überhaupt nicht vergleichbar", sage ich. Er sei damals gerade erst fünfeinhalb Jahre alt gewesen – viel zu jung, um die ganzen Umstände überhaupt zu verstehen.

„Dann kannst du die mir ja vielleicht jetzt mal erklären", beharrt er. „Ich weiß jedenfalls noch, dass Mom zu der Zeit ständig geweint hat." Ich stemme mich auf den Beckenrand hoch und schlage Daniel vor, unser Gespräch im Teppanyaki-Restaurant fortzusetzen – damit ich in diesem heißen Wasser nicht noch einen Schlaganfall kriege.

*

„Also?", sagt Daniel, kaum dass wir auf den Barhockern Platz genommen und beim Koch hinter der Theke unsere Bestellung abgegeben haben. Mit so viel Hartnäckigkeit habe ich nicht gerechnet.

„Also, dass unsere Mom nach Sarahs Tod in eine tiefe Depression geraten ist, weißt du. Aber daran, dass ich ausgerechnet in der Situation dienstlich dermaßen eingespannt war, dass ich kaum Zeit für sie hatte, kannst du dich wahrscheinlich nicht mehr erinnern. Das ging ja so weit, dass ich kurz nach unserer Rückkehr nach Bonn sogar Mom's Geburtstagsparty mit unseren Freunden verpasst habe! Der Staatsminister für Europafragen, dessen persönlicher Referent ich damals gerade geworden war, war ja ständig in

Brüssel, und ich musste da immer mit. Endlose Nachtsitzungen, anschließend Protokolle schreiben, und kaum waren wir zurück, musste ich schon die Mappen für die nächste Verhandlungsrunde vorbereiten. Ich bin damals also kaum je vor 22:00 Uhr zu Hause gewesen. Da warst du natürlich immer schon im Bett. Vielleicht verstehst du jetzt, warum ich mich damals auf die Abordnung nach Kathmandu beworben habe, und dass deine Mom zugestimmt hast, dass du mich dorthin begleitest."

„Aber dir war diese Gelegenheit, aus Bonn wieder wegzukommen, ja bestimmt auch ganz recht", insistiert er, „weg von deinem stressigen Job – und weg von Mom mit ihren Depressionen."

„Du, das ist jetzt nicht fair. Immerhin hat mich meine Bewerbung auf diese Abordnung nach Kathmandu letztlich meine Karriere gekostet. Einen Job beim Staatsminister nach nur einem halben Jahr hinzuschmeißen, das bleibt für immer ein schwarzer Fleck in der Personalakte. Nein, entscheidend war, dass Mom damals professionelle Hilfe brauchte. Und dich hätte sie in diese Spezialklinik in Bad Meinberg ja wohl kaum mitnehmen können. Deiner Mutter und mir war damals vor allem wichtig, dass ich in Kathmandu sehr viel mehr Zeit für dich haben würde – und dass wir uns dort sogar ein Kindermädchen würden leisten können.

„Kindermädchen? Du meinst diese Michiko?"

„Hast recht, die Bezeichnung Kindermädchen ist in dem Fall vielleicht nicht so ganz passend. Immerhin ist sie die Ehefrau unseres Botschafters gewesen. Nach dem Unfalltod ihres Mannes, dessen Posten ich vorübergehend ausfüllen sollte, hätte sie eigentlich aus der amtlichen Residenz ausziehen müssen. Sie wusste aber nicht so schnell, wohin. Unter anderem hat es ewig gedauert, bis das mit ihrer Witwenpension geklärt war. Ist doch selbstverständlich, dass ich sie erst mal weiter in der Residenz habe wohnen lassen. Das Haus war ja groß genug. So hat es sich einfach ergeben, dass sie sich ein wenig um dich gekümmert hat, wenn ich im Dienst war. Natürlich hat sie in der Situation auch das Geld gut gebrauchen können, dass ich ihr für diese Hilfe bezahlt habe."

„Das war alles, Dad?"

„Was willst du denn damit andeuten?"

„Ich meine ja bloß. Ich habe diese Michiko auch wirklich gemocht."

„Jedenfalls musst du wissen, dass es letztlich Mom selber gewesen ist, die mich damals überredet hat, mich für diese Abordnung nach Kathmandu zu bewerben. Und ich habe auch nur zugestimmt, weil ihre Reha-Klinik in Bad-Meinberg lag, also ganz in der Nähe von Warendorf, wo ihr alter Freund Bernhard damals seine erste Pfarrstelle hatte. So hatte sie wenigstens ihre beste Freundin Marie ganz in der Nähe."

Daniel nickt. Ich nehme das als Bestätigung, dass ihn meine Erklärung zufriedengestellt hat.

So kann ich mir mit meinen Stäbchen endlich eine Scheibe *Daikon* aus dem Schälchen mit eingelegtem Gemüse herauspicken, das der Koch schon gleich am Anfang als Appetizer vor uns hingestellt hat. Inzwischen hat der vor uns auf der anderen Seite des Tresens auch schon das Steak vom Kobe Beef in stäbchengerechte Würfel gehackt, auf der großen blankgescheuerten Heizplatte frische Sojasprossen in ein klein wenig Sesamöl angebraten, zuletzt die Fleischwürfel zugegeben und alles mit zwei breiten Spateln mehrfach auseinandergeteilt, artistisch elegant im Bogen hin und her und schließlich durcheinandergeschoben. Endlich bekommen wir das Produkt seiner Kunst auf feinem Porzellan über den Tresen gereicht, gefolgt von Schalen mit Reis und der *Miso*-Suppe.

„Irre", sagt Daniel. „Dieses Fleisch zergeht auf der Zunge wie Butter."

„Wenn wir schon mal dabei sind", sage ich, und spendiere uns nun auch noch je ein Porzellanfläschchen Sake, um unsere kulinarische Extravaganza zu krönen.

Tag Acht

Irgendwo am Ende dieses Pfads durch den Wald muss es einen Wasserfall geben. Sein unablässiges Rauschen höre ich nun schon die ganze Zeit. Jetzt tropft auch noch irgendwo monoton Wasser auf Blech. Wenigstens hier ist es angenehm trocken und warm ...

„Oh Gott!" Daniels Stimme! Ich setzte mich mit einem Ruck auf. Trübes Morgenlicht sickert durchs Fenster. Der böige Wind wirft von außen mit vollen Händen Wasser gegen die Scheibe. „Hast du nicht erst gestern gesagt, dass es hier im Norden von Shikoku so gut wie nie regnet?" Jetzt macht der Junge sich auch noch über mich lustig.

„Das kann ja heiter werden", sage ich.

„Na, hoffentlich bald", kontert er trocken.

Gestern Abend, nach unserem Festmahl, einem Saunagang, kurzem Untertauchen im Kaltwasserbecken und einem noch maligen wohligen Einweichen im heißen Thermalwasser draußen unter dem klaren Sternenhimmel hatte ich mich so fit und erholt gefühlt, wie schon lange nicht mehr. Jetzt frage ich mich, ob wir heute nicht mal einen Tag aussetzen sollten. Morgen kämen wir dann ja vielleicht auch doppelt so schnell voran.

Daniel hält dagegen, dass wir dann auch doppelt so schnell würden laufen müssen, um unserem angestrebten Tagesdurchschnitt von rund dreißig Kilometern näherzukommen. Im Übrigen hätten wir durch unsere gestrige, wahrer Pilger vollkommen unwürdige Schlemmerei wahrscheinlich irgendwelche buddhistischen Schutz- oder Hilfsgötter erzürnt. Wenn nicht sogar Meister Kobo persönlich. Allein die zwei weiteren Bier, auf die ich am Ende auch noch bestanden hätte ...

„Wenn, dann haben wir dieses Sauwetter eher der Horde von Firmenangestellten zu verdanken, die den ganzen Abend in dem großen Karaoke-Raum so laut gegrölt hat, dass man es bis in den Spa-Bereich hören konnte. Und jedes Mal, wenn wir vorbeikamen, wurde da gerade eine weitere Lieferung Bier und Sake reingekarrt."

„Die haben aber erst gar nicht so getan, als wären sie Pilger."

Okay, ich muss mich geschlagen geben.

*

Eine Stunde später sind wir schon unterwegs. Es gießt immer noch. In dem kleinen Shop in der Lobby konnte man dünne, durchsichtige Plastikregenmäntel kaufen. Wir tragen die über unseren Rucksäcken, damit wenigstens nicht auch noch unsere ganzen Sachen nass werden. Dafür sind sie unten entsprechend kürzer und unsere Hosen schon nach wenigen Minuten klitschnass bis über die Knie.

Ich bin nur froh, dass ich meinen breiten Pilgerhut habe. Mit seinem Plastiküberzug ist der wasserdicht. Solange ich den Kopf gesenkt halte, wird meine Brille nicht nass, so dass ich wenigstens sehe, wo ich hintrete. Das ist auch dringend erforderlich. Es geht, wie befürchtet, endlos viele Steinstufen bergauf. Die sind vor Nässe so glitschig, dass man immer wieder schnell irgendwo Halt suchen muss. Wenigstens gibt es dafür streckenweise sogar ein Geländer.

Nach kurzer Zeit bin ich trotz der eiskalten Morgenluft vollkommen durchgeschwitzt. Nach einer Weile fängt sogar Daniel hinter mir an zu keuchen. Auch er ist sichtlich froh, als wir endlich oben sind.

Erst einmal suchen wir in der Meister Kobo-Halle Schutz vor dem strömenden Regen. Der in den Felsen hineingehauene Raum wird nur durch ein paar Kerzen erleuchtet. Auch die Buddha-Statuen vor der Rückwand scheinen direkt aus dem Felsen herausgehauen zu sein.

Verschwitzt und gleichzeitig frierend verschnaufen wir ein Weilchen und sehen in den Nebel hinaus. Daniel hat gestern Abend noch auf irgendeiner Webseite über diesen Tempel gelesen, dass sich hier nachts die Geister der Toten versammeln sollen. Heute scheinen sie sogar am helllichten Tag noch in den düsteren Kronen der alten Bäume auf dem Tempelgelände zu hängen.

Hinter der Haupthalle soll es auch noch eine Höhle geben, in der Meister Kobo als Junge angeblich seine Meditationsübungen abgehalten hat. Uns aber ist es hier oben für weitere Besichtigungen schlicht zu kalt und zu nass.

Gerade wollen wir uns auf die Suche nach dem Tempelbüro machen, da kommt ein alter Mann im Regenmantel mit einem Reisigbesen die Stufen der Meisterhalle herauf, verneigt sich kurz in unsere Richtung und beginnt, den Boden zu fegen. Es ist erst kurz vor sieben, aber ich frage ihn, ob er uns vielleicht helfen könnte, bereits jetzt unseren Stempel zu bekommen. Sofort stellt er seinen Besen in die Ecke und bittet uns ihm zu folgen.

Wahre Pilger wie uns könne man nicht warten lassen, höre ich ihn brummeln, während er in einem Winkel abseits des Tempeltors eine Art Schuppen aufschließt. Auch das Innere des Holzhäuschens erinnert eher an einen Geräteschuppen oder eine Werkstatt als an ein Tempelbüro. Der Alte im Regenmantel aber kramt aus irgendeiner Ecke einen Stempel und Schreibutensilien hervor, legt mein Pilgerbuch auf einem niedrigen Metallschränkchen ab und macht sich stehend ans Werk.

Bevor wir gehen, gibt er uns noch den guten Rat, uns unten im *Fureai-Paaku* etwas aufzuwärmen, bevor wir unseren Weg fortsetzten. In dem heißen Quellwasser dort könne man auch für wenig Geld ein, zwei Stunden baden, ohne gleich übernachten zu müssen.

Dass uns dieses Bad bereits bestens bekannt ist, erwähnen wir lieber nicht.

Während wir uns im immer noch strömenden Regen vorsichtig über die gefährlich glitschigen Stufen wieder hinunterhangeln, sind wir allerdings mehrmals nahe daran, der Versuchung nachzugeben und uns tatsächlich eine weitere Runde Badeluxus zu genehmigen.

Etwa auf halbem Weg kommen wir an einem kleinen pavillonartigen Gebäude vorbei, dem wir bei unserem Aufstieg gar keine Beachtung geschenkt haben. Die Tür steht einen Spaltbreit offen und ein Steifen Licht fällt auf die regennassen Steinstufen vor dem Eingang. Jetzt fallen mir auch die

Schriftzeichen auf dem Schild neben der Tür ins Auge: *Iyadani-ji – Nokyojo*. Dies ist also das offizielle Stempelbüro des Tempels oben auf dem Berg ...

„Heute ist offenbar nicht unser Tag", kommentiert Daniel nur gelassen, als ich ihm eröffne, dass wir uns den mühsamen Weg bis ganz nach oben eigentlich hätten sparen können. Nun ja, ihm ist der Aufstieg wohl auch nicht ganz so schwergefallen wie mir ...

Als wir endlich unten angelangt sind, werfen wir im Schutz eines mächtigen Ginkgobaums einen Blick auf meine Shikoku-Karte. Die nächste Gruppe von Tempeln ist etwa vierzehn Kilometer entfernt. Das heißt, wenn wir hier jetzt noch mal zwei oder drei Stunden vertrödeln, rückt unser dreißig Kilometer-Durchschnitt endgültig in unerreichbare Ferne. Der Gedanke, dass wir nach dem Bad gleich wieder in unsere klitschnassen Kleider steigen müssten, gibt schließlich den Ausschlag. Je schneller wir jetzt laufen, desto eher werden wir auch so wieder warm.

*

Die in ungewöhnlichem Himmelblau verputzten Außenmauern um das Gelände des Motoyama-Tempels herum leuchten uns an diesem grauen Tag schon von Weitem entgegen. Die Tempelwächter zu beiden Seiten des Tores aber scheinen uns noch misstrauischer zu mustern als üblich. Kein Wunder bei dem Anblick, den wir bieten müssen, nach rund zehn Kilometern durch den strömenden Regen auf der verhassten Route 11, der man hier die Küste entlang einfach nicht ausweichen kann.

Wir sind total durchnässt und dreckbespritzt, unsere dünnen Regencapes vom Wind zerfetzt. Sogar meinen Pilgerhut hat es erwischt. Der Luftwirbel eines vorbeirasenden Lasters hat ihn erfasst und in einen stinkenden Abflussgraben geschleudert. Ich habe ihn nur wieder rausgefischt, weil er wenigstens nach oben einen gewissen Regenschutz bietet. Dafür stinkt er jetzt aber, obwohl ich ihn in einer tiefen Pfütze gründlich abgespült habe.

Wir scheinen so ziemlich die Einzigen zu sein, die hier ohne Schirm herumlaufen. Unter dem schützenden Dach des Tempeltores drängt sich sogar eine ganze Gruppe von Pilgern, die alle auch noch den gleichen Schirm mit dem Logo eines bekannten Reiseunternehmens über sich halten. Die haben sich offenbar in einem Reisebus herkarren lassen und warten nun darauf, dass der wieder vorfährt, damit sie keinen Schritt zu viel durch den Regen laufen müssen.

Als sich eine Lücke zwischen diesen doppelt Beschirmten auftut, schlüpfen wir hindurch – wie Geister, die ungesehen auf das heilige Gelände vordringen wollen. Vergeblich, wie die *erai-* und *Gaijin Henro*-Rufe zeigen, die hinter uns herschallen.

„Mann, komme ich mir blöd vor", meint Daniel, während wir den kürzesten Weg Richtung *Nokyojo* einschlagen.

„Wenn, dann müssten sich diese dekadenten Scheinpilger blöd vorkommen", kontere ich. „Ich fürchte, Emon Saburo, der zweiundzwanzig Mal die ganze Runde zu Fuß gelaufen ist, und dabei mit Sicherheit immer wieder im Regen gestanden hat, würde sich im Grabe umdrehen, wenn er die hier sehen würde."

„Der ist danach ja wiedergeboren. Du kennst dich doch aus mit Buddhismus: Müsste dann nicht auch die ganze Reihe seiner Reinkarnationen mit ihm in ihren Gräbern rotieren?"

„Stimmt eigentlich. Aber vielleicht ist seine jüngste Reinkarnation auch einer von diesen All Inclusive-Pauschalpilgern und heilfroh, dass er das diesmal nicht mehr zu Fuß ablatschen muss."

„Ich glaube nicht, dass solche Scherze gut für dein Karma sind, Dad." Daniel grinst. „Du solltest nachher besser eine Extrarunde beten, um das wieder auszubügeln."

„Ich fürchte, für dieses Leben habe ich mein Karma-Konto ohnehin schon überzogen", sage ich, und versuche, mein Gesicht ebenfalls in so ein Grinsen zu zwingen.

„Also, ich verstehe immer weniger, warum du dieses Pilgerbusiness hier so ernst nimmst und wir tatsächlich das Ganze voll zu Fuß machen müssen. Wie du siehst, geht es auch anders, und seine Stempel bekommt man auch so."

„Das wirst du schon noch verstehen", sage ich und laufe schon mal voraus.

Als ich die Tür zum *Nokyojo* aufstoße, schallt uns ein munteres „*Hai, irasshai*" – Bitte treten Sie näher! entgegen.
„Eine Begrüßung wie im Supermarkt", raunt mir Daniel zu und schaut mich herausfordernd an.
Ich hole ungerührt mein Pilgerbuch aus der schützenden Plastiktüte und lege es, aufgeschlagen auf der richtigen Seite, dem Priester vor. Der sieht tatsächlich wie ein Supermarktverkäufer aus und leckt sich die ganze Zeit die Lippen, während er ungewöhnlich langsam seine Kalligrafie über den Stempel malt. Lange ist er offenbar noch nicht in diesem Geschäft. Immerhin schenkt er uns zum Abschied noch einen mitleidigen Blick und wünscht uns für unseren weiteren Weg Meister Kobos Segen.
Wir allerdings sehen keinen Anlass, dem Meister heute in seiner Halle unsere Reverenz zu erweisen und verzichten auch auf eine Verbeugung vor dem Hondō, der Haupthalle.

Auf dem Weg zurück zum Tempeltor kommt uns ein alter Japaner in vollem Pilgeroutfit entgegen. Er ist im gleichen erbärmlichen Zustand wie wir, heute also ebenfalls schon länger zu Fuß unterwegs. „*Ganbatte!*" – Haltet durch!, ruft er uns zu, als er auf unserer Höhe angelangt ist.
„Dogyo ninin!", rufe ich zurück. Der Alte bleibt kurz stehen, verbeugt sich mit einem Lächeln, und setzt dann würdevoll seinen Weg fort.
„Was heißt das noch mal, was du da gerade gesagt hast?", fragt Daniel, als wir durch das Tempeltor auf die Straße zurücklaufen.
„Habe ich dir doch schon ein paar Mal gesagt: Auf diesem Weg ist man immer zu zweit."
„Ehrlich gesagt habe ich den Eindruck, dass du bei diesem ‚zu zweit' eher an Mom als an Meister Kobo denkst."
„Wie kommst du denn darauf?"
„Weil du immer, wenn du das sagst, so einen seltsamen Blick draufhast."

„Und?"
„Nichts ‚und' – ich meine ja nur."
„Es ist übrigens schon halb elf und wir haben heute noch drei Tempel vor uns."
„Du willst das also tatsächlich weiter voll durchziehen?"
„Was denkst du denn!"

*

Am Ende unseres vierzigminütigen Marschs Richtung Meer auf schmalen Nebenstraßen und teilweise sogar auf verschlammten, unbefestigten Pfaden durch die Reisfelder ein erster kleiner Lichtblick heute: Die Tempel Nummer 69 und 68 liegen unmittelbar nebeneinander! Zwei Stempel in zehn Minuten!

Unsere kindliche Freude über diesen Coup währt aber nicht lange. Auf dem Rückweg durch die Felder landeinwärts lichten sich die dichten Wolkenschleier für einen Moment und geben den Blick frei auf das, was uns morgen bevorsteht: Eine düstere Kette hoher Berge, deren Gipfel gleich wieder in rasch dahinziehenden Regenwolken verschwinden. Irgendwo da oben liegt der Umpen-ji, der höchstgelegene Tempel des gesamten Pilgerwegs, auf fast neunhundert Metern Höhe. Unser erstes Ziel morgen früh. Prompt setzt der Regen wieder ein. Mich schaudert.

*

Als wir die Schiebetür des Nudelshops direkt an der Route 11 öffnen, starren uns der Wirt und sein drei im Raum verteilten Gäste entgegen, als wären wir Gespenster. Erst unser betont freundliches *„Konnichi wa"*, verbunden mit einer extra tiefen Verbeugung, überzeugt die Runde von unserer Harmlosigkeit.

Der Wirt stürzt auf uns zu, nimmt uns die Pilgerstäbe ab, stellt sie in den Schirmständer neben der Tür und führt uns rasch an den freien Tisch hinter dem Kassentresen, wo man uns vom Eingang her nicht gleich sieht. Er fürchtet wohl, dass der Anblick von zwei völlig durchnässten, zerzausten und verdreckten *Gaijin* weitere Gäste abschrecken könnte. Keine zwei Minuten später stehen die randvoll gefüllten Schalen mit der einfachen Nudelsuppe vor uns.

In der Brühe schwimmen über den glitschigen dicken *Udon*-Nudeln nur ebenso glitschige dunkelgrüne *Wakame*-Algen. Dennoch sind Daniel und ich uns schnell einig, dass diese Brühe fast so köstlich schmeckt, wie unser luxuriöses Mahl gestern Abend. Vor allem verbreitet sie, angereichert mit dem Chili-Pulver, das zur Selbstbedienung auf dem Tisch steht, innerhalb kürzester Zeit wohlige Wärme im ganzen Körper.

So gestärkt machen wir uns umgehend auf den Weg Richtung Berge zu unserem letzten Pilgerziel für heute. Tempel Nummer 67, der Daiko-ji, liegt am Rande der Ebene auf einem kleinen Hügel. Dahinter steigen die Berge auf, die mir schon aus der Ferne so abschreckend erschienen sind. Jetzt, aus der Nähe, scheint es die von dichtem Wald bedeckten, nebelverhangenen Hänge sogar noch steiler hochzugehen. Wir wussten, warum wir schon auf der Route 11 beschlossen haben, heute bei Nummer 67 Schluss zu machen, auch wenn wir damit für diesen Tag nur rund zwanzig Kilometer zurückgelegt haben.

*

Es ist erst kurz nach drei und regnet noch immer in Strömen, als wir das Tempelgelände betreten. Den riesigen Kampfer-Baum vor der Haupthalle soll Kobo-Daishi vor eintausendzweihundert Jahren mal wieder persönlich gepflanzt haben. Da uns die Prüfungen, die uns der Meister heute den Tag über auferlegt hat, nach wie vor übertrieben erscheinen, verzichten wir auch hier auf jegliche rituelle Verbeugung und gehen nach kurzer Besichtigungsrunde unseren Stempel holen.

Der Priester im *Nokyojo* sieht aus wie ein Preisringer, sitzt auf einem alten Ledersofa in einer Ecke des großen Büroraums und schaut sich im Fernsehen ein Baseball-Match an. In voller Lautstärke. Wir müssen noch ein zweites Mal „*konnichi wa*" rufen, bevor er uns überhaupt wahrnimmt.

Hanshin Tigers gegen Yomiuri Giants, sagt er, während er sich zögernd von seinem Sofa erhebt. Aus seinem Mund klingt diese Erklärung wie eine Gebetsformel.

Hoffentlich gewinnen die Tigers, vervollständige ich das Gebet und strecke ihm mein Pilgerbuch entgegen.

„*Soo des' nee*", entfährt es ihm, ein *Gaijin*, der etwas von japanischem Baseball verstehe! Plötzlich entwickelt er eine erstaunliche Behändigkeit. So blitzschnell hat mir bisher noch niemand seinen Stempel gesetzt und die Kalligrafie darübergeworfen. Als ich bezahlen will, winkt er ab.

O-settai für euch. Ob wir nicht bleiben wollten und das Spiel mit ihm ansehen.

Einen Moment zögere ich. Es ist warm und trocken hier drin. Aber er würde wohl sofort merken, dass ich nicht die geringste Ahnung von Baseball habe – außer, dass die Fans hier in Westjapan sicher eher für die Tigers aus Osaka die Daumen drücken als für die Giants aus dem hochnäsigen Tokio. Wir müssten leider noch nach einem Quartier für die Nacht suchen, erkläre ich.

Die Enttäuschung ist ihm anzusehen, aber immerhin empfiehlt er uns noch, es in Yamamotonishi zu versuchen, dem nächsten größeren Ort, etwa fünf Kilometer entfernt. Da gebe es wohl selbst jetzt in der Golden Week nicht allzu viele Touristen.

Wir sind noch nicht aus der Tür, da sitzt er schon wieder auf seinem Sofa vor dem großen Flachbildschirm.

*

Ich traue meinen Augen nicht. Auf einem Hinweisschild am Straßenrand leuchtet mir schon von weitem das Wort *Taishikan* – Botschaft entgegen. Darunter, in ebenso grellroten Schriftzeichen, die Worte *Shokuji* und *Koohi*, Speisen und Kaffee. Der Pfeil weist in die Abzweigung nach Yamamotonishi hinein. Das scheint ein originelles Restaurant und Café zu sein. Der Gedanke, sich dort bei Kaffee und Kuchen erst mal wieder aufwärmen zu können, bevor wir uns im Ort auf die Suche nach einer Unterkunft machen, ist verlockend.

Wenige Minuten später stehen wir schon vor dem zweistöckigen, hellblau gestrichenen Holzhaus. Über der Tür hängt tatsächlich ein amtlich aussehendes ovales Emailschild mit der Aufschrift ‚Embassy' oben und ‚Taishikan' unten. Das Wappen dazwischen zeigt eine Tasse dampfenden Kaffees, unter der sich Messer und Gabel kreuzen wie die Knochen unter dem Totenkopf einer Seeräuberflagge. Vor dem Eingang steht eine mannshohe Holzfigur in aufgemalter Fantasieuniform, eine Hand zum zackigen Salut an die Schirmmütze gelegt. Vom angewinkelten Arm des Wachmanns baumelt ein Schild: We are open. „Na denn", sage ich.

Der Raum sieht aus wie die Kulisse einer amerikanischen Familienserie aus den fünfziger oder sechziger Jahren des vorigen Jahrhunderts. Die Fenster nach draußen mit Rüschengardinen verhängt, geblümte Tapeten, Plüschsofas mit niedrigen Tischchen davor, Lampenschirme mit rosa Stoffüberzug und ebenfalls Rüschen daran, oben auf einem Bücherregal sitzen Puppen und Plüschteddys einträchtig nebeneinander. Das einzig Japanische sind die Mangas in dem Regal. Umso rätselhafter, warum sich der Laden hier Botschaft nennt. Immerhin riecht es nach Kaffee und die altertümliche Ladenglocke tut auch ihre Wirkung.

Durch eine Seitentür betritt eine junge Japanerin im Blümchenkleid die Szene, stutzt kurz, als sie uns sieht, strahlt dann über das ganze hübsche Gesicht und sagt „welcome!"

Als ich ihr sage, dass uns der originelle Name ihres Coffeeshops hier hereingelockt hat, strahlt sie noch mehr. Sie heiße Ruriko, sagt sie.

Nachdem sie uns heißen Kakao und süße amerikanische Cupcakes serviert hat, erzählt sie uns, das mit dem Namen sei eine Idee ihrer älteren Schwester gewesen. Die betreibe zusammen mit ihrem Mann einen Coffee-shop in Tokio, im Botschaftsviertel Hiroo.

Ich erwähne, dass ich dieses Viertel gut kenne. Dass ich dort auch in einer Botschaft gearbeitet habe, sage ich nicht, damit sich Daniel nicht wieder beschwert, dass ich mich so in den Vordergrund spiele. Meine Bemerkung reicht aber auch so aus, die Fürsorge unserer Gastgeberin zu wecken.

Wir bräuchten heute doch sicher einen Platz zum Übernachten, sagt sie. Dieses Haus sei früher ein *Minshuku* gewesen. Erst nach dem Tod ihrer Eltern hätten sie und ihre jüngere Schwester Mitsuko daraus dieses Café gemacht. Eines der Zimmer oben sei immer noch für Gäste eingerichtet.

Ehe wir überhaupt etwas sagen können, hat sie schon ihr Handy in der Hand. Das am anderen Ende ist offenbar Mitsuko. Jedenfalls erzählt sie der irgendwas von interessanten Gästen, die bei ihr aufgetaucht seien. Es fällt sogar das Wort *kawaii* – süß. Das kann eigentlich nur auf Daniel gemünzt sein.

Zu uns gewandt fragt sie, ob wir auch Japanisch essen könnten. Als wir nicken, folgt eine lange Liste von Sachen, die ihre Schwester noch aus der Stadt mitbringen soll.

Die sei fürs Einkaufen und Kochen zuständig, erklärt sie uns anschließend. Sie selber bediene die Gäste und kümmere sich ums Management – jedenfalls so lange noch, bis sie zu ihrem Verlobten nach Matsuyama ziehen werde. Und dann entschuldigt sie sich für ihre eigene unverzeihliche Nachlässigkeit. Dass wir erst einmal dringend ein Bad bräuchten, hätte ihr doch sofort auffallen müssen.

*

„Da hat sich Meister Kobo am Ende ja doch noch ganz schön für uns ins Zeug gelegt", sagt Daniel, als wir am Abend sauber, satt und erschöpft auf unseren Futons liegen. Genau das habe ich auch gerade gedacht. Mein Sohn und ich scheinen, wie mir jetzt auffällt, überhaupt öfter gleichzeitig dasselbe zu denken. So wie Angelika und ich früher. Bei diesem Gedanken wird mir ganz warm.

„Dem großen Meister ist wohl erst jetzt klargeworden, dass er es übertrieben hat, als er uns heute Morgen vor dem Tempeltor von Nummer 70 so lange im Regen hat stehenlassen", sage ich.

Tag Neun

Eigentlich hatten wir heute besonders früh aufbrechen wollen. Wir haben eine harte Strecke vor uns, für die wir viel Zeit brauchen werden, wenn wir zwischendurch ausreichend lange Pausen einlegen wollen. Aber die zwei Schwestern haben uns gar nicht wieder aus ihren Klauen gelassen. Mitsuko hat zum Schluss sogar noch darauf bestanden, unsere nach dem Waschen gestern Abend immer noch feuchten Sachen trockenzubügeln.

Kurz nach zehn stehen wir endlich wieder auf der Straße, ausgerüstet mit reichlich Proviant und so vielen guten Wünschen, dass es für den Rest unseres Pilgerweges ausreichen sollte. Natürlich hat Ruriko am Ende auch noch betont, dass wir jederzeit wieder herzlich willkommen seien – wobei ihr Blick auffällig von Daniel zu ihrer Schwester und wieder zurück gewandert war ...

Die Welt sieht heute vollkommen anders aus als gestern. Der Himmel ist blau und die im Sonnenlicht daliegenden sattgrünen Berge haben sogar etwas Verlockendes. Wir laufen jetzt direkt darauf zu. Nach etwa zwei Kilometern durch die Ebene beginnt die schmale geteerte Straße anzusteigen, ein enges Tal hinauf. So furchtbar steil scheint das aber gar nicht zu sein. Ich laufe wie beflügelt.

Bald darauf ist Schluss mit Leichtigkeit. Sogar Daniel beginnt schwer zu atmen. Beim Blick zurück stellen wir fest, dass die Ebene schon weit unter uns liegt. Hinter der nächsten Kehre machen wir Pause und leeren jeder eine von den insgesamt sechs großen Flaschen Wasser, die uns die Schwestern mit auf den Weg gegeben haben.

Zwischen zwei Schlucken frage ich Daniel, warum er nicht angebissen hätte. „Die kleine Schwester hat doch gar nicht schlecht ausgesehen – und so wie die kocht und bügelt ..."

Ich habe nicht damit gerechnet, dass der Junge diesen kleinen Scherz so ernst nehmen würde. Er kontert gleich mit der Gegenfrage, warum ich denn nicht wieder geheiratet hätte ...

Die Frage ist natürlich berechtigt. Es hat ja durchaus 'Chancen' gegeben in den zehn Jahren nach Angelikas Tod. Aber jedes Mal ist mir schnell wieder bewusst geworden, dass die Wunde noch unversorgt ist. Das ist ja auch letztlich der Grund, weshalb wir hier unterwegs sind ...

„Weil es eine Frau wie deine Mom nur einmal gibt", mache ich es kurz.

Die Serpentinen, die laut Karte jetzt vor uns liegen, bis es schließlich auf dem Gebirgskamm weitergeht, wirken auf mich zugegebenermaßen nun doch wieder ziemlich einschüchternd. Wir beschließen, ab hier regelmäßig Pausen einzulegen und dabei zumindest schon mal die Äpfel und die hartgekochten Eier aufzubrauchen, um nicht alle unsere Vorräte bis ganz nach oben mitschleppen zu müssen. Nur die leichteren Sachen wie die Sandwiches, das Baguette und die Waffeln, die Rurikos Schwester heute früh noch wer weiß wo besorgt hat, werden wir uns für später aufheben.

*

Anderthalb Stunden und vier Pausen später haben wir die Kammhöhe erreicht. Ich bin bereits ziemlich erschöpft. Gleichzeitig aber hat mich eine rational nicht erklärbare Zuversicht erfasst. Seit dem Beginn unseres Abenteuers habe ich mich jeden Abend gefragt, wie lange ich das überhaupt durchstehen würde. Jetzt bin ich auf einmal sicher, dass ich auch den Rest – immerhin noch zwei Drittel unserer Pilgerstrecke – bewältigen kann. Mehr noch: Ich bin sogar zuversichtlich, dass ich am Ende auch das eigentliche Ziel dieser Pilgerreise erreichen werde.

Wäre ich gläubig, würde ich diesen Wandel wohl der Läuterung durch das Pilgern zuschreiben. Oder glauben, dass Meister Kobo mir hier persönlich unter die Arme greift ...

Daniel sieht mir meinen Stimmungsumschwung offenbar an. Lapidar stellt er fest, unser tägliches Training würde anscheinend so langsam anschlagen.

Ja, das trifft's wohl eher. „Hoffen wir's", sage ich aber nur – ich will mein Glück nicht herausfordern.

*

Das letzte Stück bis zum *Umpen-ji*, dem ‚Tempel in den Wolken', legen wir auf einem der in unserem Pilger-Spezialplan eingezeichneten *Henro michi* zurück, unter hohen, harzduftenden Zedern.

Sobald wir das Tempeltor durchschritten haben, sehe ich mich nach dem Brunnen für das Reinigungsritual um. Ich fühle das Bedürfnis, die Erreichung dieses höchstgelegenen

Tempels der ganzen Pilgertour formvollendet zu begehen. Der Steintrog ist hier in einem kleinen Holzgebäude untergebracht. Gerade in dem Moment, als ich eintrete, ergießt sich ein frischer Wasserstrahl in das Becken. Mit einem der bereitliegenden Schöpflöffel lasse ich das kühle Wasser erst über meine linke und dann über die rechte Handfläche rinnen. Am liebsten hätte ich auch noch meine Arme bis oben hin übergossen und noch eine weitere Kelle über meinen verschwitzten Kopf. Aber ich spüle mir nur noch, wie es der Ritus vorschreibt, den Mund aus.

„Mal wieder voll professionell", meint Daniel, der das Ganze vom Eingang her beobachtet hat.

„Das hier ist eine Wunderquelle", sage ich, „sobald man hier reinkommt, fängt das Wasser an zu laufen."

Natürlich muss er das jetzt auch gleich probieren. Und das gleich dreimal hintereinander. Tatsächlich springt jedes Mal mit einem leisen Klicken der Wasserstrahl an, wenn er durch die Tür tritt. Offenbar eine High-Tech Wassersparvorrichtung mit Bewegungssensor.

„Echt fortschrittlich, diese Japaner", kommentiert Daniel. „Hier werden sogar die Wunder von Mechatronikern gewartet."

„Und diese barbarischen *Gaijin* machen mit ihren respektlosen Kommentaren die TÜV-geprüfte Weihe des Ortes im Nullkommanichts wieder zunichte", gebe ich zurück.

Ich aber lasse mir meine weihevolle Stimmung nicht verderben, mache vor der Halle von Meister Kobo meine Verbeugungen, zünde Räucherstäbchen und eine Kerze an und werfe ein paar Münzen in den Kasten. Danach fühle ich mich so erhoben, dass ich auch noch die paar hundert Meter auf den gleich hinter dem Tempel liegenden Gipfel des Umpenji-Berges hochsteige, wo wir – Daniel ist mir die ganze Zeit kopfschüttelnd gefolgt – mit einer fantastischen Sicht über die Sanuki-Ebene und das Meer in der Ferne dahinter belohnt werden. Dass die ganze Zeit Horden von Buspilgern, die zweifellos alle von der Vorderseite des Berges mit der Seilbahn hier

heraufgekommen sind, um uns herumwuseln, stört uns heute nicht im Geringsten.
*

„Du, ich habe ein nettes Picknickplätzchen für uns entdeckt", ruft mir Daniel zu. Dass er kurz verschwunden war, hatte ich gar nicht bemerkt. Ich folge ihm auf einen Pfad durch den Wald, der ein Stück um den Gipfel herumführt. Stolz wie ein Hotelier seine Präsidentensuite präsentiert er mir mit weithausholender Geste seine Entdeckung: Eine Lichtung, mittendrin ein kleiner Grillplatz, daneben ein Holztisch mit zwei Bänken.

„Hast recht, die Zeit muss sein", sage ich. Wir breiten den Rest unserer Vorräte auf dem Tisch aus, setzen uns einander gegenüber und führen uns erst mal die dicken Sandwiches mit Thunfisch und Ei zu Gemüte.

Plötzlich reißt Daniel die Augen auf und fängt an zu stottern, „da, da ..."

„Was ist los?", frage ich. „Ist dir etwa Meister Kobo persön..." – weiter komme ich nicht, denn im gleichen Moment plumpst etwas Schweres neben mich auf die Bank – ein riesiges, haariges, zähnefletschendes Tier.

Ich springe auf und finde mich gleich darauf zwischen den ersten Bäumen am Rande der Lichtung wieder. Daniel steht regungslos neben seiner Bank und starrt mit offenem Mund auf den ungewöhnlich großen Affen, der sich auf meinem Platz breitgemacht hat, einen dieser Makaken mit hellbraunem Fell und rotem Gesicht. Der betatscht und beschnüffelt in aller Ruhe die Bescherung vor ihm auf dem Tisch, um sich dann das Baguette unter den Arm zu klemmen, eine Packung Kekse und so viele Waffeln zusammenzuraffen, wie er nur tragen kann, und marschiert dann langsam und königlich aufrecht quer über die Lichtung zurück in den Wald.

Wir brauchen eine Weile, bis wir uns von unserem Schrecken erholt haben. Die zerwühlten Reste unseres Picknicks werfen wir in die Plastiktüten zurück, in denen wir das Ganze hier hochgeschleppt haben. Daniel besteht darauf, dass wir das alles ordentlich im nächsten Abfallkorb entsorgen. Dann räumen wir geschlagen das Feld.

*
Für den Abstieg hinunter zur Landstraße, die weiter in Richtung Tempel Nummer 65 führt, wollen wir uns mal wieder auf einen unbefestigten Pilgerpfad wagen, der gleich unterhalb der Seilbahnstation abgehen soll. Die Verkäuferin im Tempelshop hat uns erklärt, der Weg über die geteerte Straße sei mindestens dreimal so weit. Wir sollten nur aufpassen, wegen der Schlangen.

Als wir an der Seilbahnstation vorbeikommen, sehen wir, wo unser Affenkönig sein Handwerk gelernt hat. Auf dem Platz vor der Station tummelt sich eine ganze Horde Makaken. Gerade hat eine Gondel eine Fuhre von Pilgern entlassen. Einige von denen halten Getränkedosen oder etwas Essbares in der Hand. Im Nu ist die Gruppe umzingelt und wird unter Drohgebärden und Zähnefletschen gezwungen, alles fallen zu lassen. Unbeeindruckt vom Kreischen und Fluchen der Neuankömmlinge macht sich die ganze Affenbande über die Beute her.

Wenigstens werden die Einheimischen hier auch nicht besser behandelt als *Gaijn*, stellt Daniel zufrieden fest.
*
Die Verkäuferin im Tempelshop hätte recht gehabt, meint Daniel, als unser Pilgerpfad eine halbe Stunde später wieder auf die Landstraße stößt. Er war die ganze Zeit vor mir her gelaufen und hatte mit seinem Pilgerstab immer wieder den grasüberwucherten Weg vor uns abgeklopft. Zweimal habe er dabei tatsächlich eine Schlange davonhuschen sehen.

Ich bin froh, dass er mir das erst jetzt eröffnet – und dass es ab hier auf einer geteerten Straße weitergeht, auch wenn diese erst einmal wieder bergauf führt.

Hinter der nächsten Biegung wartet aber erneut eine Überraschung auf uns: Da vor uns verschwindet die Landstraße in einem tiefschwarzen Loch. Der Tunnel ist offenbar unbeleuchtet – und das für 1,4 Kilometer, wie uns das große Schild an der Felswand daneben gelassen verkündet. Hilft nichts, da müssen wir durch.

Kaum sind wir in das Loch eingetaucht, wird uns schwarz vor den Augen. Einen abgeteilten Fußweg scheint es auch nicht zu geben. Mit unseren Handytaschenlampen als Vorder- und Rücklicht sprinten wir los.

Wir schaffen es gerade noch bis zum Ausgang auf der anderen Seite, da kommt uns ein schwerer Laster entgegen. Wir beglückwünschen uns, dass wir dem nicht mitten im Tunnel begegnet sind. Wir husten und keuchen auch so schon genug. Das Loch war nicht mal richtig belüftet.

Von hier an geht es aber endlich bergab. Diese Straße führt direkt in die Ebene hinunter, wo wir heute auch wieder hinwollen. Davor aber müssen wir erst noch bei einem weiteren Tempel vorbei.

*

Es ist schon halb drei, als wir vor der Abzweigung mit dem Wegweiser Richtung *Sankaku-ji* (Nummer 65) stehen. Den Weg dorthin hatte ich mir nach einem flüchtigen Blick auf meinen Shikoku-Atlas heute früh als einen kurzen, leicht zu bewältigenden Schlenker vorgestellt. Und wieder mal habe ich nicht genau genug hingeschaut. Statt mehr oder weniger auf gleicher Höhe zu bleiben, windet sich diese Abzweigung schon nach wenigen hundert Metern wieder steil in die Höhe. Also eine erneute Schinderei unzählige Kehren bergauf und zwischendurch immer wieder Pausen, weil ich völlig ausgepumpt bin. Meine Zuversicht von heute Morgen wird auf eine harte Probe gestellt. Am Ende müssen wir auch noch mal eine ewig lange Treppe hinauf.

Als ich am Tempelbrunnen stehen bleibe, um erst mal wieder zu Atem zu kommen, fällt mir ein flaches Gebäude gegenüber ins Auge. Vor allem aber das Schild neben einer der Türen: *Tsuyado* – die haben hier eine dieser Umsonstunterkünfte für Pilger! Je länger ich auf das Schild starre, desto schwerer kann ich mir vorstellen, nachher tatsächlich noch den ganzen Weg bis hinunter zur Küste zu laufen.

Daniel drängt zur Eile. „Wir wollen doch heute noch runter bis ans Meer. Sonst schaffen wir es morgen nicht bis zur nächsten Gruppe von Tempeln."

Ich raffe mich auf und folge ihm Richtung Haupthalle. Was die üblichen Rituale betrifft, habe ich mein Pensum für heute erfüllt. Allerdings streichle ich vorsorglich beide Knie des Medizinbuddha, der hier einen eigenen kleinen Schrein hat. Ob heute oder morgen, der Abstieg zur Küste wird in jedem Fall wieder eine Herausforderung werden ...

Während mein Sohn noch eine Runde durch die Haupthalle dreht, schlendere ich schon mal Richtung Tempeltor zurück. Vor dem flachen Gebäude gegenüber dem Brunnen stehen gerade zwei Mönche. Ich frage, ob man hier eventuell übernachten könnte.

„*Dōzo*" – bitteschön, sagt einer der beiden und weist auf die offenstehende Tür. Ein fensterloser Raum, fünf mal sechs Meter, Betonboden, an den Wänden vier Holzbänke, eine davon ist bereits mit einem Rucksack und einem Pilgerhut belegt. Das war's. Dieses Loch macht dem Begriff Billigunterkunft alle Ehre.

„Hier kriegt man nicht mal etwas zu essen", höre ich Daniel hinter mir sagen. „Du weißt, unsere Vorräte sind aufgebraucht." Offenbar hat er erraten, warum ich mich vor dieser Tür herumdrücke. Seines dezenten Hinweises hätte es aber schon gar nicht mehr gebraucht. Mir ist auch so klar, dass mir der Weg wieder runter zur Küste heute nicht erspart bleiben wird.

„Okay", sage ich, „lass uns nur noch schnell unseren Stempel holen."

*

Drei Stunden später sitzen wir am Strand und sehen zu, wie am Horizont die Sonne ins Meer taucht, während im Vordergrund eine große weiße Autofähre langsam ihre Bahn zieht. Ich habe Schuhe und Strümpfe ausgezogen und versuche, behutsam den Schmerz aus meinen Füßen zu massieren. Ich fühle mich nicht in der Lage, auch nur noch einen einzigen Schritt weiterzulaufen.

Dennoch erfüllt mich ein tiefes Gefühl von Zufriedenheit, sind wir heute doch noch weitergekommen, als ursprünglich geplant. In einem der zahlreichen Family-Restaurants an der

Route 11, die hier streckenweise direkt am Meer entlangführt, haben wir uns ein mehrgängiges Menu gegönnt. Schließlich sind wir auf der Suche nach einer Pension mit Meerblick auf diesen Sandstrand gestoßen.

„Dann übernachten wir eben gleich hier", hat Daniel gemeint, als ich ihm vorgestöhnt habe, dass es mir für heute endgültig reicht.

Damit war es entschieden. Es ist deutlich wärmer als vor drei Tagen, als wir unvorhergesehen auf dem Gelände von Tempel Nummer 80 im Freien nächtigen mussten, und laut der Wetterkarte auf dem großen TV-Bildschirm im Family-Restaurant soll es auch in der Nacht und morgen trocken und mild bleiben.

Daniel läuft kurz ans Meer vor und testet die Wassertemperatur. „Saukalt", schimpft er, als er zurückkommt. „Dann gehe ich mal Betten bauen", fügt er hinzu, schnappt sich unsere beiden Rucksäcke und stapft durch den Sand auf die Mauer zu, die den Strand zur Uferstraße hin abgrenzt. Längs der Mauer läuft er noch weiter, offenbar auf der Suche nach einem ruhigen Plätzchen.

Erst dort, wo man jenseits der Mauer statt der hohen Lampen der Straßenbeleuchtung eine Gruppe von Kiefern in den Abendhimmel ragen sieht, lässt er die Rucksäcke fallen und macht sich auf dem Boden zu schaffen.

Erst jetzt fällt mir das laute Rauschen auf, mit dem sich die Wellen hier vor mir am Strand brechen. Unwillkürlich muss ich wieder an Sri Lanka denken – die Szene mit Sarah am Strand ...

Jetzt will ich aber doch sehen, was der Junge da eigentlich macht. Mit den Schuhen in der Hand laufe ich eilig hinüber.

Daniel hat uns tatsächlich sowas wie Betten gebaut, zwei längliche Kuhlen mit schützendem Sandwall drum rum, den Boden mit größter Sorgfalt geglättet und ausgekleidet mit unseren Isomatten. Die zum Fuß der Mauer hin ausgerichteten

Kopfenden hat er mit unseren sorgsam in Kissenform gebrachten Softshelljacken markiert.

Ich wusste gar nicht, dass mein Sohn so fürsorglich sein kann. Ich komme mir vor, wie ein kleiner Junge, dem man ein völlig unverdientes Geschenk macht, und der gar nicht weiß, was er sagen soll ...

„Ich hoffe, der Herr sind zufrieden", sagt Daniel, wie ein beflissener Kellner im Drei-Sterne-Lokal.

Ich nicke anerkennend und gebe ihm einen Klaps auf den Rücken. „Das erwarte ich jetzt jeden Abend."

„Da sprechen wir uns morgen früh noch mal", gibt er grinsend zurück.

*

Ich muss sofort weg gewesen sein, kaum dass wir in unsere Schlafsäcke gekrochen sind. Das war gleich nachdem Daniel von einem kurzen Erkundungsgang zurückgekehrt war, um zu sehen, was da über uns jenseits der Mauer liegt. Ein kleiner Park, wie er mir wenige Minuten später gemeldet hat: Kiefern, schmale Wege und ein paar Sitzbänke mit Ausblick über das Meer – so spät am Abend alles natürlich vollkommen menschenleer.

Irgendwas hat mich jetzt aufgeschreckt. Der Vollmond hat vom Horizont her eine milchweiße Straße auf das Meer gelegt, die führt direkt auf uns zu. Aber da ist noch etwas – ein leises Wimmern. Ich setze mich auf.

Auch Daniel fährt hoch. Wir lauschen beide. War wohl nur das Ächzen der Kiefern in der auffrischenden Brise. Nein, da ist es wieder. Jetzt aber eher wie ein hektisches Fiepen – stoßweise dringt das von oben in unser Versteck – wie erstickte Rufe um Hilfe.

„Du, da braucht jemand Hilfe", flüstere ich. Daniel rührt sich nicht. Plötzlich höre ich ihn glucksen.

„Ich glaube, Hilfe ist das Letzte, was die beiden da oben auf der Parkbank jetzt brauchen."

„Du meinst ...?"

„Ich dachte, du kennst dich aus mit den Lauten, die Japanerinnen so machen ..."

„Wie kommst du denn darauf?"

„Ich dachte ja nur ..."

Eine erneute Böe fährt durch das Kiefernwäldchen über uns. Das Rauschen und Ächzen der Bäume überdeckt gnädig jeden weiteren Laut. Wir verkriechen uns wieder in unsere Schlafsäcke.

Tag Zehn

Der schützende Sandwall, die Isomatte, der Schlafsack – gegen den feuchtkalten Wind vom Meer her hat das am Ende alles nicht ausgereicht. Noch vor Morgengrauen packen wir zusammen und laufen quer durch den kleinen Park auf die Straße. Dort, gleich vor dem Parkeingang, ein Getränkeautomat, dessen rote Knöpfe uns schon von Weitem entgegenleuchten – sogar hier draußen gibt es etwas Warmes zu trinken! Wir versorgen uns gleich mit einem halben Dutzend Dosen heißem Milchtee.

*

„Hast du nicht Lust, noch schnell duschen zu gehen?" Daniel ist unvermittelt stehengeblieben und zeigt auf den Schriftzug über dem Durchgang durch das flache Gebäude, an dem wir gerade vorbeikommen: ‚Sports Park'. Seitlich neben dem durch ein Gitter verschlossenen Durchgang ein Schild, auf dem unter anderem das Wort ‚Outdoor Pool' prangt – ebenfalls auf Englisch.

Eigentlich gar keine schlechte Idee. Noch mal den ganzen Tag in den von unserem gestrigen Marsch durch die Berge mehrfach durchgeschwitzten, müffelnden und inzwischen auch noch versandeten Klamotten weiterzulaufen finde ich jedenfalls wenig reizvoll. Inzwischen bin ich durch den heißen Tee und das flotte Marschieren – eine halbe Stunde sind wir schon unterwegs – auch wieder so aufgewärmt, dass mich der Gedanke an eine kalte Dusche nicht mehr abschrecken kann.

So früh am Morgen ist weit und breit kein Mensch zu sehen. Der Zaun, der anschließend an das Gebäude das große Gelände umschließt, dürfte eigentlich kein unüberwindbares

Hindernis darstellen. Mit einem energischen „*O-settai!*" wischt Daniel schließlich meine letzten Hemmungen beiseite. Wir laufen den Zaun entlang bis auf die zum Meer hin gelegene Seite des Parks. Ein kurzer Blick in die Runde, und schon sind wir hinüber.

Das große Sportbecken ist leer und wir befürchten schon, dass auch die Duschen vor den Umkleidekabinen auf der gegenüberliegenden Seite abgestellt sein könnten. Gleich an der ersten drücke ich probeweise den Knopf, und wenn Daniel nicht geistesgegenwärtig zur Seite gesprungen wäre, wäre er jetzt samt Klamotten und Rucksack klitschnass ...

*

Seit unserem erfrischenden Duschbad sind wir nun schon mehr als zwölf Kilometer gelaufen. In nicht mal ganzen zwei Stunden! Das gestern scheint tatsächlich mein Durchbruch gewesen zu sein.

Als ich das Daniel sage, zeigt er sich offen begeistert. „Ist ja fantastisch", ruft er. Er scheint sich doch mehr Gedanken gemacht zu haben, ob ich das hier auf Dauer überhaupt durchhalte, als mir bewusst war ...

Die ruhige Seitenstraße, auf der wir bis jetzt unterwegs gewesen sind, ist soeben wieder in die gefürchtete Route 11 eingemündet. Ein kurzer Check in meinem digitalen Atlas bestätigt, dass wir den Rest der Strecke bis zu unserem ersten heutigen Ziel wieder im Lärm und den Abgasen dieser Durchgangsstraße hinter uns bringen müssen – noch mal fast zwanzig Kilometer. „Immerhin kommen wir hier spätestens alle zwanzig Minuten an einem Restaurant oder einem *Kombini* vorbei", sage ich leichthin. Daniel wirft mir einen etwas verwunderten Blick zu. Er kann es anscheinend immer noch nicht so ganz fassen ...

Eigentlich hatten wir uns vorgenommen (mein Vorschlag), bis zu Tempel Nummer 64 durchzumarschieren. Fünf Kilometer davor, es ist inzwischen halb eins und wir laufen gerade an einem *Yakitori*-Restaurant vorbei, frage ich Daniel, ob er nicht auch langsam Hunger hat. Ich bin froh, als er ja sagt.

*

Der *Maegame-ji* liegt in der nicht gerade idyllischen Industrie- und Hafenstadt Saijo. Hier, nur wenige hundert Meter von der Route 11 entfernt, erwartet uns aber gleich eine ganz andere Welt. Das Tempelgelände ist bereits von Wald eingerahmt. Der zieht sich dahinter die Berge hinauf, die im Hintergrund bis zum zweitausend Meter hohen Ishizuchi-san aufsteigen, dem höchsten Berg in ganz Westjapan. Die wenigen Pilger verlaufen sich auf dem weitläufigen, von uralten Bäumen bestandenen Gelände.

Nach dem Waschritual – ich habe vor allem nach dem Mundausspülen gelechzt, so ausgedörrt fühle ich mich schon wieder – lassen wir unsere Rucksäcke am Fuß einer riesigen Zeder fallen und setzen uns daneben, um erst einmal ein wenig zu verschnaufen. Ab jetzt können wir uns Zeit lassen. Die drei weiteren Tempel, die wir heute noch abklappern wollen, liegen alle ganz in der Nähe.

„Kaum zu glauben, dass wir heute schon wieder über dreißig Kilometer zurückgelegt haben", meint Daniel. Ich gebe zu, ich bin ein wenig stolz, dass ich inzwischen mehr schaffe, als mein Sohn mir zugetraut hat. „War doch auch so geplant", sage ich.

„Eigentlich würde mich ja auch dieser Ishizuchi-san reizen", stellt Daniel nach einer Weile beiläufig fest. Er will mich wohl herausfordern.

„Ohne mich", sage ich.

„Jedenfalls sollten wir hier jetzt nicht allzu lange herumsitzen. Dann kommen wir hinterher umso schwerer wieder in Gang."

Da allerdings muss ich dem Jungen recht geben. Und der Gedanke, dass wir so auch eher unser letztes Ziel heute erreichen und endgültig alle Viere von uns strecken können, ist ein zusätzlicher Antrieb. Wir begnügen uns mit einer knappen Verbeugung vor der Haupthalle und steuern dann ohne weitere Umwege das Stempelbüro an.

*

Zum Tempel Nummer 63, dem *Kichijo-ji,* müssen wir weiter durch die lärmende und jeden Ansatz spiritueller Besinnlichkeit erstickende Geschäftigkeit von Saijo. Wir finden den

Tempel eingepfercht zwischen der Route 11 und der parallel dazu verlaufenden Bahnlinie von Japan Rail. Wir scheinen die einzigen Besucher im Pilgerdress auf dem ganzen Gelände zu sein. In der Haupthalle verbeugen sich auffallend viele Männer im dunklen Businessanzug eifrig vor einer grimmig aussehenden Figur in Kriegerrüstung, die eine kleine Pagode auf der ausgestreckten Hand hält. Daniel schaut mich fragend an.

„Das muss Bishamon sein", erinnere ich mich aus meiner Zeit als diplomatischer Tempelführer in Japan, „einer der sieben Glücksgötter – Schutzgott der Krieger und Spender des Reichtums."

„Was hat denn das mit Buddhismus zu tun", wundert sich Daniel.

„Eigentlich gar nichts. Ursprünglich waren diese sieben Glücksgötter hinduistische Gottheiten. Dann hat man den Bishamon aber zu einem der vier Himmelswächter und damit zum Schutzherrn des Buddhismus und der buddhistischen Tempel gemacht."

„Du weißt Sachen", sagt Daniel und schüttelt mal wieder den Kopf.

Auf dem Weg zum *Nokyojo* kommen wir an einem Pavillon vorbei, in dem Statuen der restlichen sechs Glücksgötter aufgereiht sind.

„Auf zum nächsten Tempel", sage ich. „Wir pilgern ja nicht für Reichtum und Glück."

„Ehrlich gesagt wüsste ich immer noch gern, warum wir hier überhaupt pilgern", sagt Daniel.

„Ich finde es jedenfalls toll, dass wir das hier zusammen machen", sage ich. „Du etwa nicht?"

„Doch, klaro", gesteht Daniel mir gnädig zu.

*

Tempel Nummer 60 besuchen wir außer der Reihe, weil er auch noch in Saijo liegt, und wir für die folgenden beiden Tempel wieder stadtauswärts Richtung Berge müssen. Er liegt nicht mal einen Kilometer entfernt auf der anderen Seite der Bahnlinie in einem ziemlich heruntergekommenen Stadtviertel.

Auch der Tempel selbst macht einen ärmlichen und reparaturbedürftigen Eindruck. Dabei heißt *Hoju-ji* übersetzt Tempel des Reichtums und des Glücks. Diese Gegend scheint beides besonders nötig zu haben.

Gleich hinter dem Tempeltor ist ein Tisch aufgebaut, auf dem sich graue Dachziegel stapeln. Der Mönch, der dahinter hockt, erklärt uns, dass mit diesen Ziegeln das Dach der Haupthalle neu eingedeckt werden soll. Ob wir nicht jeder einen spenden wollten. Wir könnten dann auch unseren Namen darauf schreiben und uns dabei etwas wünschen.

Daniel zieht ohne zu zögern seine Geldbörse aus der Tasche und nickt mir dabei auffordernd zu.

„Na ja, warum nicht", sage ich und zücke ebenfalls mein Geld.

Mit dem dicken Filzstift, den der Mönch uns zusammen mit je einem Ziegel über den Tisch schiebt, schreiben wir beide unseren Namen auf unser Stück wunscherfüllende Keramik und schieben es dem Mönch zurück. Der tuscht mit einem dicken Pinsel noch einen Extra-Segen darunter.

„Mom hätte das sicher auch gemacht", sagt Daniel auf dem Weg zum Tempelbüro – wie um sich nachträglich für seine spontane Entscheidung zu rechtfertigen.

„Ganz sicher", bestätige ich.

Endlich geht es über Bahngleise und Route 11 wieder zurück in Richtung Berge, zu unserem letzten Ziel für heute, dem *Koon-ji,* Tempel Nummer 61.

Es ist erst vier Uhr, Zeit genug, also, um anschließend noch in Ruhe ein Hotel für die Nacht zu finden. Das scheint hier kein Problem zu sein. Auf unserem Weg durch die Stadt sind wir bereits an mehreren Business-Hotels vorbeigekommen, die nicht allzu teuer aussahen.

Nach unserer Nacht am Strand wollen wir es heute Abend etwas bequemer haben, zumal uns morgen ein besonders harter Tag bevorsteht.

*

Wir sind einfach blind den Hinweisschildern Richtung Nummer 61 gefolgt. Plötzlich stehen wir auf dem Vorplatz eines riesigen Betonklotzes, zu dem eine breite Freitreppe hinaufführt. Mit seinen in die Fassade integrierten hohen Säulen sieht das Gebäude aus wie der Protzpalast eines zentralasiatischen Potentaten. Wir fragen ein junges Pärchen, das gerade vorbeikommt, ob sie wissen, wo es zum *Koon-ji* geht. Da sind wir doch schon, sagt sie und strahlt uns an. Sie fasst den jungen Mann an ihrer Seite an der Hand und beide laufen weiter Richtung Freitreppe. Zögernd laufen wir hinterher.

Drinnen sieht es auf den ersten Blick aus, wie im Foyer eines Theaters. Bei näherem Hinsehen befinden wir uns aber tatsächlich in sowas wie einem Tempel. Die eine große Halle ist offenbar die Hondō, nur dass vor dem Altar Sitzreihen wie im Kino aufgestellt sind. Eine zweite große Halle ist durch die alles beherrschende Statue von Kobo Daishi als Meisterhalle erkennbar. Hier herrscht sogar erstaunlich viel Betrieb. Auffallend viele junge Frauen knien vor der Statue und verrichten ihre Gebete.

Zurück in der Vorhalle entdecke ich seitlich an einer Tür die drei Schriftzeichen *no-kyo-jo*. Das Fenster gleich neben der Tür gestattet den Blick in ein modern ausgestattetes Büro. Der stattliche Priester in vollem Ornat an dem großen Schreibtisch in der Mitte des Raums hat uns offenbar bemerkt und erhebt sich, um uns die Tür zu öffnen.

Seine erste Frage, nachdem er uns von oben bis unten gemustert hat: Wie lange seid ihr schon unterwegs?

Echte Pilger sind hier so früh in der Saison wohl noch eine Rarität, sage ich – stolz, dass mir jetzt sogar das Wort Rarität auf Japanisch wieder eingefallen ist.

Der Priester bestätigt, nun ebenfalls auf Japanisch, meine Vermutung. Es kämen aber das ganze Jahr über auch viele junge Paare und schwangere Frauen speziell hierher, um Meister Kobo um die Erfüllung ihres Kinderwunschs oder um eine sichere Geburt zu bitten.

Als ich Daniel das übersetze, sagt er zum Glück nicht laut, was er offenbar denkt (und ich an seinem Gesicht ablesen kann): Aberglaube! Eigentlich könnte er den Gebräuchen und kulturellen Traditionen der Menschen hier ein wenig mehr

Respekt entgegenbringen, finde ich. Aber natürlich sage ich das jetzt auch nicht ...

Derweil hat sich der Priester schon mein Pilgerbuch geben lassen und sich damit an seinen Schreibtisch gesetzt. Nachdem er seine Kalligrafie vollendet hat, greift er zu meiner Überraschung nach einem zweiten Stempel und setzt den auf die folgende Seite. Für Tempel 62, sagt er, als er meinen fragenden Blick bemerkt. Der *Yokomine-ji* sei so schwer zu erreichen da oben am Berg. Daher seien sie hier schon seit längerem dazu übergegangen, die Pilger routinemäßig auch gleich mit dem Stempel für da oben mitzuversorgen.

Als ich frage, was denn sein Kollege vom Tempel Nummer 62 dazu sage, schüttelt er den Kopf. Der halte sich ja auch nicht an die Regeln. Es scheint einen ernsthafteren Streit zwischen den beiden Tempeln zu geben, vermutlich – wie im richtigen Leben – um Geld. Bevor ich nachhaken kann, fragt er, ob wir nicht hier im *Shukubo* übernachten wollten.

Ich muss an die ernüchternde Pilgerunterkunft im Tempel Nummer 65 denken, deren Anblick uns gestern Abend bis ans Meer hat fliehen lassen. Unser Priester hat mein Zögern anscheinend richtig gedeutet. Er versichert uns, dass uns hier ein bequemer Schlafplatz und ein nahrhaftes Abendessen erwarte. Das sei im Übrigen sein *Settai* für uns, gehörten wir doch zu den ersten echten Pilgern in dieser Saison.

Da können wir sein Angebot schon gar nicht mehr ablehnen.

Mit dem Fahrstuhl fahren wir zwei Stockwerke höher, wo uns schon ein Mönch erwartet. Der führt uns einen langen, mit Teppichboden belegten Gang hinunter, der wie ein Hotelkorridor wirkt. An den Wänden zwischen den *Shōji*-Türen hängen in mehreren Reihen untereinander dicht an dicht eingerahmte Babyfotos – Beweis, dass dieser Tempel seinen besonderen Ruf nicht umsonst hat.

Kurz vor Ende des Ganges schiebt der Mönch eine der Türen auf. Ihr Zimmer, sagt er und verneigt sich: Ein Zimmer nur für uns, vier Tatami groß und mit Klimaanlage. Abendessen gebe es in zwei Stunden, das Bad aber sei bereits geöffnet.

Wir können uns also tatsächlich noch vor dem Essen Schweiß und Schmutz vom Körper waschen und anschließend ausgiebig im heißen Wasser des Gemeinschaftsbeckens entspannen. Einen solchen Luxus haben wir hier nun wirklich nicht erwartet.

*

Daniels Vorstellungen vom asketischen Tempelleben sind soeben offenbar endgültig über den Haufen geworfen worden. Vor dem Eingang zum Speisesaal stand ein großer Getränkeautomat, der nur Alkoholisches – Bier und Sake – im Angebot hat. Nach einem erneuten Seitenblick auf den Nebentisch, wo sich drei muntere Pärchen offenbar bereits mehrfach an diesem Automaten mit Nachschub versorgt haben, wie die Batterie bereits geleerter Dosen auf ihrem Tisch verrät, bemerkt er kopfschüttelnd: „Und sowas in einem Tempel ..."

„Du unterschätzt offenbar immer noch den Pragmatismus, mit dem man hier mit der Religion umgeht", stelle ich fest. „In meiner Kobe-Zeit hat der Abt eines altehrwürdigen buddhistischen Tempels in Nara sogar jedes Jahr ein deutsches Oktoberfest auf seinem Tempelgelände organisiert. Mit allem was dazu gehört. Vor allem reichlich viel Bier."

„Echt jetzt? Dann fehlt ja nur noch, dass die alle hier unter diesem frommen Dach nachher auch noch an ihrem Kinderwunsch arbeiten", meint Daniel.

„Wenn's funktioniert", sage ich achselzuckend.

Dieser Wortwechsel trägt uns beiden einen Seitenblick der Pilgerin aus der Schweiz ein, der sich nicht so ganz entscheiden kann, ob er heilige Empörung oder fröhliches Grinsen ausdrücken will.

Die hagere Frau mit den kurzgeschorenen, rötlichen Haaren, etwa zehn Jahre jünger als ich, ist hier soeben im vollen Pilgeroutfit hereinmarschiert und hat nach kurzem Blick in die Runde direkt unseren Tisch angesteuert. Außer ihr sind wir die einzigen Ausländer in dem großen und fast vollbesetzten Speisesaal. Natürlich hatten wir nichts dagegen, dass sie sich zu uns setzt. Sie hat sich als Lisa aus Zürich vorgestellt, und wir haben auch gleich erfahren, dass sie dort ein

Yogastudio betreibt und sich hier auf der nächsten Etappe ihrer spirituellen Reise befindet.

Ob wir etwa auch nur Spaßpilger wären, will sie jetzt wissen. In unseren *Yukatas* sehen wir wohl tatsächlich eher wie Gäste eines Wellness-Resorts aus.

Wir seien schon seit zehn Tagen unterwegs, kläre ich sie auf, die ganze Strecke ab Tempel Nummer 1 zu Fuß.

Diese zugegebenermaßen etwas ausweichende Antwort reicht ihr offenbar, um uns als seriös einzustufen. Sie eröffnet uns, dass sie schon das dritte Jahr in Folge ‚auf dem Pfad' sei, die ersten beiden Male jeweils eine Woche in der Sommerhitze. Diesmal hat sie neun Tage im kühleren Frühjahr eingeplant, um ihre Runde um die Insel zu vollenden. Vor zwei Tagen ist sie mit dem Bus von Hiroshima aus hier herübergekommen. Ein halbes Dutzend Tempel um die Hafenstadt Imabari herum hat sie bereits abgepilgert, und heute hat sie auch schon wieder mehr als dreißig Kilometer auf der Küstenstraße zurückgelegt. Der Anfang auf dem Weg sei ja jedes Mal eine besonders harte Prüfung, sagt sie. Aber mit der Länge des Weges wachse auch die Kraft – körperlich wie spirituell.

Zumindest was das Körperliche betrifft, kann ich ihr nur beipflichten.

Obwohl mein Nicken nur angedeutet ist, fühlt sich Lisa zu weiteren Ausführungen ermuntert. Wenn man hier nur nicht ständig angequatscht würde! Da sei man auf der Suche nach Ruhe und innerer Einkehr, und alle paar Minuten rufe einer ‚Hello' oder frage, wo man herkommt oder lobe einen, weil man guten Tag auf Japanisch sagen kann. Am Schlimmsten aber seien die ständigen *Gaijin*, *Gaijin*-Rufe, die einen schon nach ein paar Tagen bis in den Schlaf verfolgten. Sichtlich genervt schüttelt sie ihren Kopf. Von ihrem spirituellen Durchbruch scheint sie noch eine ganze Strecke entfernt zu sein.

Vielleicht wäre es besser, nicht ganz alleine zu pilgern, gebe ich zu bedenken. Wir seien zu zweit und würden wahrscheinlich schon deshalb nicht so oft angesprochen.

„Da könntest du recht haben", sagt sie, und lächelt mich an. Was ich denn so machen würde.

Pilgern im Hier und Jetzt, sage ich.

Zu meiner Überraschung nickt sie mir verständnisinnig zu. Sie scheint meinen spontanen Spruch für bare Münze zu nehmen. Sie, so sagt sie, übernachte hier vor Allem wegen des Wasserfalls.

„Welcher Wasserfall", fragen Daniel und ich wie aus einem Mund.

Lisa starrt uns an, als hätten wir ihr ein Almosen verweigert, so wie Emon Saburo seinerzeit Meister Kobo. Ob wir das etwa nicht wüssten. Hinter diesem Tempel, ein Stück den Berg rauf, gebe es einen Wasserfall, unter dem Bergasketen schon von alters her ihre Meditationsübungen abhielten. Eine einmalige spirituelle Erfahrung. Sie jedenfalls werde morgen schon kurz vor Sonnenaufgang dort sein.

„Direkt unter dem Wasserfall?", fragt Daniel ungläubig. Der sei doch garantiert eiskalt.

„Eine uralte Praxis spirituellen Trainings", stelle ich mit Kennermine fest. Diese Lisa soll nicht glauben, wir hätten überhaupt keine Ahnung.

Die bekommt das aber gleich in den falschen Hals. Ob ich nicht Lust hätte, sie morgen früh auf diesem spirituellen Weg zu begleiten.

„Das würde mich echt reizen", behaupte ich, „aber ..."

„Wir müssen morgen früh schon um fünf Uhr los", rettet Daniel mich. Wir wollten nämlich vom *Yokomine-ji* direkt weiter bis auf den Gipfel des Ishizuchi-san. Und da müssten wir auf jeden Fall vor Einbruch der Dunkelheit oben sein. Da gebe es einen berühmten Shinto-Schrein und der Sonnenaufgang, heiße es, sei echt spektakulär.

Lisa rümpft kaum merklich die Nase. „Schade", sagt sie.

„Ich glaube, wir sollten jetzt auch", sagt Daniel, zu mir gewandt, und kippt mit einem Schwung seine restliche Miso-Suppe hinunter. „Wir haben heute gut fünfunddreißig Kilometer gemacht, und die Nacht wird verdammt kurz."

Lisa scheint echt enttäuscht zu sein.

Wir würden uns in den nächsten Tagen sicher noch öfter über den Weg laufen, tröste ich sie. Sie weiß ja nicht, dass wir ‚den Pfad' in der entgegengesetzten Richtung laufen.

*

„Findest du das nicht fies, Erwartungen zu wecken, obwohl du genau weißt, dass wir die nie wiedersehen werden?", fragt Daniel, als wir vor dem Speisesaal kurz Halt machen, um noch zwei Dosen Bier aus dem Automaten zu ziehen.

„Das habe ich doch nur gesagt, damit sie nicht denkt, wir fänden sie unsympathisch. Und was für Erwartungen überhaupt?"

„Jetzt sag' nicht, du hast nicht gemerkt, dass die was von dir wollte."

Auf dem ganzen Weg zu unserem Zimmer zieht mich mein Sohn mit diesem Quatsch von dem angeblichen Interesse dieser Schweizerin für mich auf. Um dem Spiel ein Ende zu bereiten, sage ich, dass mir gerade an diesem Ort nicht nach solchen Scherzen zumute ist. Dabei hätte ich mir denken können, dass er sofort nachhakt.

„Was meinst du denn damit?"

Nun gut, diese Beichte war ja ohnehin schon längst fällig: „Du hast doch gehört, was der Priester gesagt hat. Hierher kommen vor allem Pärchen mit Kinderwunsch. Genau das war seinerzeit auch der Grund für deine Mom und mich, zu den Shikoku-Tempeln zu pilgern. Wir dachten doch schon, es wird nichts mehr mit unserem Wunsch, Kinder zu haben. Damals, im Frühjahr 1988, waren wir ja schon volle vier Jahre verheiratet."

„Gehe ich richtig in der Annahme, dass das Mom's Idee war?"

„Ja. Aber es hat dann ja auch tatsächlich geklappt ..."

Daniel hat es anscheinend die Sprache verschlagen. Erst, als wir uns in unserem Zimmer auf den ausgerollten Futons gegenübersitzen, findet er wieder Worte.

„Hattest du nicht gesagt, Mom und du, ihr hättet diese Pilgertour damals zur gleichen Zeit wie wir unternommen, also ab Mitte März?" Als ich nicke, überlegt er einem Moment. „Sarah hatte am 21. Dezember Geburtstag. Dann müsstet ihr sie doch schon gleich am Anfang ..."

„Wenn du es so genau wissen willst: Sie ist damals gut vierzehn Tage zu früh gekommen – konnte es offenbar gar nicht abwarten ..."

„Sag bloß, dieser Tempel 38 am Kap Ashizuri, wo du hinwillst, ist auch so ein Kinderwunschtempel, und deshalb seid ihr damals gerade dort hin."

„Auf der Strecke, die ich damals mit Mom gepilgert bin, gibt es mehrere von der Sorte", sage ich ausweichend.

Jetzt will ich aber erst einmal wissen, was das vorhin wieder mit diesem Ishizuchi-san sollte. Er glaube doch nicht ernsthaft, dass ich morgen früh mit ihm da raufmarschieren werde, nur um am nächsten Morgen den Sonnenaufgang zu bewundern. Es sei um diese Jahreszeit doch viel zu kalt auf zweitausend Metern Höhe, um da im Freien die Nacht zu verbringen.

Da oben gebe es einen Sinto-Schrein und der verfüge über einen Raum, in dem Pilger übernachten können, klärt der Junge mich auf. Der sei sogar beheizt, dieser Raum.

Woher er das weiß? Natürlich aus dem Buch dieser Berlinerin, von dem er mir schon am ersten Tag unserer Pilgertour erzählt hat.

„Soll das etwa heißen, du hast schon die ganze Zeit vorgehabt, da raufzuklettern, und hast bis jetzt nur nicht gewusst, wie du mir das beibringen sollst?"

„So wie du mir bis heute verheimlicht hast, dass diese Pilgertour damals für Mom und dich so eine Art Fruchtbarkeitsritus gewesen ist – entschuldige, war nicht so gemeint. Jedenfalls erwarte ich gar nicht, dass du diese Bergtour mitmachst. Ich fände es nur toll, wenn du einverstanden wärst, dass ich das mache. Und wir müssten natürlich noch entscheiden, wo du dann die morgige Nacht verbringst – also wo ich dich antreffe, wenn ich übermorgen wieder hier unten ankomme."

Tag Elf

Natürlich sind wir heute nicht schon um fünf Uhr früh los. Wir haben ab halb sechs erst einmal gefrühstückt, während diese Lisa sicher schon unter ihrem Wasserfall gebibbert hat, und haben uns erst dann in aller Ruhe an den Aufstieg zu Tempel Nummer 60 gemacht. Was mich betrifft, zugegebenermaßen mal wieder mit gemischten Gefühlen. Die siebenhundert Höhenmeter bis hinauf zum *Yokomine-ji* gelten als einer der härtesten Tests auf der gesamten Pilgerroute. Deutlich härter jedenfalls als der kurze Pfad über das Gebirge hinter Tempel Nummer 88, der mir schon am zweiten Tag unserer Wanderung so deutlich meine Grenzen aufgezeigt hatte. Ich kann nur hoffen, dass mein in den letzten Tagen aufgekommener Optimismus heute nicht wieder zunichte gemacht wird.

Insgeheim bin ich sogar froh, dass sich Daniel später am Tag allein auf den weiteren Weg bis zum Gipfel machen wird. Vor morgen Mittag wird er dann nicht zurück sein. Mir winkt also nach dem Ende des heutigen Aufstiegs eine Verschnaufpause von fast einem ganzen Tag, mit der ich überhaupt nicht gerechnet hatte.

Diese Aussicht scheint mir jetzt sogar zusätzlichen Schwung zu verleihen. Mühelos halte ich mit meinem Sohn Schritt, den seinerseits die Aussicht auf eine richtige Bergwanderung geradezu zu beflügeln scheint.

Inzwischen strahlt die Sonne bereits warm vom tiefblauen Himmel. Wir sind froh, dass wir so schnell die geteerte Straße hinter uns gebracht haben und nun auf dem eigentlichen Pilgerpfad in den schattigen Wald eintauchen können. Trotz der noch kühlen Morgenluft sind wir nämlich schon wieder heftig ins Schwitzen gekommen.

Jetzt aber beginnt der Anstieg erst so richtig. *Yokomine-ji* 7,6 km steht auf dem Wegweiser, der von hier aus nach oben zeigt.

Eigentlich gar nicht so weit, ruft Daniel mir zu. Er hat sich schon wieder einen kleinen Vorsprung erarbeitet. Gleich darauf aber bleibt er kurz stehen und wartet, dass ich ihn einhole. Der Pfad ist ab hier so dicht überwuchert, dass er seinen Pilgerstab sicherheitshalber wieder als Schlangenverscheucher einsetzen will. Da sollte ich mich doch besser dicht hinter ihm halten.

Der Weg durch den Hochwald wird immer steiler. Das Unterholz lichtet sich und der Pfad geht in eine Treppe aus grob behauenen Steinen über. Schon nach ein paar Dutzend Stufen spüre ich wieder dieses saftige Ziehen in den Waden. Die Muskeln an den Oberschenkeln beginnen zu zucken. Wieder mal arbeite ich mich keuchend und schwer auf meinen Stab gestützt hinter meinem Sohn einen Berg hinauf.

Seltsamerweise verschafft mir diese Anstrengung für kurze Momente sogar ein leicht euphorisches Gefühl. Erst mals seit Jahren lässt sie mich jede Faser meines Körpers wieder intensiv spüren. Liegt etwa darin der Sinn des Pilgerns – dass man lernt, den Schmerz zu lieben?

Nein, ganz so weit bin ich noch nicht. Noch mehr genieße ich es, dass es nach der langen, steilen Treppe erst einmal fast ohne Steigung einen Kammweg entlanggeht. Der führt schließlich sogar ein ganzes Stück weit wieder bergab. Sind wir etwa schon kurz vor dem Ziel?

Daniel versetzt mir gleich wieder einen Dämpfer. Er meint, wir hätten noch nicht mal die Hälfte des Weges geschafft. Dass aber bedeutet, dass jeder Schritt bergab gleich wieder mit einem ebensolchen Schritt bergauf geahndet werden wird. Und schon hinter der nächsten Biegung taucht vor uns tatsächlich wieder ein Schild auf, das direkt nach oben weist, auf eine endlose Reihe von Stufen, die zwischen hohen Zedern hindurch geradewegs in den Himmel zu führen scheint: *Yokomine-ji* 3,8 km ...

*

Eine halbe Stunde später sitzen Daniel und ich schwer atmend auf einer Bank in einer Schutzhütte, die mehr wie ein chinesischer Pavillon aussieht: Sechseckig mit brusthoher Außenwand, aber oberhalb davon zu allen Seiten hin offen. Auf der Bank an der Wand gegenüber sind in Plastikhüllen eingepackte Futons und Decken gestapelt. Ein liebevoll handgemaltes Schild fordert die ‚ehrwürdigen Pilger' auf, sich zu bedienen. Ein *Settai* der ganz besonderen Art.

Wir aber können es uns nicht leisten, es uns hier gemütlich zu machen. Es ist bereits halb elf. Bis zum Tempel werden wir sicher noch eine Stunde brauchen, und für Daniel geht es dann ja erst richtig los.

Ich genehmige mir noch einen ersten kräftigen Schluck aus meiner letzten Flasche Wasser und weiter geht's, Stufe um Stufe bergauf. Ab jetzt halten wir die Pausen so kurz wie möglich. Immer nur ein paar Mal den Schweiß aus Gesicht und Nacken gewischt und warten, bis sich der Herzschlag ein klein wenig beruhigt hat.

Plötzlich enden die steinernen Stufen und wir stolpern völlig unerwartet auf eine geteerte Straße hinaus. Ein halbes Dutzend Pilger starrt uns an wie eine Erscheinung.

„*Gaijin henro!*" Zu Fuß! „*Erai nee!*"

Während unseres gesamten Aufstiegs waren wir keiner Menschenseele begegnet. Wir hatten uns schon gewundert, wo all die Pilger geblieben waren, die wir am Morgen auf den Korridoren und im großen Speiseraum unseres Luxustempels hatten herumwuseln sehen, als könnten sie es gar nicht erwarten, sich auf ihre heutige Etappe zu begeben.

Jetzt verstehen wir: Die haben sich mal wieder bequem in Autos oder Bussen hier hochkutschieren lassen. Wir erfahren, dass der Parkplatz des *Yokomine-ji* nur einen halben Kilometer entfernt ist. Und diese sogenannten Pilger stöhnen uns vor, dass sie bis zum Tempel jetzt noch einen ganzen Kilometer auf der bequemen Straße bergauf laufen müssen ...

Stolz wie die Sieger eines Bergmarathons ziehen wir – umringt von einer zwischenzeitlich noch deutlich angewachsenen Schar bewundernder Fans – durch das Tor des *Yokomine-ji* ein. Unser Gefolge besteht auch noch darauf, sich jeweils einzeln oder in Gruppen mit uns zusammen vor der Haupthalle des Tempels fotografieren zu lassen.

Nach einem guten Dutzend solcher Fotos flüstert mir Daniel ins Ohr, er müsse jetzt aber dringend weiter.

„Pass auf dich auf", rufe ich ihm noch hinterher.

*

Eigentlich schade, dass der Junge losgelaufen ist, ohne sich hier auch nur eine Minute lang umgesehen zu haben. Der Tempel liegt wunderschön am Berghang, umgeben von einem prächtigen Zedernwald. Die Holzgebäude sind auf mehrere Geländestufen verteilt und die Wege dazwischen sind von zahllosen, teilweise schon halb verwitterten Jizō-Statuen gesäumt, deren rote Lätzchen selbst im Schatten zu leuchten scheinen. Hin und wieder hallt der tiefe Ton der großen bronzenen Tempelglocke über das Gelände und kommt als Echo vom Berg zurück.

Gleich neben dem Eingang zum Tempelbüro entdecke ich einen Wasserhahn. Mit dem frisch ausgespülten, feuchtkalten Schweißtuch wische ich mir über Gesicht und Glatze und dann über Hals und Nacken. Ein wohliger Schauer überzieht meinen ganzen Körper. Ins Büro zu gehen kann ich mir hier sparen. Den Stempel dieses Tempels habe ich ja schon gestern bekommen.

So frei und tiefenentspannt habe ich mich schon lange nicht mehr gefühlt. Vielleicht liegt das ein wenig auch daran, dass ich das erste Mal seit zwei Wochen mal ganz allein unterwegs bin. Ob Daniel sich gerade auch so befreit fühlt ...?

Ein anderer *Gaijin* kreuzt meinen Weg. Der Mann ist größer als ich, hat ein rosiges Gesicht, rotblonde, schon ziemlich gelichtete Haare und die Figur eines Ringers. Sein weißes Pilgerhemd spannt ihm um die Schultern und er trägt einen Rucksack, der doppelt so groß ist wie meiner. Der schleppt offenbar sonst was mit sich herum.

Irgendwie kommt der Mann mir bekannt vor. Erst als er mir zunickt, kommt es mir: Das ist der seltsame Typ, der mir schon vor dem Laden für Pilgerbedarf in der Einkaufspassage von Muromachi so zugenickt hat! Sein Pilgerhemd hat er jetzt wohl im Rucksack. Ja, den hatte er damals auch gar nicht dabei ...

In diesem Moment wird der Mann von einer Gruppe japanischer Pilger eingekreist. Zuerst schüttelt er gutmütig den Kopf, läuft dann aber doch mit dem ganzen Haufen zur Haupthalle rüber. Ich drehe in die entgegengesetzte Richtung ab. Mit mir haben die hier heute schon genug Fotos gemacht.

Außerdem habe ich Hunger. Draußen, kurz vor dem Tempeltor, waren wir an einem Stand vorbeigekommen, an dem es Nudelsuppen zu kaufen gab. Dort will ich mich noch kurz stärken, bevor ich mich auf den Rückweg mache. Ich habe hier oben schon viel mehr Zeit verbracht, als geplant.

*

Für einen Moment zögere ich, ob ich nicht auf der Straße bleiben soll. Hier geht es längst nicht so steil abwärts, wie auf dem Pilgerpfad. Dafür ist die Strecke wahrscheinlich dreimal so lang. Außerdem hasse ich es, stundenlang auf hartem Asphalt zu laufen. Jetzt kommt mir von unten auch noch eine ganze Busladung schnatternder Pilgerinnen entgegen. Bevor mich ihre Vorhut bemerkt, bin ich im Wald untergetaucht.

Von hier oben wirkt die Treppe fast noch einschüchternder. Tief unter mir verlieren sich die endlosen Stufen im Schatten des Waldes. Aber was ich hochgeschafft habe, schaffe ich auch wieder runter. Und unten wartet ein Bad in einer heißen Quelle auf mich.

Dieses *Onsen* ganz in der Nähe von Tempel Nummer 63 habe ich gestern Abend noch im Internet entdeckt. Auch Daniel fand die Aussicht verlockend, sich morgen Mittag nach seiner Bergtour dort noch kurz zu entspannen, bevor wir gemeinsam weitermarschieren.

Wie zu erwarten geht mir der Abstieg die unregelmäßigen und teilweise extrem hohen Stufen hinunter bald schwer auf die Knie. Nach ein wenig Herumexperimentieren finde ich aber meine Methode: Ich mache den Pilgerstab zu einem dritten Standbein und gehe nach unten immer weich in die Knie. Sobald ich in diesen Rhythmus gefunden habe, komme ich erstaunlich schnell vorwärts.

Anders als beim quälenden Aufstieg habe ich nun auch noch Sinn für die Schönheit meiner Umgebung. Die Strahlen der Nachmittagssonne, die schräg zwischen den rotbraunen Stämmen der Zedern hindurch auf den Waldboden fallen und dort das dunkle Moos hellgrün entflammen. Das kristallklare Wasser des Bergbachs, der immer mal wieder den Pilgerpfad kreuzt und die rundgeschliffenen Steine in seinem Bett glänzen und funkeln lässt. Das Aufrauschen hoch über mir, wenn ein Windstoß durch die Kronen der Bäume fährt. Der Duft von Kräutern und Harz, der jeden Atemzug zu einem Genuss werden lässt.

All das lässt mich zeitweise sogar vergessen, warum ich überhaupt hier bin, und dass ich meinem Sohn immer noch nicht alles gesagt habe ...

*

Mein erster Gedanke: Das ist die Strafe für mein kleinmütiges Hinauszögern der Stunde der Wahrheit. Ein absurder Gedanke, natürlich. Dass diese Stufe auf der einen Seite etwas abgesackt war, ist von oben praktisch nicht zu erkennen gewesen. Da wäre jeder noch so achtsame Wanderer abgerutscht.

Jedenfalls habe ich mir übel den Fuß verstaucht. Zuerst denke ich noch, so schlimm ist es nun auch wieder nicht. Aber die Schmerzen werden mit jedem Schritt stärker. Nur gut, dass mir das in Sichtweite des Pavillons passiert ist, in dem Daniel und ich heute Morgen unsere kurze Rast eingelegt haben. Auf meinen Pilgerstab gestützt schaffe ich es schon mal bis dahin und lasse mich auf die Bank fallen.

Jetzt, wo ich den Fuß nicht belaste, merke ich kaum was. Der Knöchel scheint aber ein wenig angeschwollen zu sein. Ich opfere etwas Wasser aus der Flasche, die ich zwischendurch am Bergbach aufgefüllt habe, und kühle die Stelle mit meinem angefeuchteten Schweißtuch. Ich lege das Bein hoch und bette den bloßen Fuß auf einen der zusammengerollten und in Plastikfolie verpackten Futons, die eine gute Seele hier für müde Pilger deponiert hat. Schließlich schiebe ich mir noch einen Stapel ebenso verpackter Decken unter den Kopf, so dass ich mich einigermaßen bequem auf der Bank ausstrecken kann.

Plötzlich schießt es mir durch den Kopf: Was, wenn auch Daniel so etwas passiert ist, oben am Berg? Wenn er es dadurch nicht mehr bis auf den Gipfel schafft? Wenn er die Nacht da oben verbringen muss, in eisiger Kälte? Dort kommt doch so früh in der Wandersaison so gut wie kein Mensch vorbei, der ihm helfen könnte ...

Wieder sehe ich vor mir, wie er neulich den Steilhang hinuntergerutscht ist – auf der Abkürzung von Tempel Nummer 85 runter ans Meer – und der Schreck fährt mir genauso heiß in die Glieder wie damals.

Das Handy! Ich setzte mich mit einem Ruck auf. Als ich in der Außentasche meines Rucksacks wühle, merke ich, wie meine Hand zittert. Ich hätte den Jungen niemals alleine da rauflassen dürfen ...

Wie zu erwarten: Er hat da oben kein Netz.

Jetzt sehe ich auch noch dieses Bild wieder vor mir: Wie Angelikas Gesicht von einer Sekunde auf die andere versteinert, als sie die leblose Sarah auf meinen Armen entdeckt ...

Nein, nicht noch einmal! Und dann auch noch auf dieser Reise, die endlich einen Schlusspunkt unter die Vergangenheit setzen sollte. Ach, hätte ich doch schon eher alles geklärt. Kalter Schweiß rinnt mir übers Gesicht und den Nacken hinunter.

Seltsamerweise wird mir jetzt erst bewusst, dass ich es mit meinem verstauchten Fuß vielleicht selbst auch nicht mehr den Berg ganz hinunter schaffe. Vorsichtig betaste ich die Stelle. Weiter angeschwollen ist der Knöchel jedenfalls nicht. Vorsichtig setze ich den Fuß auf den Boden. Stehen geht. Ein Schritt vorwärts geht auch – aber da schießt es mir wie ein glühender Pfeil ins Gelenk. Mit einem Aufstöhnen falle ich wieder zurück auf die Bank.

Was, wenn es schon auf den paar hundert Metern der Treppe, die noch vor mir liegen, plötzlich gar nicht mehr geht?

Selbst wenn ich im Kriechgang noch weiterkäme, vor Einbruch der Dunkelheit würde ich es so auf keinen Fall schaffen. Schon in normalem Tempo würde ich bis ganz nach unten wohl noch weitere anderthalb Stunden brauchen.

Mir fällt wieder ein, wie Daniel heute früh den überwucherten Pfad vor uns mit dem Pilgerstab abgeklopft hat. Der Teil der Strecke kommt dann ja auch noch ...

Ich lege mir das nasse Tuch auf den Knöchel, strecke mich wieder auf der Bank aus und starre in das Dunkel unter dem Spitzdach des Pavillons. Noch gut vier Stunden bis Sonnenuntergang. Ich gebe mir jetzt noch höchstens zwei Stunden. Wenn ich bis dahin nicht halbwegs schmerzfrei auftreten kann, wird mir nichts anderes übrigbleiben, als hier zu übernachten.

Wenigstens kann ich im schlimmsten Fall damit rechnen, dass Daniel auf seinem Rückweg morgen Vormittag hier wieder vorbeikommt und mir weiterhilft. Wer aber hilft ihm da oben am Berg?

*

Irgendwo habe ich dieses fragende Gesicht, das da über mir schwebt, schon einmal gesehen. Reflexartig sage ich: „Yes, I'm okay". Das reicht, um das Gesicht zum Verschwinden zu bringen.

Jemand läuft schweren Schrittes außen um den Pavillon herum. Ehe ich mich vollends hochgerappelt habe, steht der rotblonde Ringer im Eingang der Schutzhütte. Mit hochgezogenen Augenbrauen weist er fragend auf meinen noch halb in der Luft schwebenden bloßen Fuß, von dem in diesem Moment das getrocknete Schweißtuch auf den Betonboden gleitet. Der Mann muss mich für bescheuert halten.

„I'm Sorry", sage ich, „there might be a little problem with my foot."

Schweigend kniet er sich vor mich hin und betastet vorsichtig meinen Knöchel. Immer noch kniend entledigt er sich seines Riesenrucksacks und beginnt, darin herumzugraben. Schließlich fördert er ein Metalldöschen nach draußen, dreht den Deckel ab und beschmiert meinen Knöchel mit einer dunkelbraunen Paste, die einen intensiven, faulig-süßen Geruch verströmt.

Ob er Arzt sei, versuche ich eine Konversation zu eröffnen.

Genauso wenig wie ich ein gläubiger Buddhist sei, gibt er mit einem flüchtigen Blick über meine Pilgerausrüstung zurück.

Und diese seltsame Paste?, frage ich.

Werde von den indigenen Bergstämmen auf Mindanao benutzt, sagt er.

Also Missionar, sage ich, einer plötzlichen Eingebung folgend.

Er gibt nur ein kurzes Knurren von sich und steht auf. Er schiebt den Packen Decken zur Seite und setzt sich neben mich. Gut, dass ich so laut geschnarcht hätte, sagt er. Sonst wäre er wahrscheinlich einfach an dieser Hütte vorbeigelaufen. Dem Akzent seines Englisch nach zu urteilen könnte er aus der Schweiz sein. Aber so ganz passt das doch nicht.

„Österreicher?", frage ich auf Deutsch.

„Und Sie sind aus Deutschland", stellt er sachlich fest.

Ich schaue auf meine Uhr. Sechzehn Uhr dreißig.

„Das könnten wir gerade noch schaffen", sage ich.

Er schüttelt den Kopf, wie über ein unvernünftiges Kind. „Das Risiko würde ich an Ihrer Stelle nicht eingehen. Nicht, wenn Sie auch noch das eigentliche Ziel Ihrer Pilgerreise erreichen wollen."

„Aber ...", sage ich.

„Nicht vor morgen früh", sagt er streng.

Vorsichtig setze ich den Fuß auf den Boden. Ich versuche, ihn bei geringer Belastung ein wenig zu drehen. Erneut bohrt sich ein heftiger Schmerz tief in mein Fußgelenk. Ich muss mich geschlagen geben.

Ich versuche, die Initiative zurückzugewinnen. Wie er denn darauf käme, dass ich kein gläubiger Buddhist sei, frage ich.

Er habe doch gesehen, wie ziellos ich oben auf dem Tempelgelände herumspaziert sei.

Genauso wie er selber auch, gebe ich zurück.

Mit dem Unterschied, dass er sich nicht als buddhistischer Pilger verkleidet habe. Er sei schließlich Christ. Ein Pilgerhemd trage er gelegentlich nur, weil er hier so schwer ein westlich geschnittenes Hemd in seiner Größe bekomme.

„Dann lag ich wohl richtig mit meiner Vermutung, dass Sie Missionar sind?", versuche ich ihn aus der Reserve zu locken.

Er sieht mich durchdringend an. Wie jemand, der sich vergewissern will, wen er da vor sich hat. Ich scheine die Prüfung bestanden zu haben. Ja, Missionar zu werden, davon habe er tatsächlich schon als Jugendlicher geträumt, Missionar hier in Japan.

Ich habe das Gefühl, er würde gern weitersprechen, aber irgendetwas scheint ihn zurückzuhalten. Mir fällt ein Roman ein, den ich vor Jahren einmal gelesen habe. Da ging es um das Scheitern der Jesuitenmission in Japan. ‚Schweigen' von Shusaku Endo. Ein toller Roman. Ob er den zufällig kennt, frage ich.

Er schaut mich ganz überrascht an. Wie ich denn ausgerechnet darauf käme, fragt er. Genau dieser Roman sei es gewesen, der ihn als Jugendlichen so beeindruckt habe, dass er beschlossen habe, Missionar in Japan zu werden. Deshalb habe er Theologie studiert. Er heiße übrigens Christofer – mit ef.

„Thomas, mit teha", sage ich. Wir geben uns die Hand.

*

Die Tatsache, dass ich dieses Buch kenne, scheint bei ihm eine Sperre gelöst zu haben. Christofer fängt an zu erzählen. Nach dem Abitur habe er ein halbes Jahr auf den Philippinen verbracht. Als Freiwilliger in einem kirchlichen Hilfsprojekt auf Mindanao. Das aber nur, weil es eine entsprechende Möglichkeit in Japan nicht gab. Außerdem sei da ja auch noch das Sprachenproblem gewesen. Nach dem Ende seiner Seminaristenzeit habe er deshalb noch ein Jahr in Tokio Japanisch studiert. Zweitausendundeins. Da habe er sich endgültig in dieses Land und seine Menschen verliebt.

So sei es auch mir gegangen, als ich vor dreißig Jahren zum ersten Mal hierhergekommen sei, sage ich. „Ich muss allerdings gestehen", versuche ich ihn ein wenig zu provozieren,

„dass mir an den Japanern besonders gefällt, dass sie das mit der Religion in der Regel nicht so ganz ernst nehmen. Sie picken sich einfach das heraus, was ihnen je nach Situation als das Beste erscheint. Den shintoistischen Ritus für die Neugeborenen, den christlichen für die Eheschließung, und beerdigen lassen sie sich am Ende buddhistisch."

Als hätte er diesen Einwurf gar nicht gehört, vervollständigt mein neuer Freund seinen Bericht: Es sei ihm damals aber auch endgültig klar geworden, dass die katholische Kirche nie wieder Missionare aus Europa nach Japan entsenden werde. So sei er schließlich einfach nur Priester geworden. Der Blick, den er mir dabei zuwirft, wirkt seltsam gequält, aber vielleicht bilde ich mir das auch nur ein.

Respekt, sage ich, auch wenn ich seinen Glauben nicht teilen könne.

„Ist ja auch nicht leicht, gläubig zu sein – oder zu bleiben." Er muss mir angesehen haben, dass ich verwundert bin, dass er als Priester so etwas sagt. „In einer Welt, in der so viele schreckliche Dinge passieren", ergänzt er. Aber letztlich könne doch nur der Glaube wahren Trost in einer trostlosen Welt bieten.

Angesichts dieser vollmundigen Selbstgewissheit kann ich nicht an mich halten. „Sehen Sie", sage ich, „genau das verstehe ich nicht: Wie man aus einem blutigen Menschenopfer, wie es die Christen im Abendmahl feiern, Trost schöpfen kann."

Ich erwarte eine heftige Reaktion, aber er sieht mich nur nachdenklich an. „Dann haben Sie wohl nie wahren Trostes bedurft", sagt er schließlich.

Das bringt hier doch nichts, denke ich, aber dann platzt es mir doch heraus: „Im Gegenteil! Meiner Frau und mir ist das Schlimmste passiert, was Eltern passieren kann. Wir haben ein Kind verloren – durch einen Unfall."

Christofer, der Priester gewordene Missionar, legt mir seine schwere Hand auf dem Arm. „Glaube mir, ich verstehe Dich." Seine Stimme klingt auf einmal ganz anders – tiefer und etwas rau. „Nur allzu gut verstehe ich dich! Es ist keine zwei Monate her, da habe ich selber ein Kind überfahren."

Ich sage nichts. Irgendwo in der Nähe ein Krächzen. Ein Rabe. Oder eine dieser riesigen japanischen Krähen ...

„Ein Mädchen aus meiner Gemeinde. Ausgerechnet am Tag ihrer Erstkommunion. Irgendwas muss mich abgelenkt haben. Als ich sie bemerkt habe, war es zum Bremsen zu spät. Man könnte meine Japanreise auch eine Art Flucht nennen."

Ich würde gern etwas sagen. Mir fällt aber nichts ein, was nach dieser unerwarteten Beichte glaubwürdig klingen würde – nicht aus meinem Mund jedenfalls.

Erneut die raue Stimme des Priesters: Bevor er von Hiroshima aus hier herübergekommen sei, habe er in Kyushu die heißen Quellen am Mount Unzen besucht. Den Ort, an dem man damals die Christen gefoltert und im siedenden Wasser schließlich getötet habe, wenn sie ihrem Glauben nicht abschworen. Ich würde die Geschichte ja kennen, wenn ich das Buch von Shusaku Endo gelesen hätte. „Wissen Sie, dass man in den heißen Quellen von Unzen heutzutage Eier kocht und die an Touristen verkauft?"

*

Ich schaue auf meine Uhr. Es ist kurz vor sechs. Jetzt wird es auch mein Retter nicht mehr nach unten schaffen, bevor es dunkel wird.

Das macht ihm aber nichts aus. Wenn ich nichts dagegen hätte, würde er die Nacht mit mir zusammen hier oben verbringen, sagt er.

Im Gegenteil, sage ich. Ich sei, ehrlich gesagt, froh, hier im Wald nicht allein übernachten zu müssen, noch dazu in einer nach allen Seiten hin offenen Schutzhütte. Auf Shikoku soll es ja sogar noch Bären geben ...

Eine Weile noch sitzen wir einfach nur schweigend nebeneinander und sehen zu, wie die Welt um uns herum allmählich eindunkelt. Im letzten Licht schließlich bauen wir uns aus Futons und Decken unsere Nachtlager – er auf der Bank gegenüber – und wünschen uns auch gleich eine gute Nacht.

Mein verhinderter Missionar findet aber offenbar auch keine Ruhe. Jetzt räuspert er sich und beginnt dann zu sprechen, leise, wie zu sich selbst: „Ich weiß, du hältst sowieso nichts davon, aber hör' dir wenigstens an, was mich umtreibt. Wie kann ich weiter Priester sein und anderen Menschen Absolution erteilen, solange ich nicht glauben kann, dass mir je verziehen wird? Gibt es überhaupt eine Form der Buße, die dem gerecht wird, was ich getan habe?"

Ich weiß nicht, ob er überhaupt eine Antwort erwartet. Vielleicht erwartet er sogar eine Gegenfrage oder so eine Art Beichte von mir. Ich habe ihm schließlich vom Verlust unserer Tochter erzählt ... Nein, ehe er versucht, seinerseits bei mir seelsorgerisch tätig zu werden, erzähle lieber ich ihm jetzt eine Geschichte. Eine Art Gleichnis, schließlich ist er ja Priester.

„Meine Frau und ich haben einmal vor einem Antikladen in der Nähe von Kobe eine offenbar ziemlich alte Jizō-Statue entdeckt. Sie wissen ja sicher, wofür die stehen." Sein Brummen soll offenbar Zustimmung signalisieren. „Diese Steinfigur hat mich so angesprochen mit ihrem friedvollen Kindergesicht, ich habe sie gekauft und gegen den Protest meiner Frau zu Hause in unserem Wohnzimmer neben dem Kamin aufgestellt.

Meine Frau fand, die Figur würde so eine düstere Aura verbreiten. Ihr Platz sei dort, wo eine trauernde Mutter sie aufgestellt habe, irgendwo auf einem Friedhof oder einem Tempelgelände. Jemand müsse sie unrechtmäßig von dort entfernt und in diesen Antikladen verschleppt haben.

Ich fand das überspannt, aber meine Frau hat einfach keine Ruhe gegeben. An einem Wochenende, als sie mit ihrer Freundin in der Stadt unterwegs war, habe ich dieses versteinerte Kind schließlich in einen Rucksack verstaut und bin damit ins Rokko-Gebirge gewandert. Eine harte, mehrstündige Kraxelei. Ein Stück abseits des Waldwegs habe ich eine hinter dichtem Buschwerk versteckte Stelle an einem Steilhang gefunden, wo ich die Figur ausgesetzt habe, mit weitem Blick über Kobe und die Osaka-Bucht. Zum Schluss habe ich noch eine volle Flasche Wasser über ihrem runden Kopf ausgegossen. Sie wissen ja, die Japaner machen das, um die brennende Seele des abgetriebenen oder frühverstorbenen Kindes zu kühlen, für das die Figur steht."

Mein Priester lässt wieder so ein undefinierbares Knurren hören.

„Auf meinem Rückweg quer durchs Gebüsch hörte ich plötzlich ein lautes Brausen über mir. Wie von einem riesigen Schwarm wütender Hornissen. Es war aber nirgendwo etwas zu sehen. Das war so unheimlich, ich bin das restliche Stück bis zum Waldweg gerannt, als wären Gespenster hinter mir her. Und als ich auf den Weg hinauskam, kringelte sich dort direkt vor mir eine große, schwarze Schlange, die hatte ein schwefelgelbes Zackenmuster auf dem Rücken und hielt in ihrem Maul einen feuerroten Frosch. Im nächsten Moment war sie im hohen Gras auf der anderen Seite des Weges verschwunden. Und wissen Sie was? Als ich nach Hause kam, empfing mich meine Frau schon an der Tür. Ob ich irgendetwas im Hause verändert hätte. Alles wirke auf einmal so heiter und hell."

Wieder dieses Knurren. „Und was soll diese Geschichte mir sagen?"

„Dass ich glaube, Rituale – Bußrituale, wenn Sie so wollen – können auch unabhängig vom Glauben an einen vergebenden Gott oder ähnliche religiöse Konstrukte eine therapeutische Wirkung entfalten."

„Tut mir leid, ohne den Glauben ist für mich sowas nur Aberglaube."

„Was ist denn das sogenannte Sakrament des Heiligen Abendmahls anderes als archaischer, ja barbarischer Aberglaube? Wenn man also tatsächlich glaubt, persönliche Schuld mit dem Blut eines vor zweitausend Jahren vollzogenen Menschenopfers abwaschen zu können."

Kaum habe ich das gesagt, bereue ich es. Der Mann ist ja wirklich vollkommen verzweifelt. Wer, wenn nicht ich, sollte das tiefe Schuldgefühl dieses wankenden Priesters angesichts des Todes eines unschuldigen Kindes verstehen. Bei ihm kommen sogar noch Glaubensqualen dazu ...

Er schweigt. Tiefe Müdigkeit breitet sich in mir aus. Wie ihm Traum sehe ich ihn da gegenüber auf seiner harten Bank liegen, mit schweren Ketten fest an seinen Glauben geschmiedet, während ich meine Ungläubigkeit an loser Leine bei mir führe, allzeit bereit, sie in ungläubiges Staunen verwandelt zu sehen – etwa beim Anblick der funkelnden Sterne in dem Himmelsausschnitt, den ich von hier aus sehen kann. Oder wenn ich an die glitzernden Kiesel in dem Bergbach denke, den man jetzt, wo es so totenstill ist, in der Ferne ganz leise plätschern hört.

„Entschuldigung", sage ich. „Das eben habe ich nicht so gemeint. Und diese Geschichte habe ich eigentlich nur erzählt, weil ich dachte, sie könnte Sie vielleicht auf andere Gedanken bringen."

„Gute Nacht", höre ich meinen Retter nun zum zweiten Mal sagen.

Tag Zwölf

Im ersten Moment weiß ich gar nicht, wo ich überhaupt bin. Um mich herum ist es taghell. Mir ist kalt. Meine Decke liegt vor der Bank auf dem Boden. Ich setze mich auf. Die Bank gegenüber ist leer. War das mit dem rotblonden Priester vielleicht nur ein Traum? Aber mitten auf der Bank liegt noch ein zusammengerollter Futon und darüber eine akkurat zusammengelegte Decke, daneben eine Flasche Wasser und ein Apfel.

Ich taste nach meinem Knöchel. Ich kann keine Schwellung fühlen, aber da sind noch eingetrocknete schwarzbraune Reste der Paste. Vorsichtig trete ich auf. Ich tue ein paar langsame Schritte. Ich kann es kaum glauben: Ich verspüre keinerlei Schmerzen!

Kurz nach halb acht. Ich drapiere meine Bettsachen neben die meines seltsamen Freundes, versehe einen meiner *osamefuda*-Zettel mit Namen und Datum und einem dicken *Dōmō arigatō!* und schiebe ihn zwischen die Decken. Dann lade ich mir den Rucksack auf, schnappe mir die Wasserflasche und den Apfel und mache mich auf den Weg. Die ersten Stufen steige ich noch wie auf Eiern hinunter, aber mit rasch wachsender Zuversicht geht es immer schneller bergab.

*

„Das stinkt hier echt wie in der Hölle." Daniel verzieht demonstrativ sein Gesicht.

„Hauptsache es hilft", sage ich. Natürlich habe ich ihm gleich von dem kleinen Malheur mit meinem verstauchten Knöchel erzählt, als er sich eben – völlig abgekämpft aber offensichtlich glücklich – zu mir in die heiße Schwefelbrühe hat sinken lassen.

Sein schnöder Kommentar: „Wenn man einmal nicht auf dich aufpasst ..." Und dann erzählt er mir, der Shinto-Priester oben auf dem Ishizuchi-san habe berichtet, erst vor wenigen Tagen sei ein Pilger beim Abstieg vom Berg tödlich verunglückt ...

„Also habe ich mir nicht ohne Grund die ganze Zeit solche Sorgen um dich gemacht", sage ich. Er sieht mich an, als hätte ich einen Witz gemacht, wird aber sofort wieder ernst. Er sei ja auch froh, dass wir beide wieder wohlbehalten zusammen seien.

Für mich ist das hier nun schon der dritte Badegang, und nachdem ich das letzte Stück des Wegs hierher wieder etwas gehumpelt habe, fühle ich mich jetzt wieder rundum wie neugeboren. Auch er gibt zu, dass ihm das Thermalwasser guttut.

„Echt eine gute Idee, uns hier im *Onsen* zu treffen", sagt er. Er habe gedacht, er könne heute keinen einzigen Schritt mehr laufen, nachdem er für den Rückweg fast sieben Stunden gebraucht habe. Inzwischen fühle er sich aber fast schon wieder ganz fit.

Sieben Stunden? Und ich hatte mich gewundert, dass er erst kurz nach Mittag hier aufgetaucht ist. Ich war davon ausgegangen, dass er den Abstieg in nicht mehr als vier Stunden bewältigen würde. Jetzt erfahre ich, dass er einen anderen, deutlich weiteren Weg genommen hat. Der habe am Ende auch noch an einem wunderschönen Bergsee vorbeigeführt ...

„Dann würde ich jetzt ja immer noch da oben am Berg vergeblich darauf warten, dass mein Sohn vorbeikommt und mich rettet – wenn nicht zufällig ein barmherziger Samariter vorbeigekommen wäre, der mir geholfen hat", sage ich.

„Echt jetzt?" Er sieht mich betroffen an. „Mein Gott, dann war das mit deinem Knöchel doch mehr als nur ein ‚kleines Malheur'? Und was für ein ‚Samariter' ist das gewesen?"

Irgendwas hat mich vorhin davon abgehalten, ihm von dem seltsamen Priester und unserem nächtlichen Gespräch zu erzählen. „Ein ausländischer Pilger", sage ich, „ein Priester aus Österreich."

„Ach, und der hat dir dann heute früh den Berg runtergeholfen?"

„Nein, er hat mir gestern Abend nur gleich so eine Paste auf den verletzten Knöchel geschmiert, die wunderbarerweise geholfen hat. Er selbst war verschwunden, als ich heute Morgen aufgewacht bin. Übrigens haben wir den vorher schon mal gesehen. Der war nämlich zeitgleich mit dir in dem Laden, in dem du dein Pilgeroutfit gekauft hast."

„Du, da war außer mir überhaupt kein weiterer Kunde. Der wäre mir in dem kleinen Laden doch sofort aufgefallen."

„Aber ich habe ihn doch kurz vor dir da rauskommen sehen."

Mein Sohn legt mir seinen Arm um die Schulter. „Vielleicht hast du das ja alles auch bloß geträumt, in der Nacht, die du da oben allein in der Hütte verbracht hast. Jedenfalls keine Sorge Dad, ab jetzt weiche ich nicht mehr von deiner Seite."

„Um Himmels Willen. Du musst es ja nicht gleich so übertreiben."

Wir lachen beide los, so laut, dass es von den gekachelten Wänden widerhallt. Der dürre Alte, der um diese Mittagszeit als Einziger das Bad mit uns teilt, schreckt auf und zieht sich noch tiefer in die am weitesten von uns entfernte Ecke des großen Gemeinschaftsbeckens zurück.

*

Wir sitzen auf der Bank vor dem *Nokyojo* und gratulieren uns gegenseitig, dass wir es heute tatsächlich noch bis Tempel Nummer 59 geschafft haben. Fünfzehn Kilometer in zweieinhalb Stunden. Wir wollten die Strecke auf der vielbefahrenen Straße direkt an der Küste einfach nur schnell hinter uns bringen. Als die hässliche Hafen- und Industriestadt Toyo mit ihrer smoggeschwängerten Luft endlich hinter uns lag, führte unser Weg eine ganze Weile durch eine flache Ebene zwischen frisch gefluteten Reisfeldern hindurch und schließlich noch eine Weile direkt an einem bewaldeten Bergzug entlang. Die letzten zwei Kilometer bis zum *Kokubun-ji* ging es dann aber schon wieder durch städtische Außenbezirke, das übliche wilde Durcheinander von Fabriken, Reisfeldern, Werkstätten, Pachinko-Hallen, kleinen Läden und Tankstellen, durchsetzt mit Wohnhäusern, einzeln oder zusammengedrängt in kleinen oder größeren Siedlungen, all das wild durchkreuzt von Bahnlinien und teilweise aufgeständerten Straßen.

Wie seine Lage ganz in der Nähe der Durchgangsstraße ist auch dieser Tempel selbst nicht gerade ein Highlight. Laut der üblichen Infotafel am Eingang ist der *Kokubun-ji* seit seiner Gründung im achten Jahrhundert mehr als ein halbes Dutzend Mal niedergebrannt oder zerstört worden. Daher ist keines der Gebäude besonders alt oder sehenswert.

„Umso besser", meint Daniel und dass er sich nun wirklich nach einem bequemen Bett sehnt. Seine Nacht auf dem Ishizuchi-san ist nämlich auch nicht so toll gewesen. Statt kuscheliger Hüttenromantik ein Nachtlager auf harten Dielenbrettern in einem Schlafraum, den er sich mit zwei älteren Wanderern geteilt hatte. Die waren den Berg von der anderen Seite heraufgekommen und hatten sich köstlich über diesen Ausländer im Pilgeroutfit amüsiert.

Vor dem (kargen) Abendessen hatte der Priester seine Gäste zu einer Shintozeremonie gebeten (Anrufung der Götter, ein Gebet, dessen Text selbst die japanischen Wanderer offenbar nicht ganz folgen konnten, und Segnung der Teilnehmer mit einem Papierwedel). Gleich nach Sonnenaufgang dann noch malige Anrufung der Götter im Shinto-Schrein samt Papierwedelsegen. Daniels Fazit: Eigentlich hätte ihm der fantastische Sonnenaufgang auch ohne das ganze Brimborium völlig gereicht.

Ich hatte mir schon so etwas gedacht. Selber verspüre ich nach meiner Übernachtung auf der harten, schmalen Bank in dem zugigen Pavillon aber natürlich auch das Bedürfnis, die kommende Nacht in einem weichen, warmen Bett zu verbringen. Im Onsen-Hotel von heute Vormittag gab es WLAN.

So kann ich meinen Sohn nun auch bereits mit einer festen Buchung überraschen: Im ‚Bari-Inn', einem dieser typisch japanischen Businesshotels, direkt an der Umgehungsstraße von Imabari gelegen, und alles was wir brauchen – Restaurant, Wäscheservice und Whirlpool – im Hause. Das bedeutet jetzt zwar noch einmal drei Kilometer auf hartem Asphalt durch die chaotische Vorstadt, aber so werden wir den fünf weiteren Tempeln in und um Imabari, die morgen auf unserem Pilgerplan stehen, bereits ein ganzes Stück näher sein. Daniel zeigt sich gebührend beeindruckt.

Tag Dreizehn

Heute wollen wir zuerst die Tempel abhaken, für die wir quer durch die Stadt müssen. Die Nummer 58, die wir nach der Nummer 59 von gestern nun eigentlich als Erstes ansteuern müssten, heben wir uns als letztes Ziel für den späten Nachmittag auf. Dieser *Senyu-ji* soll nämlich idyllisch auf einem Berg liegen und laut Tempelwebseite ein bestens ausgestattetes *Shukubo* einschließlich klassischer Tempelküche zu bieten haben.

Stattdessen fangen wir nun mit der Nummer 55 an, dem mitten in der Stadt in der Nähe des Bahnhofs gelegenen *Nankobo*. Das einzig Eindrucksvolle an dem ist das prächtige Tempeltor direkt an der Hauptstraße mit seinen vergoldeten, aber dafür besonders finster drohenden Wächterfiguren. Außerdem ist dies der erste Tempel auf unserer Pilgertour, durch dessen Gelände eine Fahrstraße führt. Da können wir jetzt doch tatsächlich einen Pilger beobachten, der direkt vorfährt, aus seinem Auto springt, zur Haupthalle spurtet, im Eildurchgang seine Gebete verrichtet, um dann sofort zum nächsten Tempel durchzustarten – all das in nicht einmal fünf Minuten.

Dadurch inspiriert beschließen wir, ebenfalls keine Zeit zu verlieren und gleich zum Tempel Nummer 54 weiterzumarschieren.

*

Zu Fuß haben wir für die rund drei Kilometer stadtauswärts bis zum *Enmei-ji* dann doch eine halbe Stunde gebraucht. Dieser Tempel liegt in einer schon etwas ländlicheren Gegend zwischen zwei großen Bewässerungsteichen. Vor dem Tempeltor zieht sich seitlich ein Friedhof den Hang hinauf, auf dem zahllose Jizō-Statuen für die Trauer von Müttern um ihre totgeborenen Kinder oder für ihre Sühne für abgetriebene stehen.

Ich mache Daniel darauf aufmerksam, dass vor der Haupthalle dieses Tempels fast nur Frauen zu sehen sind, die hier ihre Gebete verrichten.

Er fragt, ob ich es nicht auch schizophren fände, wie sich hier Tempel für das Gebet um Kindersegen mit Tempeln zum Büßen für Abtreibungen abwechselten.

„Sei nicht immer so zynisch", sage ich, „das Leben ist nicht immer so einfach, wie du dir das vorstellst."

*

Tempel Nummer 56 ist eine weitere halbe Stunde Fußmarsch eine vierspurige Umgehungsstraße entlang entfernt. Wir stellen fest, dass dies tatsächlich erneut ein Kinderwunschtempel ist. Der Junge kann mal wieder ein Grinsen nicht unterdrücken.

Wir sehen uns nur kurz in der weitläufigen, aber schlichten Anlage um, ich lasse mir den Stempel in mein Pilgerbuch geben, und dann machen wir uns gleich auf den Weg zum *Eifuku-ji*, dem Tempel des ewigen Glücks.

Dieser Tempel (Nummer 57) liegt schon ein ganzes Stück außerhalb der Stadt Imabari auf einem ersten Ausläufer des Gebirges, das – wie uns ein Blick auf die Karte gezeigt hat – weiter südlich noch auf über eintausend Meter ansteigt. Als wir von der Straße auf das vom Wald umschlossene Tempelgelände einbiegen, fällt das leichte Gefühl der Anspannung, dass uns auf unserem Weg durch den Lärm und das Chaos der Stadt unbewusst ständig begleitet hat, schlagartig von uns ab.

Der freundliche alte Priester im *Nokyojo* erklärt uns, schon viele Pilger seien durch ihre Gebete in diesem Tempel von schweren Krankheiten geheilt worden. Auf unserem Rundgang über das Tempelgelände entdecken wir denn auch zahlreiche zurückgelassene Krücken und vereinzelt sogar verlassene Rollstühle.

„Wie in Lourdes", meint Daniel, „nur ohne Jungfrau."
Jedenfalls ist es die besondere Atmosphäre dieser heilkräftigen Pilgerstätte, die uns dazu verführt, uns hier auf den Stufen der Haupthalle niederzulassen und erst mal einfach so sitzenzubleiben. Sowas ist auf unserer Pilgerreise bisher noch nie vorgekommen: Es ist erst später Vormittag, und wir sitzen hier gemütlich, lassen uns von der Sonne bescheinen und verspüren nicht die geringste Eile, unser nächstes Ziel in Angriff zu nehmen.

Auch Daniel ist das Außergewöhnliche an diesem Moment offenbar gerade bewusst geworden. Er habe das Gefühl, wir hätten wohl nach zwölf Tagen beständigen Pilgerns bereits eine höhere Stufe des Bewusstseins erreicht, sagt er in weihevollem Ton. Natürlich grinst er dabei.

„Wir haben uns heute einfach nur etwas in den Entfernungen verschätzt", sage ich.

„Das kommt davon, wenn man die Tempel nicht in der vorgeschriebenen Reihenfolge abklappert", legt er nach.
So ganz ernst kann der Junge unser Unternehmen offensichtlich noch immer nicht nehmen. Aber wer könnte ihm das auch verdenken. Für ihn ist diese Pilgertour nicht mehr als ein etwas absonderlicher Einfall seines Vaters, aus dem er versucht, für sich das Beste zu machen.

Es wird allmählich Zeit, ihm zu eröffnen, worum es mir bei all dem hier letztendlich geht. Aber was, wenn es doch noch zu früh ist? Wenn unsere Beziehung noch nicht genügend gefestigt ist, um die Wahrheit auszuhalten? Ich will ihm einen scherzhaften Klapps auf den Rücken geben, treffe aber natürlich nur seinen Rucksack.

Ob er eigentlich keinen Hunger hat, frage ich. Am Rand des Parkplatzes vor dem Tempeltor gab es doch so einen Stand, an dem es Hühnerspießchen zu kaufen gab ...

*

Nach unserer speziellen Pilgerkarte sind es gerade mal vier Kilometer bis zur Nummer 58, unserem letzten Ziel heute Nachmittag. Was auf diesem Plan nicht zu erkennen war: Nach einem kurzen Stück am Waldrand entlang und einem Schlenker um einen kleinen Stausee herum führt die Straße erst kaum merklich, dann aber immer steiler bergauf. Wir haben vielleicht gerade ein Drittel der Strecke geschafft, da entdeckt Daniel, der mir vorausläuft, an einem Baum das Hinweisschild: *Henro michi*. Keuchend bleiben wir beide vor dem bunt bemalten Holzschild stehen.

Nein, sage ich und schüttele energisch den Kopf. Der Pfad führt mal wieder treppenartig einen Steilhang hinauf und verliert sich schon nach wenigen Metern unter dichter Vegetation. „Noch mal lasse ich mich nicht auf so ein Abenteuer ein." Daniel sieht das genauso. Also folgen wir brav den immer weiter ausladenden Serpentinen der Straße, wodurch aus den verbleibenden drei Kilometern Luftlinie schnell mehr als zehn Kilometer Laufstrecke werden.

Endlich verkündet ein Straßenschild vor uns die frohe Kunde, dass es ab hier nur noch 1,2 Kilometer bis zum *Senyu-ji* sind. Gerade als wir vor diesem Schild ein weiteres Mal kurz verschnaufen, fährt ein Reisebus an uns vorbei – wie zum Hohn. Aus dem Rückfenster winken zwei junge Damen in makellos weißen Pilgerhemdchen lachend zu uns herunter.

In den grimmigen Gesichtern der beiden Tempelwächter glaube ich zumindest eine Spur von Mitleid zu entdecken, so schweißnass und atemlos, wie wir vor ihnen stehen. Gleich hinter dem Tor, das sie bewachen, führt noch eine Steintreppe ein Stück weiter bergauf. Der Bus mit den Pilgern ist nirgends zu sehen.

Die sind bestimmt auf der Straße bis direkt vor die Haustür gekarrt worden, sage ich.

Dann zeigen wir denen mal, was ein echter Pilger ist, sagt Daniel und nimmt gleich mehrmals hintereinander zwei Stufen auf einmal.

Da will ich mir auch keine Blöße geben und stiefele hinterher. Auf halber Höhe der Treppe hat Meister Kobo Erbarmen mit mir. Laut Infotafel hat er die Quelle, die hier in ein Steinbecken sprudelt, vor mehr als tausend Jahren selber entdeckt. Rettung in letzter Minute. Ich greife mir einen der bereitliegenden Schöpflöffel und gieße mir eine erste Ladung kühlen Wassers über die Hände, bevor ich gierig zu trinken beginne. Daniel lacht, kommt ein paar Stufen zu mir herunter und bedient sich ebenfalls.

Frisch gestärkt nehmen wir die zweite Hälfte der Treppe in Angriff. Als ich mich das letzte Dutzend Stufen schwer keuchend am Geländer emporziehe, steht der Junge schon oben und wartet auf mich. „Alle Achtung", sagt er, und streckt mir seine Hand entgegen. Immerhin atmet auch er selber immer noch schwer.

Schon auf den ersten Blick sehen wir, die Tempelwebseite hat nicht zu viel versprochen. Das *Shukubo* ist ein modernes Gebäude in schickem weiß-blauem Design mit einem wunderschön angelegten klassisch japanischen Steingarten vor dem Eingang. Das alles wirkt eher wie ein hippes Boutique-Hotel als wie eine nüchterne Tempelherberge.

Im Gegensatz dazu ist der Tempel selbst von rustikaler Bescheidenheit, die nur noch vom *Nokyojo* übertroffen wird, das einer heruntergekommenen Berghütte ähnelt. Als wir den Raum betreten, erhebt sich ein alter Schäferhund knurrend von seinem Lager vor dem Holzofen in der Ecke der Hütte und kommt auf uns zu. Ein energischer Zuruf stoppt ihn gerade noch, bevor er uns erreicht. Der Rufer erhebt sich langsam von der Bank hinter dem einfachen Holztisch in der Mitte des Raums. Sein wettergegerbtes Gesicht passt zu der Kettensäge, die neben dem Stapel Brennholz an der Wand hinter ihm lehnt.

Gaijin machen ihn immer ein wenig nervös, entschuldigt sich der Mann für das Tier – in bestens verständlichem Englisch. Ihr seid sicher gekommen, um eure Stempel zu holen, fährt er im selben Atemzug fort und nimmt mir auch gleich das Pilgerbuch aus der Hand. Während er sich an die Arbeit macht, trottet der eisgraue Hund wieder auf sein Lager am Ofen zurück.

Erst als der Priester sein fertiges Werk noch eine Weile trockengepustet hat, wendet er sich wieder uns zu. Im *Shukubo* übernachten wollten wir ja sicherlich nicht. Es sei erst früher Nachmittag. Da würden wir es ja bis Nummer 59 noch ohne weiteres schaffen.

Da wollten wir aber nicht hin, sage ich. Wir pilgerten *gyaku-uchi*.

Normalerweise zeigen Japaner ihre Emotionen nicht oder lächeln darüber hinweg. Diesem Priester aber gelingt es nicht, seine Betroffenheit zu verbergen. Die Sache sei die …, setzt er zu einer umständlichen Erklärung an. Es dauert ein Weilchen, bis wir begreifen: Das *Shukubo* ist diese Nacht bis auf den letzten Raum ausgebucht – Golden Week und ein ganzer Bus voller Pilger … Als er unsere enttäuschten Gesichter sieht, fügt er mit zerknirschter Mine hinzu, normalerweise gebe es hier ja auch noch das *Tsuyado*, die Umsonstunterkunft. Der Raum aber sei zurzeit niemandem zuzumuten, da die Latrine der oberhalb gelegenen Toiletten undicht geworden sei …

Die verlockende Aussicht auf eine Übernachtung in einer komfortablen Unterkunft mit klassischer Tempelküche hat uns verleitet, fast einen halben Tag zu vertrödeln. Zurück Richtung Imabari, um dort zu übernachten, würde uns noch zusätzlich Zeit kosten, da wir morgen in die entgegengesetzte Richtung weitermüssen. In der richtigen Richtung aber geht es längere Zeit durch eine einsame Bergregion, wo uns eine weitere Nacht wie die mit den Wildschweinen drohen könnte.

Daniel und ich sitzen auf den Stufen der Meisterhalle und brüten über der Karte. Zum ersten Mal auf dieser Reise sind wir uneins über die Route. Ich bin für die Straße 317 direkt durchs Gebirge nach Süden. Da könnten wir nämlich gerade noch rechtzeitig vor Einbruch der Dunkelheit in Okudogo herauskommen, einem der bekanntesten Thermalbadeorte auf Shikoku. Das könnte uns für die entgangene Übernachtung in diesem Tempel mehr als entschädigen.

Daniel verweist auf die Dichte der auf der Karte eingezeichneten Höhenlinien und plädiert für die Landstraße, die noch vor dem richtig hohen Gebirge von der 317 direkt Richtung Küste abzweigt. Dort, in der Hafenstadt Iyohojo, müssten wir eigentlich problemlos noch ein Hotelzimmer finden. Die Strecke wäre mit etwa 24 Kilometern etwas kürzer als die durch die Berge und längst nicht so steil. Außerdem wären wir morgen auf der Küstenstraße gleich bei den nächsten beiden Tempeln auf unserer Route, die im Nordwesten der Stadt Matsuyama liegen. Von Okudogo aus müssten wir dagegen erst noch mal zehn Kilometer bis dort hinüber und anschließend die gleiche Strecke wieder zurück, weil die weiteren Tempel alle im Osten und Süden der Großstadt liegen.

Ich bin immer noch nicht ganz überzeugt. Da aber legt Daniel den Finger auf den entscheidenden Punkt: Auf halber Strecke führt die 317 auf einer Passhöhe durch einen mindestens drei Kilometer langen Tunnel. Ich muss mich geschlagen geben.

Jetzt dürfen wir keine Zeit mehr verlieren. Wir verzichten sogar auf die ‚fantastische Aussicht' über die Küstenebene, Imabari und die Inseln in der Inlandsee, die uns der Priester im *Nokyojo* am Ende noch – quasi als Trostpreis – empfohlen hat. Der Weg hinauf zum Aussichtspunkt hinter der Meisterhalle und zurück würde uns noch eine halbe Stunde zusätzlich kosten.

Wir haben die Strecke durch das Vorgebirge zur Küste hinunter gnadenlos unterschätzt. Eben noch waren wir sicher, wir hätten schon weit mehr als die Hälfte des Weges zurückgelegt, da hat uns ein Blick in meine digitalen Detailpläne gezeigt, dass wir gerade mal ein Drittel geschafft haben. Gerade erst ist Zuversicht aufgekommen, dieses wunderschöne Tal, in dem sich immer wieder lichtgrüne Reisterrassen zwischen die dunkelgrün bewaldeten Hänge schmiegen, würde uns nun stetig bergab bis zur Küste führen, da windet sich die Straße eine weitere Höhe hinauf.

In unserem bisherigen Tempo schaffen wir es nie bis Iyohojo, bevor es dunkel wird. Die vereinzelten Höfe oder verschlafenen Dörfer an dieser einsamen Landstraße machen nicht den Eindruck, als würden dort seltsame Pilger wie wir für die Nacht willkommen geheißen. Jetzt kläfft sogar wieder ein angeketteter Hund hinter uns her. Wir haben die Höhe erreicht und beginnen zu laufen ...

Ich hätte nicht gedacht, dass ich dieses Tempo so lange durchhalten würde. Jetzt aber ist endgültig Schluss. Außerdem habe ich höllischen Durst. Daniel läuft unbeirrt weiter. Da drüben, der Schrein, schreie ich hinter ihm her. Er stoppt, dreht sich um und sieht mich überrascht an. Dann aber kommt er zögernd zu mir zurück.

Weit kann es nicht mehr sein bis zur Küste, aber die Sonne steht schon so tief, dass sie uns fast waagerecht ins Gesicht scheint. Auch Daniel muss einsehen, dass wir von der Dunkelheit überrascht werden könnten, bevor wir die Stadt erreichen. Der Weiler in dem sich vor uns weitenden Tal wirkt genauso ausgestorben und abweisend, wie so viele zuvor in dieser entlegenen Berggegend. Der Shinto-Schrein, dessen scharlachrotes Tōri rechterhand durch die Bäume am Hang leuchtet, verspricht zumindest einen Brunnen, an dem wir unseren Durst löschen können. Vielleicht aber finden wir dort auch gleich ein geschütztes Plätzchen für die Nacht. Langsam steigen wir die steilen Stufen hinauf.

Das hier ist zwar nicht das, was wir uns für diese Nacht vorgestellt hatten, aber es hat was. Wir haben uns in unseren Schlafsäcken an der windgeschützten Seite des Schreins eingerichtet. Die erhöhte umlaufende Terrasse, auf der wir es uns bequem gemacht haben, ist durch ein Geländer geschützt. Nicht zu befürchten also, dass uns Wildschweine von hier vertreiben.

Inzwischen fällt Mondlicht durch die Kiefern, druckt tintenschwarze Schattenmuster auf die Dielenbretter und den Waldboden ringsum, zaubert Glanzlichter auf die Kupferbeschläge hier am Geländer und da vorne oben am Tōri. Sein fahler Schein verleiht den zwei Füchsen, die beidseits des

Zuwegs zum Schrein auf ihren Steinsockeln wachen, eine gespenstische Aura.

Daniel hat mal so einen japanischen Animé-Film gesehen. In dem verwandelt sich eine Füchsin in eine schöne Frau. Ein Mann verliebt sich unsterblich in sie und heiratet sie. Sie gebiert ihm eine Tochter. Eines Tages aber erkennt er, dass sie in Wirklichkeit eine Füchsin ist. Daraufhin verschwindet die Frau für immer und lässt den Mann allein mit der Tochter und mit gebrochenem Herzen zurück.

Ich kläre ihn auf, dass dies eine alte japanische Legende ist, die aber mit Fuchsschreinen wie diesem gar nichts zu tun hat. Die Füchse hier repräsentieren Kitsune, Boten des Reis- oder Fruchtbarkeitsgottes Inari.

„Du bist immer so nüchtern", findet mein Sohn. Das versetzt mir einen kleinen Stich. Wie oft habe ich diesen Satz von seiner Mutter gehört ...

Unter uns raschelt es. Nein, das ist eher ein schleifendes Geräusch – jetzt entfernt es sich schnell.

„Vielleicht eine Schlange", meint Daniel. „Gut, dass wir hier oben liegen – hier auf die Plattform wird sie ja wohl nicht so schnell raufkommen."

„Ist wahrscheinlich der Schutzgeist dieses Schreins", sage ich. „In Kobe hatten wir eine Schlange unter dem Haus. Unser Vermieter hat damals gesagt, da bräuchten wir uns keine Sorgen zu machen. Im Gegenteil, wir stünden damit unter einem besonderen Schutz."

„Sag bloß, du glaubst an sowas."

„Ich bin nicht so nüchtern, wie du denkst", sage ich. Und dann erzähle ich ihm die Geschichte, die ich zwei Nächte zuvor dem seltsamen Priester erzählt habe. Die Geschichte mit der Jizō-Figur, und wie ich nach meinem kleinen Wasserritus eine Schlange einen feuerroten Frosch hatte davontragen sehen.

„Nicht dass du denkst, ich wäre damals plötzlich abergläubisch geworden", füge ich sicherheitshalber hinzu. Ich habe diese Sache ja wegen Mom durchgezogen. Mir hat aber auch der Ritus gefallen. Ich glaube nämlich doch, dass so ein lebendiger Ritus durchaus eine heilsame Wirkung entfalten kann."

Gefasst erwarte ich eine spöttische Bemerkung meines Sohnes. Aber der schweigt erst mal. „Du überraschst mich, Dad", sagt er schließlich, nun doch milden Spott in der Stimme – aber eine Spur von Nachdenklichkeit im Gesicht.

Tag Vierzehn

Als ich die Augen öffne, blicke ich direkt in ein Paar aufgerissene Augen und einen weit geöffneten zahnlosen Mund. Das von tiefen Furchen durchzogene, hexenartige Gesicht ist keine zwanzig Zentimeter von meinem entfernt.

In einer unwillkürlichen Abwehrbewegung fege ich meinen Pilgerhut von der Veranda. Der Kopf der Alten zuckt zurück. Erst jetzt bringe ich einen Laut heraus, der auch Daniel aus dem Schlaf reißt. Er richtet sich neben mir auf und im gleichen Moment wendet sich die Alte zur Flucht. Ich sehe gerade noch das Wirbeln ihrer in Strohsandalen steckenden bloßen Füße, rosa Blümchen auf ihrem schwarzen, um die mageren Beine schlotternden Rock, ein großes Loch in der grauen Strickjacke, gleich unterhalb ihrer Schulter – schon ist sie zwischen den beiden Füchsen hindurch und die Treppe hinunter verschwunden. Daniel sitzt neben mir und starrt mit offenem Mund in die Richtung, in der sich die Erscheinung davongemacht hat. Er hat offenbar noch tiefer geschlafen als ich.

„Vielleicht rennt sie ins Dorf, um Verstärkung zu holen", sage ich.

„Bloß weg hier", sagt Daniel und beginnt, sich aus seinem Schafsack zu schälen.

*

Wir sehen sie schon von Weitem. Sie steht mitten auf der Straße, vor einem der ersten Häuser des Dorfes. Sie muss den ganzen Weg hierher gerannt sein. Wir haben uns am Brunnen vor dem Schrein nur kurz die Augen ausgewaschen, haben unsere Wasserflaschen aufgefüllt und sind sofort losgestiefelt.

Die Alte hat ihre Hände in der Tasche ihrer Schürze vergraben und blickt uns mit unbewegtem Gesicht entgegen.

„High Noon", flüstert mir Daniel zu. Ausweichen können wir nicht, es gibt nur diese Straße durchs Dorf. Es trennen uns nur noch wenige Meter, aber diese Dorfhexe macht keinerlei Anstalten, zur Seite zu treten.

Jetzt schnell um sie herum zu spurten sähe aus, als hätten wir tatsächlich Angst vor ihr. Also bleiben wir stehen. Da verzieht die Alte ihr zerfurchtes Gesicht zu einem verschmitzten Lächeln und kräht uns ein fröhliches *„ohayoo-gozaimas'"* entgegen. Dabei rührt sie in ihrer Schürzentasche herum. Schließlich streckt sie uns mit einer tiefen Verbeugung ihre randvoll gefüllten Hände entgegen. *„O-settai!"*

Ein wenig peinlich ist uns das jetzt schon. Wir verbeugen uns gleich mehrmals hintereinander und nehmen gerührt die Pilgergabe entgegen: Zitronenbonbons! Zum Glück sind die eingewickelt.

*

Das American breakfast haben wir uns jetzt aber wirklich verdient. Seit gestern Mittag, wo wir uns während des Aufstiegs zum *Senyu-ji* eine Packung Kekse geteilt haben, haben wir nichts mehr gegessen – wenn man mal von den paar Zitronenbonbons absieht, die wir auf dem Weg hierher gelutscht haben.

Wer hätte gedacht, dass wir heute so früh schon – es ist noch nicht mal halb acht – vor Buttertoast, Spiegeleiern mit Speck und einem ganzen Stapel von American pancakes sitzen und gemütlich frühstücken würden. Ja, wir hätten gestern nur eine halbe Stunde weiterlaufen müssen, und wären mitten in Iyohojo gewesen. Selbst die Lichter dieses Küstenstädtchens waren in dem Tal, in dem wir die Nacht verbracht haben, hinter den letzten Ausläufern der Berge vor uns verborgen geblieben.

In diesem Family Restaurant haben wir auch wieder WLAN. So können wir die heutige Route schon vorab etwas genauer studieren. Von hier sind es nur ein paar hundert Meter bis ans Meer. Die ersten zehn Kilometer können wir dann auf einem schmalen Sträßchen immer direkt am Sandstrand entlanglaufen, wie das Satellitenbild zeigt. Die ersten zwei Tempel für heute, die Nummern 53 und 52, liegen dann nur noch ein kleines Stück landeinwärts nah beieinander. Anschließend geht es im Bogen um die Innenstadt von Matsuyama herum.

Die historische Burg und das altehrwürdige Dogo-*Onsen* kenne ich noch aus unserer Kobe-Zeit. Daniel findet beides nicht spannend genug, um dafür stundenlang quer durch diese Halbmillionenstadt zu latschen. Wenn wir die Stadt umgehen, schaffen wir es heute vielleicht sogar bis zur Nummer 46 – dem letzten Tempel, bevor es wieder hoch in die Berge geht.

Ja, jetzt freue ich mich richtig auf die heutige Wanderung, auch wenn es draußen windig und kühl und der Himmel wolkenverhangen ist. Erstaunlicherweise fühle ich mich nämlich recht fit. Dabei sind wir gestern wegen der Pleite mit dem ausgebuchten *Shukubo* von Tempel Nummer 58 mehr als vierzig Kilometer gelaufen. Auch Daniel strahlt: „Den Schwung müssen wir ausnutzen."

*

Wir stehen tatsächlich schon kurz vor siebzehn Uhr im *Nokyojo* des *Joyuri-ji* (Tempel Nummer 46). Ob wir nicht lieber in dem Onsen-Hotel beim Tempel Nummer 47 übernachten wollten, fragt uns die freundliche Dame, die dort Stempel und Pinsel führt. Und dann ruft sie da drüben sogar für uns an, um sicherzugehen, dass diese Unterkunft heute, am letzten Tag der Goldenen Woche, nicht ausgebucht ist. Ich könnte sie umarmen. Weiter als den knappen Kilometer zurück in Richtung des *Yasaka-ji* würden mich meine brennenden Füße kaum noch tragen.

*

Inzwischen haben das heiße Bad und das köstliche, vor allem aus reichlich *Sushi* und *Sashimi* bestehende Abendessen dieser ansonsten recht einfachen Herberge wahre Wunder bewirkt. Satt und entspannt liegen wir schon jetzt, kurz nach acht, auf den Futons in unserem Tatami-Zimmer. Ich bin völlig erschöpft, aber auch ein wenig stolz, haben wir doch erneut rund vierzig Kilometer geschafft – und volle acht Stempel mehr in meinem Pilgerbuch.

Von all diesen Tempeln habe ich jetzt allerdings nur noch einen deutlich vor Augen – die Nummer 51, den Tempel, den der angeblich wiedergeborene Emon Saburo gestiftet haben soll.

„Allein der Weg dahin war doch eine Katastrophe", meint Daniel. „Diese enge Straße durch die Vorstadt, wo man sich bei jedem vorbeikommenden Bus oder Laster an eine Hauswand oder in einen Ladeneingang quetschen musste, um nicht erfasst zu werden. Und dann die Massen von Touristen und die ganzen Souvenirläden – bloß wegen dieser Geschichte von Emons Wiedergeburt mit einem Stein in der Hand, auf dem angeblich sein Name stand."

„Mich hat beeindruckt, welch starke Wirkung diese Geschichte bis heute hat. Du hast doch diesen Riesenberg von beschrifteten Steinen gesehen Auf jedem der Name eines Kindes, das geboren wurde, nachdem seine Eltern sich in diesem Tempel so einen Stein gekauft hatten."

„Das ist doch nichts als Aberglaube", stellt mein Sohn kategorisch fest.

Kurz erwäge ich, ihm jetzt auch noch das mit dem *Daruma* zu erzählen, den Angelika und ich uns damals im Tempel Nummer 38 gekauft haben. Das lasse ich nun aber doch. Sonst wirft er mir womöglich vor, selber abergläubisch zu sein.

„Ach so", sagt Daniel plötzlich, „bei Mom und dir ging es damals ja auch um euren Kinderwunsch, als ihr hier gepilgert seid. Habt ihr etwa auch so einen Stein gekauft und ihn später mit Sarahs Namen beschriftet?"

„Nein, diese Steine gibt es nur an Emons Tempel", sage ich. „Und bis hierhin sind wir damals ja nicht gekommen."

Tag Fünfzehn

Um sieben Uhr sind wir bereits unterwegs. Heute geht es wieder in die Berge. Nach den letzten zwei Tagen strammen

Marschierens haben wir uns vorgenommen, es wieder gemächlicher anzugehen.

Die erste Steigung erwartet uns schon, als wir nach gerade mal zwei Kilometern Straße auf einen Pilgerpfad in den Wald abbiegen. Nachdem wir die letzten zwei Tage praktisch nur auf Asphalt gelaufen sind, weiß ich den kiefernnadelgepolsterten Boden unter meinen Füßen zu schätzen. Und wenn ich auch bald zu schwitzen beginne, so genieße ich doch erst einmal wieder jeden Atemzug in der frischen Waldluft. Nach weniger als einer halben Stunde kommen wir allerdings schon wieder auf eine geteerte Landstraße hinaus.

„Der brauchen wir jetzt immer nur zu folgen", verkündet Daniel fröhlich. So ganz kann ich seinen Frohsinn nicht teilen, habe ich mir die jetzt vor uns liegende Strecke doch heute früh auf meinem digitalen Shikoku-Atlas genau angesehen. Sie windet sich rund zwanzig Kilometer zwischen mehr als tausend Meter hohen Bergen hindurch, bevor wir zum etwas abseits gelegenen *Taiho-ji*, unserem ersten Tempel für heute, abbiegen müssen …

*

Inzwischen habe ich aufgehört zu zählen, wie oft wir nun schon einen Höhenzug bezwungen haben, nur um jedes Mal festzustellen, dass vor uns ein weiteres Tal und dahinter ein nächster Höhenzug liegt. Erfreulich ist allerdings, dass kurz nachdem wir auf diese Straße gestoßen sind, eine Abzweigung in einen Tunnel hineingeführt hat. Der verschluckt offenbar den gesamten Durchgangsverkehr. So fährt jetzt auf unserer Strecke, an der nur vereinzelte Gehöfte, aber sonst keine Siedlungen liegen, nur alle Nase lang mal ein Fahrzeug an uns vorbei. Die meiste Zeit sind wir völlig allein in dieser einsamen, urigen Landschaft. Der Hochwald zu beiden Seiten der Straße ist so dicht, dass die Straße fast immer im Schatten liegt. Das ist uns nur recht, jetzt, wo die Sonne so hoch steht.

*

Bis in den Ort Kuma, wo es zu unserem Tempel abgeht, kann es gar nicht mehr weit sein. Vor uns weitet sich das Tal zu einer mit Reisfeldern bedeckten Ebene. Soeben ist auch die

Umgehung durch den Tunnel, die wir vor vier Stunden im Berg haben verschwinden sehen, wieder auf unsere Straße gestoßen. Ich darf gar nicht daran denken, dass wir die Strecke, über die wir uns in diesen vier Stunden schwitzend und keuchend gekämpft haben, mit dem Bus, der da gerade aus dem Tunnel herauskommt, bequem in nicht einmal zehn Minuten hätten zurücklegen können.

„Ein bisschen hart muss so eine Pilgerreise gelegentlich sein", zitiert Daniel mich. „Trotzdem brauche ich jetzt doch noch mal eine Pause", gebe ich zurück. Wir lassen uns am Straßenrand nieder und leeren unseren restlichen Wasservorrat. Den werden wir ja gleich im Ort wieder auffüllen können.

Auf dem Damm, der durch die Reisfelder hinter uns führt, nähert sich ein kleines Gefährt, das wie ein Sitzrasenmäher aussieht. Vielleicht eine Reissetzmaschine, vermutet Daniel. Nur wenige Meter von uns entfernt erreicht der Minitraktor die Straße. Gerade will der Fahrer abbiegen, da bemerkt er uns. Prompt würgt er den Motor ab. Nachdem er uns eine Weile schweigend gemustert hat, steigt er von dem Gefährt herunter und kommt mit seinen dunkelgrünen Gummistiefeln auf uns zu gestapft. Sein Gesicht glänzt und seine Nase leuchtet schnupfenrot.

Er spricht Dialekt, so dass ich ihn kaum verstehe. Offenbar will er wissen, ob wir tatsächlich zu Fuß unterwegs sind. Ich nicke und zeige auf die Straße, die wir gerade heruntergekommen sind. Das gedehnte *„soo des' nee ..."* war zu erwarten gewesen. Ebenso wie das nach einer Pause folgende *„Erai, nee ..."* Dann aber beginnt dieser Reisbauer in den Taschen seines blauen Overalls zu kramen. Schließlich fördert er eine Handvoll Hundert-Yen-Münzen zutage und hält sie uns hin. Kauft euch was zu trinken, sagt er – ihr habt bestimmt großen Durst. Bevor er geht, dreht er sich noch einmal zu uns um. Woher?, fragt er. Aus Deutschland, sage ich. Dann müsst ihr euch Bier kaufen!, sagt er mit Nachdruck und stapft zu seinem Minitraktor zurück.

„Eigentlich hätte ich jetzt lieber eine anständige Nudelsuppe", sage ich zu Daniel. Der nickt. Auch er ist zuversichtlich, dass es im Ort gleich so etwas geben wird.

*

Der *Taiho-ji*, Tempel Nummer 44, liegt am Hang eines düsteren Berges, verborgen in einem uralten Zedernwald. Erst als wir schon kurz davorstehen, entdecken wir das geschwungene Dach einer der Hallen zwischen den mächtigen Stämmen.

Das Tempeltor ziert links und rechts je eine riesige Strohsandale. Dahinter müssen wir erst noch eine steile Treppe hinauf. Die Terrassen, auf denen die alten Holzgebäude des Tempels ruhen, sind aus grob behauenen, moosbewachsenen Felsblöcken errichtet. Dies ist zweifellos einer der urigsten Tempel auf unserer Pilgerreise bisher. Aber wir haben nicht die Zeit, die Weihe des Ortes in aller Ruhe auf uns wirken zu lassen. Es ist schon Mittag vorbei und wir können schwer einschätzen, wie lange wir zum nächsten Tempel noch brauchen werden. Wir haben nämlich vor, anschließend noch ganz bis Kuma zurückzulaufen. Dort können wir wenigstens sicher sein, noch ein Zimmer in einem der kleinen Hotels oder *Minshuku* für die Nacht zu finden. So hat es uns der Wirt des Nudelshops, in dem wir uns eben noch kurz gestärkt haben, jedenfalls versichert. Wir begnügen uns also mit einer kurzen Verbeugung vor der Haupthalle, bevor wir zum *Nokyojo* überlaufen.

In dem kleinen Büro treffen wir einen großen, stämmigen Priester in T-Shirt und Shorts an, der sich in einem ausladenden Korbsessel räkelt und froh über die Unterbrechung zu sein scheint. Abgesehen von der Gruppe junger Männer in Trainingsanzügen, die uns auf der Treppe hinter dem Tempeltor entgegengekommen ist, haben wir hier oben tatsächlich keine weiteren Pilger gesehen.

Als Erstes fragt der Mann, ob wir Amerikaner seien. Als ich sage, dass wir aus Deutschland kommen, scheint er ein wenig enttäuscht zu sein. Er nimmt mein Pilgerbuch entgegen und macht sich schweigend an die Arbeit. Erst da fällt mir das Plakat mit den Logos aller Baseball-Mannschaften der amerikanischen Major League ins Auge, das hinter dem Mann eingerahmt an der Wand hängt.

„Doitsu", wiederholt der sportliche Priester, während er sein fertiges Werk noch kurz mit dem Föhn trocknet. Wenn ihr den Pilgerpfad über den Berg nehmt, kommt ihr im nächsten Ort an dem Laden der Landwirtschaftskooperative vorbei. Dort gibt es auch Bier. Damit schiebt er mir die dreihundert Yen für den Stempel wieder zurück. Als ich ihm sage, dass wir eigentlich die Straße hatten nehmen wollen, schüttelt er energisch den Kopf. Die sei doppelt so lang wie der Pilgerpfad und der eine Tunnel auf der Strecke für Fußgänger nahezu lebensgefährlich. Damit ist also auch das für uns entschieden.

„Warum denkt hier eigentlich jeder an Bier, wenn er erfährt, dass wir aus Deutschland sind", fragt Daniel, als wir wieder draußen sind.

„Vielleicht ist hier vor Jahren mal eine besonders durstige Pilgergruppe aus Deutschland durchgekommen und hat einen bleibenden Eindruck hinterlassen", versuche ich eine Erklärung.

*

Wir haben mehr als anderthalb Stunden gebraucht, um uns den steilen Berg hinter dem Tempel hinauf- und auf der anderen Seite wieder hinunterzuarbeiten. Der schmale Pfad unter hohen Zedern und zwischen zerklüfteten Felsen hindurch hatte durchaus seinen Reiz. Aber selbst Daniel sieht bereits ziemlich geschafft aus. Dabei haben wir noch nicht mal die Hälfte der Strecke bis zum nächsten Tempel zurückgelegt. Zwischen uns und unserem Ziel liegt noch ein weiterer Berg, der uns erneut alles abverlangen wird. Eins ist klar: Unseren Plan, nach dem Besuch von Tempel Nummer 45 noch bis Kuma zurückzulaufen, um dort die Nacht zu verbringen, können wir uns abschminken.

Wenigstens haben wir das Örtchen erreicht, von dem der Priester gesprochen hat. Der Coop, den er uns empfohlen hat, liegt direkt an der Straße mitten im Dorf, das aus nicht viel mehr als einem Dutzend Häusern besteht.

Der ältere Mann hinter dem Tresen – dunkelblauer Overall, Bürstenhaarschnitt und wettergegerbtes Gesicht – blickt hilflos von mir zu Daniel und wieder zurück. „*Minshuku? Sō des' nee ...*"

Am Haus nebenan hängt doch ein entsprechendes Schild, versuche ich ihm auf die Sprünge zu helfen. Wir hatten dort eben schon auf die Klingel gedrückt, aber nichts hatte sich drinnen geregt.

Offenbar hat der Gute nicht damit gerechnet, dass ich die Schriftzeichen lesen kann. Das scheint ihm jetzt peinlich zu sein. Wieder lässt er ein in die Länge gezogenes „*soo des' nee ...*" hören. Dann hat er sich wieder gefasst. Die seien leider voll ausgebucht, erklärt er mit Nachdruck.

Ich sehe zweifelnd zu Daniel hinüber. „Der behauptet, die wären voll ausgebucht ..."

Offenbar hat der Mann verstanden, dass er uns nicht so schnell loswird. Außerdem scheint er bestens über die Situation nebenan informiert zu sein. Die seien auch gar nicht darauf eingerichtet, heute noch für Gäste zu kochen, sagt er.

Ich weiß, in Japan ist es unhöflich, derart zu insistieren, aber das hier ist eine Notlage. Wir bräuchten auch nur ein Dach über dem Kopf für die Nacht, sage ich. Zum Essen würden uns ein paar von den Äpfeln hier reichen, und morgen würden wir auch ganz früh gleich wieder aufbrechen. Zur Bekräftigung stoße ich mit dem Pilgerstab auf den Boden.

Das scheint zu wirken. „*Shosho o-machi kudasai*" – wartet mal kurz. Damit verschwindet der Mann durch die rückwärtige Tür seines Lädchens.

Keine drei Minuten später kommt er zur Vordertür wieder herein und gleich hinter ihm eine Frau, bei der es sich wohl um seine Ehefrau handelt. Die sieht genauso rustikal und abgearbeitet aus, wie er selbst. Sie wischt sich eben noch schnell die Hände an ihrer Schürze ab, bevor sie uns mit einem zögernden *Konnichi wa* begrüßt.

Ich verbeuge mich, den Pilgerhut vor meiner Brust, und sage die allerhöflichste Entschuldigungsformel auf, die mir einfällt: *moshi-wake gozaimasen* – unser Verhalten ist unentschuldbar. Dann ziehe ich alle Register: Wir pilgerten zu Fuß und auch noch *gyaku-uchi*, wie Meister Kobo, und wir wollten heute unbedingt noch unser *O-mairi* am *Iwaya-ji* verrichten, und wir wüssten nicht, wo wir dann noch woanders eine Unterkunft finden sollten, und hier oben sei es sicher zu kalt, um irgendwo im Freien zu übernachten, und angesichts der Umstände, die wir verursachten, seien wir selbstverständlich bereit, auch mehr für die Unterkunft zu bezahlen, als üblich.

Ob uns vielleicht ein Reisomelett zum Abendessen genügen würde, fragt sie, und lächelt jetzt sogar. Wir haben gewonnen!

Mit einem superhöflichen *Sorewa-sorewa, dōmo, kyōshuku des'* – wir sind überwältigt von Ihrer übergroßen Freundlichkeit – bedanke ich mich. Vorsorglich füge ich noch hinzu, dass sie uns morgen früh auch wirklich kein Frühstück zu machen braucht. Wir wollen schon bei Sonnenaufgang aufbrechen und kämen dann ja auch gleich wieder durch Kuma.

Um uns erkenntlich zu zeigen, kaufen wir noch ein paar Äpfel und, wo wir schon einmal dabei sind, auch zwei Dosen Bier. Wir stopfen die Sachen in unsere Rucksäcke und wollen uns die in gewohnter Routine gerade wieder aufsetzen, da fragt unsere rustikale Pensionswirtin mit leicht amüsiertem Gesichtsausdruck, ob wir das etwa wirklich alles mitschleppen wollten – wo wir doch in ein paar Stunden schon wieder zurückkämen.

„*Baka yarō*" – wir Dummköpfe, sage ich. Unser Lachen steckt auch unsere beiden Gastgeber an. Wir holen jeder noch schnell einen Apfel wieder aus dem Rucksack heraus, dann brechen wir endlich auf.

*

Wieder geht es auf einem schmalen, spinnweb-verhangen Pfad durch Nadelwald erst allmählich, dann erneut ziemlich steil bergauf. So ganz ohne Gepäck ist der Aufstieg ein Kinderspiel. Trotzdem brauchen wir mehr als eine Stunde, bis wir den Kammweg erreichen, dem wir ein ganzes Stück folgen müssen. Das Schild, das uns schließlich den Pfad hinunter zum *Iwaya-ji* weist, hätte es gar nicht gebraucht. Der Tempelgong schallt von weit unten bis zu uns herauf.

Der Abstieg ist eine echte Herausforderung. Wir arbeiten uns vorsichtig den felsigen Steilhang in die Tiefe. Je weiter wir hinunterkommen, umso einschüchternder wird der Blick zurück. Ich darf gar nicht daran denken, dass wir da nachher wieder hinaufmüssen ...

*

Daniel ist eben zwischen den Felsen vor mir verschwunden. Sein lautes „Boah ey" höre ich bis hier oben. Ich beeile mich, zu ihm runterzuklettern. Der Anblick lässt auch mich für einen Moment den Atem anhalten. Das ganze Tempelgelände scheint wie ein riesiges Vogelnest an der Bergflanke zu kleben, eingefasst von einem dichten Kranz hoher Zedern. Direkt unter uns schmiegt sich ein kupfergrünes Tempeldach an die pockennarbige Felswand. Davor im Halbkreis weitere Tempelgebäude, halb verborgen unter dem dichten Blätterdach mächtiger Laubbäume. Seitlich unter uns sind von hier aus hunderte von moosbedeckten *Jizō*-Statuen zu sehen, die sich in mehreren Reihen übereinander eine Felswand entlangziehen, mittendrin eine, die eine knallrote Strickmütze trägt, die leuchtet wie eine große Erdbeere durch das tiefgrüne Laubdach.

So auf den ersten Blick in den Bann geschlagen hat mich noch keiner der bisherigen Tempel. Beinahe ehrfürchtig bewegen wir uns die letzten Meter hinunter und quer über das Tempelgelände zum Vordereingang und noch etwas weiter die Treppe den Berg hinunter. Diesem besonderen Ort wollen wir uns noch einmal von vorne nähern. Das war tatsächlich Daniels Idee, den die magische Atmosphäre des Ortes offenbar genauso gefangengenommen hat wie mich. Von hier unten aus wirkt das Ensemble der vor die steil emporragende Felswand gesetzten und teilweise in sie hineingefügten harmonisch proportionierten Holzgebäude im grünen Dämmerlicht unter den hohen Bäumen fast unwirklich schön.

Wie selbstverständlich vollziehe ich die üblichen Riten des Tempelbesuchs, nehme am Brunnen die symbolische Reinigung vor, entzünde vor der Haupthalle ein Weihrauchstäbchen, stelle eine brennende Kerze auf, schlage den Gong an und mache meine Verbeugungen. Schließlich gelingt es mir zum ersten Mal auf dieser Pilgerreise auch noch, das Herzsutra in voller Länge auswendig vor mich hin zu murmeln.

Dass dabei einige der hier überraschend zahlreichen japanischen Pilger jede meiner Regungen neugierig verfolgen, stört mich nicht im Geringsten.

Daniel hat bei all dem immerhin kommentarlos danebengestanden. Als wir bei unserem Rundgang an einer weiteren kleinen Armee von in Pyramidenform arrangierten *Jizō*-Statuen vorbeikommen, muss er allerdings wieder einen seiner 'coolen' Sprüche loswerden. „Mann, müssen hier viele ein schlechtes Gewissen haben."

„Ich finde, etwas, das einen belastet, auf diese Weise symbolisch zu sühnen und so zu verarbeiten ist gar keine so schlechte Idee", sage ich. „Auf jeden Fall besser, als es einem Priester zu beichten, der behauptet, er könne im Namen irgendeines Gottes Vergebung gewähren."

Meinem Sohn ist offenbar nicht nach einem vertiefenden Gespräch. „Wie sind eigentlich die ganzen Pilger hier hergekommen? Die sehen nicht so aus, als hätten sie einen längeren Fußmarsch hinter sich."

„Wahrscheinlich von einem Parkplatz, ein Stück weiter runter den Berg", antworte ich und schaue auf meine Uhr. „Also, wenn wir unser Nachtquartier noch rechtzeitig vor Einbruch der Dunkelheit erreichen wollen, müssen wir los."

*

Von wegen nur Reisomelett – unglaublich, was unsere Gastgeberin sonst noch alles aufgetischt hat: Gemüsetempura, Gebratene Forelle, gedünsteten Kürbis, sauer eingelegte rohe Tintenfischchen, Tofu in Mikansoße und nach der Miso-Suppe auch noch *chawan-mushi*, den traditionellen Eierstichpudding.

„Sie hatte wohl das Gefühl, die Ehre der Familie retten zu müssen, nachdem ihr Mann uns erst hatte abweisen wollen", mutmaße ich, kaum sind wir nach diesem Festmahl wieder in unserem Zimmer.

„Vielleicht hatte sie auch nur Angst, Kobo Daishi könnte ihren Mann bestrafen, so wie er seinerzeit diesen Emon bestraft hat. Schließlich ist der Meister doch immer bei uns", stichelt Daniel.

„Musst du immer so spotten", gebe ich zurück.

„Bin halt noch nicht so weit auf dem Pfad der Erleuchtung, wie du", setzt er noch einen drauf.

„Ich fürchte, da überschätzt du mich ausnahmsweise", sage ich.

Das große Tatami-Zimmer ist kalt und die *Futons* fühlen sich klamm an. Obwohl es erst früh am Abend ist, schlüpfen wir halb angezogen in unsere Schlafsäcke und ziehen die dick wattierten Decken darüber.

Während wir langsam die zwei Dosen Bier leeren, die uns beim Kramen in den Rucksäcken in die Hände gefallen sind, wollen mir fast die Augen zufallen. Ich bin mal wieder total geschafft. Daniel scheint es ähnlich zu gehen, denn ich sehe, wie er den Arm nach der Lampe ausstreckt, die auf seiner Seite in Reichweite auf der Tatami-Matte steht. Schon geht das Licht aus.

„Ist dir eigentlich klar, dass wir jetzt nur noch vier Tempel vor uns haben, bis du da bist, wo du hinwillst?", höre ich Daniel sagen, als ich mir gerade die Decke über die Ohren ziehen will.

Kurz fühle ich so etwas wie aufsteigende Panik, wird mir doch bewusst, wie wenig Zeit mir noch bleibt, um im richtigen Moment die richtigen Worte zu finden. Ich fasse mich aber gleich wieder. Immerhin liegen doch noch sechs Tage Langstreckenpilgern vor uns, davon ein oder zwei ohne einen einzigen Tempel.

„Du wirst dich wundern, wie weit wir in den nächsten Tagen noch laufen müssen", sage ich und drehe mich mit einem hörbaren Gähnen auf die andere Seite.

Tag Sechzehn

Wieso Durststecke? Daniel findet, einen vollen Tag einfach nur wandern, so ganz ohne Weihrauch und Glockenschlag, das sei doch auch mal ganz schön. Wir sitzen auf der Bank vor dem *Kombini* an der Hauptstraße in Kuma und stärken uns für den langen Marsch, der uns heute bevorsteht, mit gekochten Eiern und Thunfisch.

Die Berge, durch die wir gestern gewandert sind, wirken im Rückblick von hier aus durchaus imposant. Das aber, was sich jetzt auf der gegenüberliegenden Talseite durch den Morgennebel abzeichnet, sieht aus wie eine geschlossene Wand. Wir könnten natürlich dieser Straße auch erst einmal weiter nach Süden folgen. Die schlägt aber auf ihrem Weg die Flusstäler entlang einen so großen Bogen, dass wir den nächsten Tempel erst übermorgen erreichen würden. In unserer Spezialkarte ist dagegen ein Pilgerpfad eingezeichnet, der von hier aus direkt nach Westen führt. Fragt sich nur, wie wir den Einstieg in die Bergwand da drüben finden.

Daniel meint, er hätte gestern, als wir diese Straße von Norden heruntergekommen sind, kurz hinter der Einmündung des Tunnels zwei Pilger aus dem Wald kommen sehen. Ein zweiter Blick auf die *Henro*-Karte bestätigt seine Vermutung, dass der Pilgerpfad ungefähr an der Stelle beginnt. Na, dann versuchen wir gleich einmal dort unser Glück.

*

Eigentlich würde ich am liebsten schon jetzt, gegen Mittag, im nächstbesten *Minshuku* einkehren. Es liegen schon über sechs Stunden strammen Wanderns auf dem Pilgerpfad hinter uns – erst immer weiter bergauf und dann eine ewig lange Strecke fast nur noch bergab. Jetzt sind wir endlich auf eine ebene Landstraße hinausgekommen. So wie es aussieht, gibt es aber in dieser verlassenen Gegend weit und breit keine derartige Herberge ...

Wir lassen uns für ein kurzes Picknick am Straßenrand nieder und verzehren unsere letzten Vorräte aus dem *Kombini* in Kuma, damit wir wenigstens die nicht noch weiter mitschleppen müssen. Dann ziehen wir weiter.

Die Straße windet sich mal wieder schier endlos durch entlegene Flusstäler. Kaum eines der gelegentlichen Dörfer entlang der Strecke besteht aus mehr als sechs Häusern. Ich glaube, wenn wir versuchen würden, per Anhalter weiterzukommen, würde keines der ohnehin sehr seltenen Fahrzeuge überhaupt anhalten. Uns bleibt gar nichts anderes übrig, als bis nach Uchiko weiterzuwandern, das dem Straßenschild nach, das wir gerade passieren, immer noch sieben Kilometer entfernt ist.

*

Bis hinunter in das Städtchen, wo wir uns in der Nähe des Bahnhofs ein günstiges Business-Hotel suchen wollten, kommen wir gar nicht. Kurz vor dem Ort weist uns ein Schild darauf hin, dass es ein kurzes Stück seitlich den Hang hinüber ein *Onsen* gibt. Der Gedanke, uns dort erst einmal zu regenerieren, ist nur allzu verlockend.

Wie sich herausstellt, verfügt dieses Thermalbadehaus nicht nur über ein Restaurant, in dem es *Gyōza* gibt, Daniels Lieblingsspeise schon als kleiner Junge in Peking. Sie haben auch WLAN und im Untergeschoss Münzwaschmaschinen, so dass wir unsere Klamotten endlich mal wieder etwas gründlicher durchwaschen können.

Nach dem Bad – aus den geplanten einen Tauchgang ins heiße Quellwasser sind schließlich drei geworden – sitzen wir in unseren für wenig Geld geliehenen Yukata im Restaurant und schlagen uns die Bäuche mit den köstlichen Teigtaschen voll, während im Keller fast unser gesamter Wäschebestand in zwei Waschmaschinen rotiert.

*

Es ist schon dunkel, als wir ins Freie kommen und entdecken, dass sich hinter dem Onsen-Komplex ein kleiner Park anschließt. Ich fühle mich inzwischen so wohlig und vor allem träge, dass ich gleich ja sage, als Daniel vorschlägt, doch einfach hier oben zu übernachten.

Wir machen es auf einer der Parkbänke bequem, blicken hinunter auf die Lichter der Stadt und warten, bis auch noch das letzte Pärchen sein lauschiges Plätzchen irgendwo hinter uns verlassen und sich auf den Weg hinunter in die Stadt gemacht hat.

Endlich können wir uns hinter den Spielplatz am Rande des Parks zurückziehen, unsere feuchten Klamotten zum Trocken über das Klettergerüst breiten, je zwei Bänke zusammenschieben und darauf unsere Schlafsäcke ausrollen.

Jetzt noch groß zu reden, dafür aber sind wir beide zu müde.

Auch sonst ist es still ringsum. Das Onsen und auch das Restaurant haben inzwischen geschlossen. Aus der Stadt dringen nur ein leises Rumoren und ein gelegentliches gedämpftes Hupen bis zu uns hier herauf. Die Wolken ziehen träge dahin und durch die Lücken blinzeln vereinzelte Sterne.

Ja, Daniel hat recht: So ein reiner Wandertag zwischendurch, an dem man an nichts anderes denkt, als einfach nur anzukommen, und danach bloß noch relaxt, das hat etwas sehr Wohltuendes.

Tag Siebzehn

Mit der Bergeinsamkeit ist es heute erst einmal vorbei. Unten in Uchiko stoßen wir auf die Route 56, der wir ab jetzt in südlicher Richtung folgen müssen, und fühlen uns sofort an die schreckliche Route 11 aus den ersten Tagen erinnert. Der dichte Verkehr rauscht nur so an uns vorbei und hin und wieder auch eine Lokalbahn, deren Schienen direkt neben der Straße verlaufen. Sobald wir die Stadt hinter uns haben, gibt es wieder mal nicht einmal einen richtigen Fußweg.

Zum ersten Mal allerdings kommen uns hier vereinzelt andere Pilger zu Fuß entgegen – anscheinend die Vorhut derer, die zu Beginn der Saison von Tempel Nummer 1 aus in der üblichen Richtung aufgebrochen sind. Sie alle grüßen, sobald sie unser ansichtig werden. Schon der Erste bleibt sogar stehen und fragt, ob wir etwa *gyaku-uchi* gelaufen wären. „*Gambatte, gaijin henro-sama*", sagt er respektvoll, als wir bejahen.

„Ganz andere Leute als diese Buspilger", meint Daniel.

„Wahrscheinlich hätten wir sogar eine Reihe von Pilgerfreundschaften geschlossen, wenn wir die Runde andersherum gemacht hätten", sage ich. „Da trifft man sich ja immer wieder und übernachtet gelegentlich auch in der gleichen Unterkunft. Die Erfahrung haben jedenfalls Mom und ich damals gemacht."

„Solche Pilgerfreundschaften sind es aber wohl nicht, die du auf dieser Reise suchst, oder?", meint Daniel und sieht mich wieder so an.

„Nun ja", sage ich.

*

Ozu ist die letzte größere Stadt, die wir auf unserer heutigen Route durchqueren müssen. Nachdem wir gestern und vorgestern praktisch nur entlegene Täler entlang, über einsame Berge und durch stille Wälder gewandert sind, ist das städtische Chaos – der Straßenlärm, die Abgase und der Staub in der Luft, die grellen Reklamen, das ständige 'ping – ping – ping', wenn irgendwo Bahnschranken hoch- oder niedergehen, die lauten *Irasshai*-Rufe aus den Ladeneingängen, das ohrenbetäubende Rasseln aus den Pachinko-Hallen – für uns wie ein Spießrutenlaufen. Wir beeilen uns, die Stadt so schnell wie möglich hinter uns zu lassen. Wir verzichten sogar darauf, in einem der zahlreichen Restaurants, an denen wir hier vorbeikommen, schnell etwas zu Mittag zu essen. Irgendwo weiter draußen werden wir schon noch auf einen Nudelshop oder so etwas stoßen. Erst einmal aber geht es noch durch die nicht weniger chaotische Vorstadt. Auf einer schmalen Brücke überqueren wir ein übelriechendes Flüsschen, laufen unter einer aufgeständerten Schnellstraße hindurch und anschließend parallel dazu weiter.

Endlich, nach mehr als zwei Stunden, liegt die Stadt hinter uns. Auf beiden Seiten der Straße wechseln sich wieder bewaldete Hügel und Reisfelder ab. Wir atmen auf. Hier können wir, wenn die Lastwagen allzu dicht an uns vorbeifegen, wenigstens problemlos zur Seite hin ausweichen.

*

Jetzt, eine gute Stunde später, stellt sich heraus, dass wir uns zu früh gefreut haben. Vor uns gähnt schwarz ein Tunnelloch. Auf dem Schild steht 2,3 km. Nach wie vor dichter Verkehr und gefühlt jedes dritte Fahrzeug ein Laster. Die Berge auf beiden Seiten zu steil, als dass wir dieses offenbar auch noch unbeleuchtete Monster umgehen könnten. Ich binde mir mein Schweißtuch vor die Nase und Daniel tut es mir nach – er hat gestern im Onsen auch so eins mitgenommen. Das wird uns helfen, nicht ganz so viel von den Abgasen einzuatmen, und mit dem weißen Tuch um den Kopf wird man uns auch schon aus größerer Entfernung bemerken. Wir schalten unsere

Handy-Lampen ein, atmen noch mal tief ein und los geht's, Daniel voraus, das Licht auf den Gegenverkehr gerichtet und meine Lampe dient uns als Rücklicht. Die meiste Zeit rennen wir, aber zweimal bleibt uns gar nichts anderes übrig, als uns blitzschnell flach an die Tunnelwand zu pressen, so dicht rast erst ein Laster und später ein Bus an uns vorbei. Keuchend stolpern wir aus dem Tunnel hinaus und ein paar Schritte in das Bambuswäldchen dahinter hinein. Dort halten wir uns an den glatten, angenehm kühlen Stämmen fest, bis sich unser Puls wieder etwas normalisiert hat.

*

Endlich: *Meiseki-ji* 1,8 km. Wir folgen dem Wegweiser auf eine schmale Straße, die von Route 56 weg durch eine ländliche Siedlung führt und dann in einen Pilgerpfad durch den Wald übergeht. Tempel Nummer 43 liegt wieder am Berghang auf mehreren, von massiven Steinwällen gestützten Terrassen. Schöne alte Holzgebäude, aber wir wollen möglichst noch weiter. Fragt sich nur, ob es im nächsten Tempel, den wir heute gerade noch so erreichen können, eine Übernachtungsmöglichkeit gibt.

Aus dem Nokyojo kommen uns zwei ältere Japaner im vollen Pilgeroutfit entgegen. Die müssten eigentlich von dort gekommen sein, wo wir hinwollen. Ich spreche sie an und sie geben uns bereitwillig Auskunft. Ja, sie kommen vom *Butsumoku-ji*. Sie hätten von dort bis hierher kaum mehr als zwei Stunden gebraucht. Es gebe da einen bestens ausgeschilderten Pilgerpfad direkt über die Berge. Als sie uns auch noch versichern, dass es in Nummer 42 ein *Tsuyado* gibt, in dem wir mit Sicherheit noch einen Platz für die Nacht finden würden, steht unsere Entscheidung fest. Bis Sonnenuntergang bleiben uns ja noch fast dreieinhalb Stunden. Als wir loslaufen, um schnell unseren Stempel zu holen, wünschen uns die beiden noch alles Gute und Kraft für den Weg. Die werdet ihr brauchen, höre ich den einen noch rufen. Japanische Höflichkeit, denke ich.

Der junge Priester im *Nokyojo* sieht uns mit allen Anzeichen der Bewunderung an, als er beim Abstempeln meines Pilgerbuchs feststellt, dass wir 'verkehrtherum' pilgern. Ihr wollt wirklich heute noch weiter?, fragt er. Als ich das schulterzuckend bejahe, meint er, wenn wir schon so lange unterwegs seien, wüssten wir ja sicher, dass der Weg *gyaku-uchi* viel härter sei als andersherum.

Daniel erzähle ich das erst, als wir wieder draußen sind. Auch er meint, wenn die beiden älteren Herren von vorhin die Strecke, die nun vor uns liegt, in kaum mehr als zwei Stunden geschafft hätten, würden wir dafür ja sicher auch nicht viel länger brauchen – selbst wenn es zwischendurch mal etwas beschwerlicher werden sollte. So zuversichtlich, wie wir jetzt sind, gönnen wir uns sogar die Zeit, in einem kleinen Nudelshop im Örtchen Unomachi, durch das wir kommen, sobald wir den *Taiho-ji* hinter uns gelassen haben, noch schnell eine Schale Udon-Nudeln herunterzuschlürfen.

*

Die erste Hälfte der Strecke ist ein entspannter Spaziergang ein gemächlich ansteigendes Flusstal entlang durch verträumte Dörfer, links und rechts Reisfelder. Auch die Abzweigung Richtung Tempel Nummer 42 ist nicht zu verfehlen, und ebenso wenig die Stelle, an der der Pilgerpfad abgeht.

Kurz darauf hänge ich keuchend auf allen Vieren an der steilen Bergflanke fest und strecke Daniel über mir hilfesuchend den Arm entgegen. Kaum hat er meine Hand zu fassen bekommen, fragt er, ebenfalls keuchend, ob wir nicht doch lieber umkehren und die Straße nehmen sollten. Wir sind uns aber schnell einig: Wieder runter zur Straße und dann die ganzen Serpentinen hinauf über den Pass würden wir es mit Sicherheit nicht vor Einbruch der Dunkelheit bis an unser Ziel schaffen.

Ohne einen weiteren Blick zurück, die Augen immer nur auf den nächsten Ast oder Baumstamm oder die nächste Felskante gerichtet, woran ich mich festklammern kann, hangele ich mich schweratmend und mit laut klopfendem Herzen Stück für Stück den Steilhang hinauf ...

Daniel, von dem ich jetzt schon die ganze Zeit auch kein Wort mehr gehört habe, schreit plötzlich auf. „Wir haben's geschafft! Ja, wir sind oben!" Gleich darauf stehe ich neben ihm, unter uns das von der Abendsonne vergoldete Tal.

So lang kann dieser extrem steile Abschnitt gar nicht gewesen sein. Aber wenn man die ganze Zeit fürchten muss, den Halt zu verlieren und abzurutschen, und nicht weiß, wie lange das noch so geht, dann kann man schon mal einen Anflug von Panik bekommen. Mein Herz klopft immer noch wie verrückt, aber ich fühle mich jetzt wie wiedergeboren.

Mit einem breiten Grinsen sieht Daniel mich an: „Hattest du nicht gesagt, genau darum geht es beim Pilgern?"

*

Die Sonne versinkt gerade hinter den Hügeln im Westen, als wir im letzten Abendlicht durch das Tor des *Butsumoku-ji* stolpern.

Das Stempelbüro ist natürlich inzwischen geschlossen. Auch auf dem Tempelgelände ist keine Menschenseele zu sehen. Aus der Haupthalle aber ist ein von leichten Trommelschlägen in festem Rhythmus vorangetriebenes bassstimmiges Rezitieren von Sutren zu hören. Am Fuß der Treppe entledigen wir uns unserer Schuhe und lassen uns vorn in der Halle geräuschlos auf dem Fußboden nieder.

Beiderseits des Altars sitzen je zwei Reihen von Mönchen in gelborangenen Gewändern im Lotossitz, schummrig beleuchtet von zwei Lampen mit elegant geformten Schirmen aus weißschimmernder Seide auf hohen, schwarzgelackten und mit goldenen Beschlägen verzierten Ständern.

Im Vordergrund sitzt der Vorbeter – wahrscheinlich der Abt – und schlägt mit einem dünnen, schwungvoll gebogenen Stab den treibenden Takt auf der vor ihm in einem Lackständer liegenden Trommel. Aus dem Hintergrund blickt – eingerahmt von einem rotgoldenen Vorhang und vom Altar her von zwei Kerzen auf bronzenen Leuchtern in ein warmes Licht getaucht – eine aus Holz geschnitzte Buddha-Statue auf die Versammlung herab. Immer wenn das Ende eines Sutra erreicht ist, schweigt die Trommel für einen Moment und der Abt schlägt eine große, auf einem Brokatkissen ruhende Klangschale an, um nach dem Verebben des tiefen, nachhallenden

Glockentons erneut den Trommeltakt für die folgende Sutrenrezitation vorzugeben.

Eben noch völlig erschöpft und nur von dem Bestreben erfüllt, möglichst schnell ein bequemes Nachtlager zu erreichen, geben wir uns – ich selbst inzwischen im Lotossitz und Daniel neben mir mit um die angezogenen Knie geschlungen Armen – ganz der hypnotisierenden Wirkung des monotonen Sutrengesangs hin.

Wie lange wir da so gesessen haben, kann ich nicht sagen. Der Bann löst sich erst, als die Mönche ihre letzte Rezitation in einem langen, tiefen Basston haben ausklingen lassen. Angeführt durch den Abt verlassen sie jetzt in einer langen Reihe hintereinander die Halle. Uns schenken sie keine Beachtung, obwohl ihr Weg nach draußen sie direkt an uns vorbeiführt. Zurück bleibt ein einzelner Mönch, der offenbar die Aufgabe hat, die Halle für die Nacht zu verschließen. Er ordnet die Kissen, auf denen er und seine Mitmönche eben gesessen haben, verbeugt sich vor der Buddha-Statue und schließt den Brokatvorhang vor deren Nische, löscht die beiden Kerzen auf dem Altar und betätigt abschließend einen Schalter, der auch noch die beiden Seidenlaternen verlöschen lässt.

Dass alles vollzieht er in sparsamen, routinierten Bewegungen so schnell, dass wir gar nicht dazu kommen, die Halle zu verlassen, bevor er an uns vorbei ist. Nun macht er sich auch schon daran, das erste der vier großen Holzportale am Eingang zuzuschieben. Wir drücken uns unauffällig an ihm vorbei und kommen uns dabei vor, wie ungebetene Gäste, die sich heimlich am Buffet einer feiernden Gesellschaft bedient haben. Ein wenig ratlos stehen wir jetzt vor der Halle. Ich fürchte schon, dass wir womöglich doch noch in den nächsten Ort weiterlaufen müssen, in der vagen Hoffnung, irgendwo so spät noch ein Zimmer in einem Hotel zu bekommen.

Plötzlich steht da der Mönch und verneigt sich vor uns. Ob wir hier etwa jetzt noch eine Unterkunft für die Nacht suchten. Die hätten wir als Pilger doch ohne Probleme im *Tsuyado* des *Ryuko-ji* finden können.

Ich kläre ihn auf, dass wir aus der Gegenrichtung kommen und hier morgen früh erst noch unseren Stempel abholen wollen, bevor wir zum *Ryuko-ji* weiterpilgern.

Ob wir etwa eben zu Fuß über den Berg gekommen wären, fragt er, und als ich zustimmend nicke, verneigt er sich aufs Neue vor uns. „*Erai nee!*" Er scheint ehrlich erschrocken zu sein. Dieser Tempel biete leider keine Unterkunft für Pilger. Ob wir Amerikaner wären. Als er erfährt, dass wir Deutsche sind, scheint er einem Moment zu überlegen, dann winkt er uns, ihm zu folgen.

*

Es ist stockdunkel in dem kleinen, fensterlosen Raum, in den uns der Mönch schließlich geführt hat. Wir liegen auf Stapeln ausrangierter Tatami-Matten. Deren leichter Schimmelgeruch mischt sich mit dem von Algen und Meerwasser, der aus der Küche hereinschwappt. Dort muss jemand vergessen haben, das Fass mit *Kombu*-Algen, aus denen man die *Dashi*-Brühe für die vegetarische Mönchskost herstellt, fest zu verschließen.

Wir haben versucht, die Tür geschlossen zu halten, aber die Luft hier drin wurde einfach zu stickig. Trotzdem sind wir natürlich heilfroh, dass unser Wohltäter in diesem Wirtschaftsgebäude neben den Mönchsquartieren doch noch einen einigermaßen bequemen Schlafplatz für uns gefunden hat. Und dann hat er nebenan in der Küche auch noch eine Schale gekochten Reis und ein paar Scheiben *Daikon* für uns auftreiben können.

Jetzt, wo ich hier liege und mir mal wieder jeder Muskel und jede Sehne wehtut, bin ich sicher, ich hätte es gar nicht geschafft, noch in den nächsten Ort weiterzulaufen …

Ich bin beinahe schon eingeschlafen, da kommt Daniels Stimme aus dem Dunkel: „Dad, wir müssen mal reden."

Im Grunde hatte der Junge ja recht. Aber jetzt und hier und so überfallartig? Hat er überhaupt eine Ahnung, worum es eigentlich geht? „Morgen ist doch auch noch ein Tag", murmele ich verschlafen. Ich denke, da kommt noch was und halte den Atem an. Ich lausche ins Dunkel, bis mir seine ruhigen Atemzüge verraten, dass er jetzt tief und fest schläft. Umso besser, denn wir haben morgen einen weiteren harten Pilgertag vor uns.

Vor allem müssen wir hier raus sein, bevor die Mönche vom Küchendienst kommen. Das hat uns unser Wohltäter eingeschärft. Er hat sogar noch angeboten, in der kurzen Pause zwischen seiner Frühmeditation und der anschließenden Zeremonie in der Haupthalle ins *Nokyojo* rüberzukommen, um uns unseren Stempel zu geben. So könnten wir unverzüglich aufbrechen.

Offenbar will er nicht, dass wir uns länger als nötig auf dem Tempelgelände herumtreiben. Wir vermuten, dass dieser Mönch uns ohne Genehmigung des Abtes hier untergebracht hat. Da wollen wir natürlich nicht, dass er Schwierigkeiten bekommt.

Tag Achtzehn

Ohne den vorbeirauschenden Verkehr auf dem nur wenige hundert Meter entfernten Expressway wäre es ein vollkommener Morgen. Die Luft ist taufrisch und die Sonne ist gerade erst aufgegangen. Die Landstraße führt in sanften Kehren bergab, links und rechts wieder Reisfelder, dazwischen hier und da kleine Gehöfte mit Scheunen, aus denen man das Muhen von Kühen hört.

Wir sind ganz überrascht, als schon der Wegweiser vor uns am Straßenrand auftaucht: Tempel Nummer 41, *Ryuko-ji*, 300 Meter. Es ist noch nicht einmal sieben. Und jetzt auch noch, kurz vor dem Tempel, ein *Kombini*.

Vor dem Tempeltor kehren wir beinahe noch einmal um, glauben wir doch für einen Moment, wir hätten uns verlaufen. Statt des üblichen überdachten Holztors steht da ein scharlachrotes shintoistisches *Tōri*. Offenbar aber handelt es sich bei diesem Tempel um eine dieser gelegentlichen Kombinationen aus buddhistischem und shintoistischem Heiligtum. Da stehen steinerne Statuen von Füchsen und von *Jizō* aufgereiht nebeneinander. Eine Infotafel vor der noch geschlossenen Haupthalle verrät uns, dass hier ein Standbild der elfgesichtigen Kannon, der buddhistischen Göttin des Mitgefühls, neben einer von Meister Kobo persönlich geschnitzten Statue des shintoistischen Reis- und Fruchtbarkeitsgottes Inari eingeschreint ist.

Daniel schüttelt den Kopf. „Kein Wunder, dass die jesuitischen Missionare hier so kläglich gescheitert sind – so hemmungslos, wie die Japaner die unterschiedlichsten Religionen miteinander vermengen."

Wir machen es uns auf einer Bank neben dem Tempelbrunnen bequem und genießen das Frühstück, das wir uns im *Kombini* besorgt haben: Sandwiches und heißen grünen Tee mit Limone.

Punkt sieben hören wir ein Schlüsselbund klirren und sehen, wie jemand die Tür des Nokyojo öffnet. Wir sind die Ersten, die sich hier an diesem Morgen ihren Stempel geben lassen. Gleich darauf sind wir wieder auf der Landstraße zurück.

*

Nach einer zweistündigen Wanderung durch ein schmales, spärlich besiedeltes Tal – rechts oben am Hang der Expressway und linkerhand eine Eisenbahnstrecke – sind wir bereits mitten in der kleinen Hafenstadt Uwajima. Bis zu unserem nächsten Ziel, dem Tempel Nummer 40, werden wir es heute sowieso nicht mehr schaffen. Ich schlage Daniel vor, stattdessen die berühmte alte Burg von Uwajima zu besichtigen.

Er scheint nicht gerade begeistert. Es gäbe hier noch eine andere Sehenswürdigkeit, meint er.

„Und die wäre?", frage ich überrascht. Er grinst. Ob ich noch nie von dem berühmten alten Erotikmuseum in Uwajima gehört hätte. Wo er das denn herhabe, frage ich. „Aus dem Buch dieser Berliner Journalistin natürlich", klärt er mich auf. „Dann weißt du ja sicher auch, wie man da hinkommt", fordere ich ihn heraus.

Er weiß es tatsächlich – hat, wie er zugibt, schon vor zwei Tagen, als wir in dem *Onsen* in Uchiko das letzte Mal WLAN hatten, einen entsprechenden Plan auf sein Smartphone heruntergeladen. Wir müssten jetzt nur weiter der Straße folgen, auf der wir uns gerade befänden, dann über eine Brücke, und schon wären wir in dem Park mit dem Museum.

„Okay, warum eigentlich nicht?", sage ich.
*
Wie sich herausstellt, ist dieses Museum Teil eines shintoistischen Fruchtbarkeitsschreins. Mehrere kleine Schreingebäude sind über ein parkartiges Gelände verteilt, dazwischen überall Phallusskulpturen aus Holz oder Stein. Einige dieser Figuren sehen von vorn aus wie andächtig Betende, wenn man aber um sie herumläuft, entpuppen sich deren überdimensionierte Hüte als die glattpolierten Eicheln stehender Penisse.

Auf der Terrasse eines dieser Schreine lagert ein besonders riesiges Glied, offenbar aus einem einzigen mächtigen Baumstamm geschnitzt, um den 'Hals' gefesselt mit einem armdicken Strick, von dem ineinandergeflochtene weiße Papierstreifen herabhängen – eine Dekoration, wie man sie gewöhnlich als Girlande über dem Eingang von Shintoschreinen hängen sieht. Dieses mächtige Fruchtbarkeitssymbol ist wie ein Wegweiser auf ein dreistöckiges Gebäude gleich nebenan gerichtet, das eigentliche Museum.

Ein Mitarbeiter des Schreins, im weißen Gewand wie ein Shintopriester, schreckt von seinem Stuhl hoch, als wir das Gebäude betreten. Wir scheinen heute die ersten Besucher zu sein. Der Eintritt ist nicht gerade billig, 800 Yen (rund sechs Euro fünfzig), aber nachdem wir nun schon mal da sind ...

Die Räume in diesem Gebäude sind fensterlos und nur schummrig beleuchtet. Das Ganze wirkt eher wie ein privates Wohnhaus als wie ein Museum. Vielleicht die Wohnung des Sammlers, der all diese Exponate zusammengetragen hat. Schon im 'Hausflur' und im Treppenhaus sind die Wände über und über mit Postkarten, Zeichnungen, Gemälden, Drucken und Fotos aus aller Herren Länder mit expliziten Darstellungen von Sex in allen Variationen bedeckt. Eine ganze Wand ist den einschlägigen *Ukiyoe* gewidmet, klassischen japanischen Farbholzschnitten, die keine Variante dieses ältesten aller Vergnügungen dieser Welt auslassen.

In den anschließenden Räumen wird es dann dreidimensional. Erotische Plastiken aus Afrika, Bali, Indien oder dem alten Rom, aus Ebenholz, Bronze oder Elfenbein, aus Jade,

Porzellan oder gebranntem Ton, das ganze Programm auch als Relief, bis hin zu entsprechend dekorierten Wandziegeln aus chinesischen Gräbern der Han-Zeit.

Ein Stock höher ist ein ganzes Zimmer Hilfsmitteln, Werkzeugen und einschlägigen Möbelstücken gewidmet, von funktional über artistisch bis hin zu sado und maso.

Ich frage Daniel, ob wir uns wirklich auch noch das oberste Stockwerk antun sollen. Auch er macht schon einen etwas überforderten Eindruck. Aber nachdem wir nun schon mal hier sind ... Der erste Raum bietet nichts, was wir weiter unten nicht schon so oder ähnlich gesehen hätten, nur dass hier Hunderte von Plastiken kopulierender Menschen und zwischendrin auch noch Tieren so arrangiert sind, dass sie sich alle zu einer einzigen riesigen Orgie versammelt zu haben scheinen. Dem letzten Raum, den wir uns jetzt noch genehmigen, gönnen wir nur einen ganz kurzen Rundgang. Schon auf den ersten Blick wird klar, hier ist eher Abseitiges versammelt. Darstellungen von Damen, zum Beispiel, selig lächelnd oder mit weit aufgerissenen Augen, die sich mit Schlangen, Schwänen oder Tintenfischen vergnügen ...

Nachdem wir wieder draußen sind, atmen wir beide erst mal tief durch.

„Und? Immer noch Lust auf die berühmte alte Burg von Uwajima?", fragt Daniel.

„Also ich schlage vor, wir gehen jetzt erst mal was essen", sage ich. „Und dann wandern wir noch so weit die Küste hinunter, wie wir es gerade noch schaffen. Die frische Seeluft wird uns guttun, und morgen haben wir es dann nicht mehr so weit bis zum nächsten Tempel auf unserer Liste."

*

Wir laufen satt und zufrieden die Einkaufsstraße vor dem Bahnhof von Uwajima entlang, da kommt es wie ein Blitz aus heiterem Himmel:

„Hat die dich auch gerade an die Michiko erinnert?"

„Wie? Wer? Welche Michiko überhaupt?"

„Na, die Japanerin, nach der du dich eben noch mal umgedreht hast. Also ich fand, die sah tatsächlich ein bisschen so aus wie mein Kindermädchen damals in Kathmandu – nur älter natürlich."

„So ein Quatsch. Ich habe mich nach überhaupt keiner Japanerin umgedreht. Ich dachte nur, ich hätte da drüben eben diesen seltsamen Priester gesehen – den vom Ishizuchi-san mit seiner Wundersalbe."

„Du hast doch gesagt, das wäre so ein Stattlicher mit rötlichen Haaren gewesen. So einer hätte mir unter den ganzen Japanern hier doch eigentlich auch auffallen müssen."

„Schon gut. Ist doch auch völlig egal."

„Also, Dad, wenn du diese Michiko in der Zwischenzeit wiedergetroffen hast, kannst du mir das ruhig sagen. Selbst dann, wenn du mit der inzwischen in Dhaka zusammenleben solltest."

„Also – jetzt geht die Fantasie wohl voll mit dir durch!"

„Ehrlich, Dad, da hätte ich überhaupt kein Problem mit – jetzt, wo Mom schon seit zehn Jahren tot ist."

„Jetzt wirst du auch noch makaber. Wie kommst du überhaupt auf so einen Unsinn?"

„Sorry, Dad! Ich habe aber einfach die ganze Zeit das Gefühl, dass du mir irgendwas beichten willst."

„Wieso beichten? Ich denke, du hättest damit sowieso kein Problem."

„Na, vielleicht wäre dir das ja irgendwie peinlich – vor allem, wenn damals schon etwas zwischen euch beiden gewesen wäre …"

„Du glaubst doch nicht ernsthaft …"

„Vergiss es, Dad."

Dazu fällt mir jetzt nichts mehr ein. Ich bin geschockt, dass Daniel es tatsächlich für möglich hält, dass ich seinerzeit irgendwas mit Michiko gehabt oder dass die inzwischen gar Angelikas Platz in meinem Leben eingenommen haben könnte. Eins aber ist klar: Lange kann ich das entscheidende Gespräch mit meinem Sohn jetzt nicht mehr hinausschieben …

*

Zum Glück gab es in dem *Teppanyaki*-Restaurant in Uwajima WLAN, so dass wir unsere weitere Strecke vorab genauer studieren konnten. Sonst wären wir nämlich wieder in so einem höllischen Tunnel gelandet, diesmal länger als drei Kilometer. So aber können wir jetzt rechtzeitig auf die kleine Nebenstraße durch die Berge ausweichen, die wir sonst gar nicht beachtet hätten. Die Strecke ist doppelt so lang wie der Tunnel und es geht ständig bergauf und bergab, aber sie führt wunderschön durch den Wald und manchmal kann man in der Ferne sogar schon das Meer sehen.

Nach der letzten Nacht in dieser stickigen Vorratskammer will Daniel heute unbedingt wieder im Freien schlafen. Auf Google Maps hat er tatsächlich auch schon einen geeigneten Ort dafür entdeckt: Einen Campingplatz direkt an der Uchiumi-Bucht. Mir wäre ein richtiges Hotelbett eigentlich lieber, aber nach unserem seltsamen Gespräch unterwegs in Uwajima will ich die Stimmung zwischen uns nicht wegen so einer nebensächlichen Frage weiter belasten.

*

Eine schlechte Wahl ist dieser Campingplatz nun wahrlich nicht. Camper gibt es um diese Zeit nicht, aber ein Gebäude mit schützendem Vordach und offen zugänglicher Waschgelegenheit. Selbst einen der Duschräume finden wir unverschlossen. Offenbar hat hier erst kürzlich eine größere Party stattgefunden, vielleicht zum Kirschblütenfest. Jedenfalls stapeln sich unter dem Vordach ein Dutzend leere Metallfässer mit dem Logo von Asahi Bier.

Noch besser aber ist das, was Daniel soeben in einem ebenfalls unverschlossenen Lagerraum entdeckt hat. Was zuerst wie ein Haufen ziemlich grobmaschiger Fischernetze aussah, hat sich als ein Stapel Hängematten entpuppt. Jetzt ist auch klar, wozu es an jedem der Camperstellplätze diese zwei Pfähle mit Haken dran gibt. Bevor wir darangehen, uns dort Nachtlager in luftiger Höhe einzurichten, laufen wir vor an den Strand und suchen uns ein Plätzchen auf einer ins Meer hinausragenden Klippe für unser Abendpicknick.

Während wir die hartgekochten Eier pellen, kauen wir schon einmal auf den kleinen, mit Käsewürfeln gefüllten Brötchen herum. Als wir die heute Mittag gekauft haben, haben die frisch und knusprig ausgesehen, nun aber sind sie pappig und zäh. Zwischendurch erkläre ich Daniel, dass es sich bei den riesigen schwimmenden Gittern da draußen in der Bucht um Zuchtanlagen für Austern handelt.

Das habe er selber auch schon vermutet, sagt er.

„Also, Junge, das muss ich jetzt doch noch mal klarstellen", beginne ich schließlich. „Das, was du da heute Mittag in den Raum gestellt hat, das kann ich nicht einfach so stehenlassen."

„Bevor du was sagst, was du hinterher möglicherweise bereust, muss erst ich dir noch etwas sagen. Ich habe nämlich seinerzeit etwas gesehen. Damals, als wir ohne Mom in Kathmandu waren. Da bin ich mal nachts aufs Klo und habe gesehen, wie diese Michiko gerade in deinem Schlafzimmer verschwunden ist."

„Oh Gott!", sage ich. Da hat der Junge tatsächlich die ganzen Jahre geglaubt, ich hätte seine Mom damals mit seinem 'Kindermädchen' betrogen ... „Warum hast du mir das nicht schon viel eher erzählt? Dann hätten wir das doch längst aufklären können."

„Willst du damit sagen, ich hätte mir das nur eingebildet? Oder geträumt? Immerhin war ich damals fast schon sechs Jahre alt."

„Nein, das war keine Einbildung. Michiko ist damals tatsächlich einmal nachts in mein Zimmer gekommen. Das war aber nicht, was du denkst. Ihr Mann war doch gerade erst ums Leben gekommen. In jener Nacht war sie zwischendurch aufgewacht, und als sie festgestellt hat, dass ihr Mann nicht mehr neben ihr lag, hat sie die Trauer wieder mit Macht überfallen. Erst ist sie eine Zeitlang durchs Haus geirrt, aber als sie die Stille nicht mehr ausgehalten hat, ist sie zu mir gekommen.

Das kommt dir vielleicht absonderlich vor, aber sie hat tatsächlich einfach nur Trost gesucht. Sie hat ein, zwei Stunden neben mir auf dem Bett gesessen und wir haben geredet – mehr nicht. Das musst du mir glauben. Ich hätte deine Mom doch niemals mit einer anderen Frau betrogen. Schon gar nicht damals, nachdem das gerade erst mit Sarah passiert war."

„Du hast die Michiko also auch später nie wiedergesehen?"
„Nein. Warum auch? Allerdings, ich habe mal einen Brief von ihr bekommen. Gegen Ende unserer Zeit in Tokio. Da hatte sie zufällig in einer japanischen Zeitung einen kurzen Bericht über die Ausstellung eines deutschen Künstlers gelesen, die ich in Yokohama eröffnet hatte. Da hat sie mich auf dem Foto wiedererkannt. Sie hat mir zu dem Posten an der Botschaft gratuliert und geschrieben, sie sei immer noch dankbar, dass wir ihr damals so über die schwierige Phase nach dem Tod ihres Mannes hinweggeholfen hätten."
„Dass du ihr damals geholfen hast, wolltest du sagen."
„Nein. Sie hat ausdrücklich auch dich erwähnt. Das weiß ich noch, weil Mom davon so gerührt war – der habe ich diesen Brief natürlich auch gleich gezeigt. Der kam übrigens wieder aus Kathmandu. Michiko schrieb, sie sei inzwischen dorthin zurückgekehrt – für irgendeine Hilfsorganisation, die sich um Waisenkinder kümmere."
„Hast du ihr zurückgeschrieben?"
„Ja, Mom und ich, eine kurze Postkarte – wir haben ihr alles Gute und viel Erfolg für ihre Arbeit in Kathmandu gewünscht."
„Ach Dad, ich hätte mit dieser alten Geschichte erst gar nicht anfangen sollen ..."
„Im Gegenteil! Ich bin ja froh, dass du das angesprochen hast. Sonst würde diese Geschichte ja für immer zwischen uns stehen." Zum ersten Mal auf unserer Reise nehme ich den Jungen fest in den Arm ...

Wir sitzen noch eine ganze Weile einfach so da, eng nebeneinander, und beobachten, wie in der Ferne vereinzelte rote Lichter langsam quer durch die Bucht wandern. Offenbar die Backbordlaternen von Fischerbooten, die jetzt nacheinander auf die offene See hinausfahren.

Tag Neunzehn

Es dämmert schon. Die Brise vom Meer her ist inzwischen so stark geworden, dass ich es in meiner luftigen Hängematte nicht mehr aushalte. Als ich mich aufrichte, sehe ich, dass

Daniel bereits vor der Waschrinne steht und sich die Augen auswäscht. Auch ihn hält jetzt nichts mehr an diesem Ort – so sehr der uns nach dem gestrigen Abend sicher für immer in Erinnerung bleiben wird ...

Kurz vor sechs sind wir bereits unterwegs. Statt gleich wieder auf die Route 56 zu müssen, können wir die erste Dreiviertelstunde direkt am einsamen Sandstrand entlanglaufen. Damit umgehen wir auch erneut einen längeren Tunnel. Auch die anschließende Strecke auf der 56 legen wir in flottem Tempo und in bester Stimmung zurück. So früh gibt es hier kaum Verkehr. Hinter den Bergen zur Linken steigt allmählich die Sonne empor, und rechterhand hat man immer wieder einen weiten Blick auf das glitzernde und funkelnde Meer.

Kurz vor dem Städtchen Hirajo kommen uns auch schon die ersten Pilger entgegen, darunter ein *Gaijin* aus Neuseeland, der – wie er uns berichtet – in der ‚geradezu luxuriösen' Pilgerunterkunft von Tempel Nummer 40 übernachtet hat.

*

Uns kommt nach unserer zugigen Nacht schon der Seven-Eleven kurz vor diesem Tempel wie ein großer Luxus vor. So können wir erneut gemütlich frühstücken, bevor wir uns unseren Stempel holen – und finden dafür auch noch eine bequeme Bank mit Blick auf den Goldfischteich der besonders schönen Gartenanlage des Tempels.

Auf einer Tafel neben der Treppe zur Haupthalle finden wir – in einer etwas holprigen Übersetzung ins Englische – die Erklärung dafür, warum dieser Tempel *Kanjizai-ji* heißt. Das ist nicht nur der japanische Name der Kannon, der Göttin des Mitgefühls, sondern auch das Wort, mit dem das Herzsutra anfängt. Meister Kobo soll dieses Sutra in diesem Tempel rezitiert haben, um für die Genesung des erkrankten Kaisers zu beten. Daher werden in einem speziellen Turm auf dem Tempelgelände bis heute von Gläubigen aus ganz Japan handkopierte Fassungen dieses Sutra gesammelt.

Die besondere Stimmung des gestrigen Abends wirkt bei mir immer noch nach. Ich ziehe ein Räucherstäbchen aus der inzwischen fast leeren Packung, die ich am ersten Tag zusammen mit meiner Pilgerausrüstung gekauft habe, und entzünde es in dem großen Bronzegefäß vor der Halle. Sodann mische ich mich unter die anderen Pilger und falle in deren Rezitation des Herzsutra ein. Ein- oder zweimal verliere ich kurz den Faden, finde aber gleich wieder den Anschluss.

Als ich mich umdrehe, ist Daniel verschwunden. Ich entdecke ihn vor einem außergewöhnlichen sechseckigen Gebäude und sehe gerade noch, wie er sich davor dreimal verneigt. Der Schrein ist Benzaiten geweiht, Schutzgöttin der schönen Künste und einzige weibliche Gottheit unter den sieben Glücksgöttern. Bevor ich ihn fragen kann, was er da treibt, erklärt mir mein Sohn, die Künste lägen ihm nun mal näher als ein Sutra, das behauptet, dass alles nur Leere sei – was immer er mir damit sagen will.

„Kann man nichts gegen sagen", sage ich und schlage vor, dass wir uns wieder auf den Weg machen. Ich will Sukumo, den Ort, in dem wir übernachten wollen, frühzeitig erreichen, damit wir genügend Zeit haben, uns nach einem Hotel umzusehen. Heute lege ich Wert auf ein weiches Bett.

*

Den ersten Tunnel hinter Hirajo können wir wieder auf einem Nebensträßchen umgehen. Danach zieht sich die Route 56, meist den Tälern kleiner Flussläufe folgend, mal wieder durch eine wunderschöne, bewaldete Berglandschaft. Laut Karte müssen wir nun nur noch durch zwei weitere Tunnel, aber die sind beide nicht länger als zwei- oder dreihundert Meter.

Kaum zu glauben, dass wir übermorgen schon am Kap Ashizuri sein werden. Noch aber ist es nicht so weit, dass ich mich darauf einfach nur freuen kann.

*

An der Rezeption des ‚Business Hotel Asahi' in Sukumo checkt vor uns gerade ein junger, sportlicher Typ ein. Unter dem Pilgerhemd dieses Japaners schaut ein buntes Hawaiihemd hervor. Als er uns bemerkt, begrüßt er uns mit einem unjapanisch lauten „Hi, you guys!" Ob wir hier etwa als Pilger unterwegs wären.

Gesicht und Unterarme des Typs sind sonnengebräunt, als käme er geradewegs aus der Südsee. Oder aus Kalifornien, wie sein extrabreites amerikanisches Englisch wohl suggerieren soll. Einer dieser jungen Japaner, die es für ein Zeichen von Weltläufigkeit halten, wenn sie so tun, als wären sie Amerikaner. Er verzieht keine Miene, als ich ihm auf Japanisch eröffne, dass wir schon seit drei Wochen unterwegs sind – und zwar *gyaku-uchi*.

Er sei ja eigentlich Surfer, erklärt er uns. Habe gerade mal wieder die Pazifikküste von Shikoku abgeklappert. Von Tokushima bis hier runter. Und wie jedes Mal, wenn er hier sei, nehme er nebenher ein paar von den Tempeln mit. Der *Enkoji* sei einer der letzten hier auf der Pazifikseite gewesen, dessen Stempel ihm noch gefehlt habe.

Da wollten wir morgen hin, wirft Daniel ein. Und anschließend gleich rüber auf die andere Seite der Halbinsel, ergänze ich.

Dahin müsse er auch wieder zurück. Für heute Nacht werde ein kleines Sturmtief erwartet. Da könne man morgen mit ein paar schönen Wellen rechnen da drüben, erklärt unser Freund. Die würde er gerne noch mitnehmen, bevor er die Fähre von Kochi zurück nach Osaka nehme. In seinem Campingbus sei übrigens noch Platz, ob wir nicht einfach mitfahren wollten.

Vielen Dank für das Angebot, sage ich.

Aber so einfach lässt sich unser Surfbrettpilger nicht abwimmeln. Ob wir drüben wenigstens schon eine Übernachtung gebucht hätten, fragt er.

Bisher haben wir immer auch ohne Reservierung etwas gefunden, behaupte ich.

Da könnten wir drüben aber ein echtes Problem bekommen, jetzt in der Pilgersaison. Bis runter zum Kap würden wir es an einem Tag zu Fuß ja nicht schaffen. Und an der einsamen Küste davor gebe es so gut wie keine Hotels. Er könne uns da eigentlich nur das *Minshuku* empfehlen, in dem er selber öfter übernachte.

Bevor ich etwas sagen kann, dreht er sich zur Rezeption um, kritzelt etwas auf den Block mit den Anmeldezetteln, der dort bereitliegt, reißt den Zettel ab und reicht ihn Daniel rüber. *Minshuku Isaribi*. Liege etwa zwei Kilometer südlich der Flussmündung, ab der die 321 wieder direkt an der Küste entlangführe. Könnten wir gar nicht verfehlen. Okay, er werde da gleich für uns anrufen. No problem. Schließlich sei er da Stammgast. Wo wir überhaupt herkämen.

Kaum habe ich, so überrumpelt, *Doitsu* gesagt, schultert er schon seine Sporttasche, ruft uns ein lässiges „Good luck you guys!" zu und spurtet los Richtung Fahrstuhl.

„Was war das denn?", frage ich. Auch der Mann an der Rezeption schüttelt leicht amüsiert den Kopf, als er uns den Block mit den Anmeldezetteln zuschiebt.

„Wieso?", meint Daniel. „Ist doch nett, wenn der uns so spontan hilft."

„Glaubst du echt, der bucht da jetzt einfach so für uns? Er hat sich ja nicht mal nach unseren Namen erkundigt."

*

Gerade sind wir in unser Zimmer gekommen und fragen uns nun, was wir mit dem restlichen Nachmittag in diesem kleinen Kaff anfangen sollen, da meldet sich Daniels Handy. Ich kann mir schon denken, wer da wieder dran ist – allein schon wegen des Tonfalls, in dem der Junge sein *„Konnichi wa"* in das Handy haucht. Ich verstaue noch schnell meinen Rucksack in einer Ecke, winke meinem Sohn kurz zu und ziehe dann die Zimmertür leise von außen zu.

Bis zum kleinen Fischereihafen sind es nur ein paar Schritte die palmengesäumte Uferpromenade entlang. Gegenüber, kaum mehr als hundert Meter vom Festland entfernt, erhebt sich eine bewaldete Insel. Als ich den Hafen umrundet habe, sehe ich, dass da auch eine Brücke hinüberführt. Und das da drüben auf der höchsten Erhebung der Insel scheint sowas wie ein Aussichtspavillon zu sein. Spontan entscheide ich mich für einen kleinen Spaziergang dort hinauf. Ich will ja auf keinen Fall zu früh zurück in unserem Hotelzimmer sein.

Auch drüben geht es zunächst auf der Uferstraße weiter, eine Kaimauer entlang, an der dicht an dicht kleine Fischerboote im glasklaren Wasser dümpeln. Gleich darauf aber zweigt ein mit Steinplatten belegter Fußweg landeinwärts ab. Ein leise flüsternder Bambuswald nimmt mich auf. Unter dem flirrenden Blätterschleier hoch über mir wandere ich wie auf dem Grund eines lichtgrünen Sees gemächlich bergauf.

*

„Komm und setz dich zu mir, mein Sohn!"
Erst jetzt sehe ich, dass unter dem Strohdach des kleinen Aussichtspavillons schon jemand sitzt. Im blendenden Gegenlicht kann ich nicht mehr als eine massige dunkle Gestalt erkennen. Die Stimme aber, die kenne ich. Ich beeile mich, in den Schatten zu kommen, den mir das ausladende Strohdach entgegenwirft.

Ja, das sitzt tatsächlich dieser österreichische Priester! Unverkennbar die auffallend rotblonden Haare. Dass das Gesicht, das er mir zuwendet, blasser und kantiger wirkt als ich es in Erinnerung habe, liegt vielleicht am grellen Licht dieses strahlenden Nachmittags.

Ich zögere, aber dann lasse ich mich doch neben ihm auf dem grob behauenden Marmorblock nieder, den man als Sitzgelegenheit für die Wanderer unter das Strohdach geschafft hat.

„Jetzt haben wir unser Ziel bald erreicht", sagt er und schaut mich dabei durchdringend an.

„Wir?", frage ich.

„Hattest du nicht gesagt, dass deine Pilgerreise am Kap Ashizuri enden würde? Eine gute Wahl, wie ich finde. So habe ich inzwischen beschlossen, auch meine Reise dort zu beenden. Du aber pass gut auf dich auf, mein Sohn. Du hast ja sicher gehört, welchen düsteren Ruf dieses Kap hat. Also, was wirst du tun, wenn du dort bist?"

„Wir werden ordentlich feiern, mein Sohn und ich", sage ich, um seinem seltsam salbungsvollen Ton etwas entgegenzusetzen. „Wir werden im heißen Wasser entspannen und mit dem einen oder anderen Gläschen Sake auf den Erfolg unserer Pilgerreise trinken. Unser Zimmer im Ashizuri Thermae Hotel ist schon gebucht."

„Dass eure Reise erfolgreich war, freut mich. Heißt das, ihr seid der Wahrheit nähergekommen?" Die Frage klingt ernsthaft, aber ich bin nicht ganz sicher, ob sie nicht doch ironisch gemeint ist.

„Ich finde, es ist schon ein großer Erfolg, wenn man am Ende so einer Reise mit sich und den Seinen im Reinen ist."

„Recht hast du, mein Sohn. Aber täusche dich nicht. Noch ist dein Weg nicht zu Ende. Auch dich wird der Ruf erreichen. Schneller als du dir jetzt wohl vorstellen kannst. Ich kann dir nur raten, folge ihm, ohne zu zögern."
Damit erhebt er sich hastig und wuchtet sich seinen schweren Rucksack auf die breiten Schultern. „Ich darf keine Zeit mehr verlieren. Zwanzig Kilometer die Küste hinunter will ich heute noch schaffen."

Grußlos und ohne sich noch einmal nach mir umzuwenden läuft er los, als hätte er Angst, ich könnte versuchen ihn aufzuhalten.

Eine große, dunkle Wolke hat sich vor die Sonne geschoben. Ein kühler Windstoß lässt mich frösteln. Nach einem kurzen Rundblick über das idyllisch daliegende Hafenstädtchen auf der einen Seite und die unendliche Weite des Pazifik auf der anderen mache ich mich auf den Rückweg – bewusst langsam, denn noch einmal möchte ich diesem Menschen nicht über den Weg laufen. Etwas seltsam war mir dieser verhinderte Missionar ja von Anfang an vorgekommen. Heute aber kam er mir geradezu unheimlich vor – das abgezehrte Gesicht, dieser bohrende Blick der eingesunkenen Augen ...

Jedenfalls bin ich froh, dass er offenbar direkt hier an der Küste zum Kap Ashizuri hinunterwandert und nicht, wie wir, erst noch hinüber auf die andere Seite der Halbinsel. Die Seite, an der Angelika und ich seinerzeit das letzte Stück bis zum Kap Ashizuri hinuntergepilgert sind – voller Hoffnung und in Erwartung einer glücklichen Zukunft ...

*

Daniel empfängt mich mit der Feststellung, er habe sich schon Sorgen um mich gemacht. Ich sage, ich hätte doch sein intimes Plauderstündchen mit seiner japanischen Freundin nicht vorzeitig stören wollen. Aber dann berichte ich ihm doch von meiner erneuten Begegnung mit dem seltsamen Priester. Schon deshalb, um ihm zu zeigen, dass ich den nicht nur geträumt habe.

Daniel meint, er kenne sich dank unserer Entscheidung, ihn auf eine Jesuitenschule zu schicken, ja ein wenig mit

Priestern aus. Dieser hier aber scheine tatsächlich eine besondere Nummer zu sein. Ob der immer noch im buddhistischen Pilgerhemd unterwegs sei. Darauf hatte ich gar nicht geachtet, aber der Junge hat recht. Das Hemd dieses Priesters scheint sogar frisch gewaschen gewesen zu sein, so wie es in der Sonne geleuchtet hat – anders als unsere, die wir in dieser Hinsicht in den letzten Tagen ziemlich vernachlässigt haben.

„Dann ist er vielleicht zum Buddhisten geworden und will jetzt auch so wiedergeboren werden", meint Daniel trocken.

„Und wenn ich alles glaube, das glaube ich nicht", sage ich, während ich meinen Rucksack aufs Bett werfe, um nach meinem Pullover zu kramen. Als ich den mit einem Ruck herausziehe, kullert der Daruma aufs Bett, den ich ganz unten verstaut hatte.

„Oh, zeig mal!" sagt Daniel, bevor ich die knallrote Kugel wieder zu fassen bekomme. „Hast du den etwa die ganze Zeit mitgeschleppt? Ach, bei dem sind ja beide Augen schon ausgemalt – wie bei meinem, den Mom mir damals gekauft hat."

„Und?", sage ich, weil mir so schnell nichts Besseres einfällt.

Daniel sieht mich mit großen Augen an. „Ach so ... Das zweite Auge habt ihr nach Sarahs Geburt ausgemalt – das war eure Kinderwunschpuppe!"

„Stimmt", sage ich, eigentlich ganz froh, dass mir der Junge damit den Anstoß gibt, zumindest das schon mal aufzuklären. „Dieser Daruma soll jetzt endlich in den Tempel zurück, in dem wir ihn damals gekauft und das erste Auge ausgemalt haben. Ihn dorthin zurückzubringen haben deine Mutter und ich noch die ganze Zeit vorgehabt. Als seinerzeit klar wurde, dass Mom schwanger war, unser Wunsch also erfüllt worden war, waren wir ja schon wieder in Bonn. Wir wollten diese zweite Pilgerreise hierher dann in unserer Tokio-Zeit nachholen. Wir hatten sogar schon einen Termin dafür festgelegt. Für das Frühjahr vor unserer endgültigen Wegversetzung aus Japan. Aber aus unserem letzten Heimaturlaub ist Mom ja nicht mehr hierher zurückgekehrt."

„Also, wenn das der eigentliche Zweck dieser Pilgerreise gewesen ist, warum hast du dann so ein Geheimnis daraus gemacht?"

„Ich habe echt befürchtet, du würdest mich auslachen. Erst vor ein paar Tagen hast du doch wieder gesagt, dass du sowas für nichts als Aberglauben hältst. Für mich ist das nur ein harmloser Ritus. Eine symbolische Geste zum Angedenken an unsere Mom – und an deine Schwester Sarah, natürlich. Ein Versuch, endlich ein unvollendetes Kapitel zum Abschluss und alte Dämonen zum Schweigen zu bringen."

Mein Sohn sieht mich nachdenklich an. „Verstehe ich", sagt er schließlich und nickt, als hätte er tatsächlich bereits alles verstanden.

„Im Übrigen ist das natürlich nicht der einzige Zweck dieser Reise. Aber hast du nicht auch langsam Hunger? Ich habe auf dem Weg vom Hafen hierher einen Nudelshop entdeckt. Und zieh dir was drüber, es ist plötzlich kühl geworden da draußen."

*

Die *Kamo-namban* hat so super geschmeckt, dass wir diesmal beide noch eine zweite Schüssel bestellt haben. Jetzt liegen wir pappsatt im Bett und können mal wieder nicht einschlafen.

Gerade habe ich mich dazu durchgerungen, dem Jungen nun endlich die volle Wahrheit zu sagen, da kommt er mir zuvor. Wir hätten das erste Auge unseres Kinderwunsch-Daruma also in dem Tempel am Kap Ashizuri ausgemalt. Den hätten wir auf unserer Pilgerreise damals ja Mitte April erreicht. Sarah sei Ende Dezember des gleichen Jahres zur Welt gekommen – zwei Wochen zu früh, wie ich neulich erzählt hätte. Dann hätte es nach unserer Daruma-Zeremonie damals ja unverzüglich geklappt – am selben Tag womöglich noch. „Schon erstaunlich, findest du nicht?"

„Ich glaube, du hast mehr von Deiner Mutter – was den Hang zu so etwas mystischen Spekulationen betrifft – als du zugeben willst. Mom hat tatsächlich immer behauptet, dass es genauso gewesen ist. Ich habe sie dann jedes Mal aufgezogen. Es wäre bestimmt erst drei Tage später passiert. Da haben wir nämlich damals auf der Rückfahrt mit der Fähre in Nachi-Katsuura Station gemacht ..." Dass es diesen scherzhaften Austausch zwischen seiner Mutter und mir ein letztes Mal in unserem Sri-Lanka-Urlaub gegeben hat – nur ein oder zwei Tage, bevor Sarah verunglückt ist, erzähle ich jetzt aber nicht auch noch ...

Stattdessen muss ich jetzt wieder an die panische Reaktion Angelikas denken, als wir auf unserem letzten Ausflug zu dritt von Tokio aus noch mal in diesem Höhlen-Onsen in Katsuura gewesen sind. Ihr Erstarren, als dort plötzlich die vom Taifun immer höher gepeitschten Wellen in die zum Meer hin weit offene Höhle hereinbrachen, in der wir uns gerade im großen Thermalbecken niedergelassen hatten. Ganz offensichtlich hat das bei ihr sofort wieder die Erinnerung an die tödlichen Wellen in Sri Lanka zehn Jahre zuvor heraufbeschworen. Ich halte es sogar für möglich, dass ihr diese neuerliche Attacke des Meeres als weiteres Zeichen dafür erschienen ist, dass Gott ihr Sarah genommen hatte, weil sie seinerzeit auch in buddhistischen Tempeln um die Erfüllung ihres Kinderwunsches gebetet hatte. So etwas ähnliches hatte sie jedenfalls schon gleich nach dem Unglück in Sri Lanka geäußert, damals auf der Fahrt von unserem Strandhotel nach Colombo, wo wir die Formalitäten für die Überführung erledigen mussten.

Okay, später hat sie bestritten, sowas je gesagt zu haben. Aber ihre katholische Erziehung hat sie ja nie ganz verleugnen können ...

Nein, dies ist wohl nicht der rechte Moment, vor meinem Sohn auch noch diese Details auszubreiten, zumal es doch diesen Punkt gibt, der viel wichtiger ist. Morgen ist aber ja auch noch ein Tag ...

„Ich denke, wir sollten jetzt das Licht ausmachen", sage ich. „Wir haben morgen noch mal einen harten Tag vor uns – vierzig Kilometer quer über die ganze Halbinsel und dann wahrscheinlich auch noch schlechtes Wetter – wenn stimmt, was der Typ uns erzählt hat."

Tag Zwanzig

Es ist tatsächlich windig und regnerisch. Das Seltsame ist, wir sind trotzdem ausnehmend guter Laune, Daniel und ich, als wir losmarschieren.

Bis zum *Enko-ji*, Tempel Nummer 39, brauchen wir nur wenig mehr als eine Stunde. Der junge Priester im *Nokyojo* staunt nicht schlecht, als er feststellt, dass nur noch diese eine Seite in meinem Pilgerbuch frei ist.

Ansonsten viele Steinschildkröten auf dem Tempelgelände, die zu berühren Glück und ein langes Leben bringen soll, sowie eine vom Meister selbst mit dem Pilgerstab aus dem felsigen Boden geschlagene Quelle, deren Wasser angeblich Augenleiden kuriert. Wir finden, unsere Augen wären okay, und für einen längeren Aufenthalt ist uns ohnehin das Wetter zu schlecht.

*

Inzwischen sind wir schon wieder einige Stunden gewandert, die ganze Zeit auf einer schmalen Landstraße zwischen Reisfeldern und bewaldeten Bergen hindurch, fast immer irgendein Flüsschen entlang. Aber selbst jetzt, wo es noch einmal heftig bergauf und bergab geht, brauche ich nicht eine einzige längere Pause. Obwohl es auch immer heftiger regnet, erscheint auf einmal alles so leicht.

Vielleicht liegt das auch mit an dem Gespräch gestern Abend über den Daruma und was der für Angelika und mich bedeutet hat. Ich denke, das hat Daniel und mich noch mal ein ganzes Stück einander nähergebracht. Ich überlege schon, ob das mit meiner 'Beichte' überhaupt sein muss. Ob es nicht eigentlich ziemlich unvernünftig ist, jetzt alles aufs Spiel zu setzen und den Jungen mit einer alten Geschichte zu belasten, die vielleicht alles wieder zerstört, was wir auf dieser Pilgerreise mühsam aufgebaut haben ...

*

Der Surfbrettpilger hat recht gehabt. Seit einer halben Stunde laufen wir direkt am Meer entlang, und immer wieder brechen sich die Wellen so heftig an der felsigen Küste, dass der nach wie vor kräftige Wind uns von der Seite mit salziger Gischt bewirft. Da bietet selbst der Pilgerhut keinen Schutz mehr. Ich muss die Brille abnehmen, wenn ich überhaupt noch was sehen will.

Vielleicht hätten wir uns doch schon in Shimonokae nach irgendeinem kleinen Businesshotel umsehen sollen, sage ich. Der Karte nach war dieses Nest an der Flussmündung, an der wir wieder auf die Küste gestoßen sind, der einzige Ort im Umkreis von zehn Kilometern, der groß genug ist, dass es so etwas hätte geben können. Kaum habe ich das gesagt, zeigt Daniel auf den Hang über uns und reißt die Augen auf, als hätte er eine Fata Morgana gesehen. Sind das nicht die beiden Schriftzeichen für *Minshuku*?

Er hat recht. Ich drehe mich so, dass mich der Wind direkt von hinten trifft, fummele mir unter dem Regencape ein halbwegs trockenes Tuch aus der Hosentasche, wische mir damit schnell die Brille trocken und kann gerade noch die *Hiragana* hinter den beiden *Kanji* erkennen, bevor die Brille schon wieder beschlagen ist: ‚Isaribi'. Ja, das war der Name des *Minshuku*, den uns der Surfbrettpilger notiert hat.

Wir stehen noch in dem geschlossenen Windfang vor dem eigentlichen Eingang und sind gerade dabei, uns unserer Schuhe zu entledigen, für die hier bereits ein Regal bereitsteht, da geht schon die Tür auf.

„*Ah, doitsu no henro sama des'*", sagt eine Frauenstimme – die Pilger aus Deutschland. Ich kann es kaum fassen, der Surfbrettpilger hat uns tatsächlich hier angemeldet.

„*Konnichi wa*", rufen Daniel und ich wie aus einem Munde, während ich mir ein weiteres Mal die Brille putze.

„*Hai, irasshai!*", werden wir förmlich willkommen geheißen. Bevor ich mir die Dame, die uns so freundlich empfangen hat, genauer ansehen kann, hat sie uns schon die Hausschuhe hergerichtet. Sie eilt uns voraus, um uns unser Zimmer zu zeigen. Wir folgen ihr eine Treppe rauf und um ein paar Ecken. Schon von draußen war mir aufgefallen, dass dieses Haus aus mehreren direkt aneinandergefügten Gebäudeteilen besteht, die einen zum Meer hin offenen Halbkreis bilden.

Abendessen werde um 18:00 Uhr serviert, erklärt uns unsere auffallend hübsche Gastgeberin. *Ofuro* und Whirlpool seien noch bis 21:00 Uhr offen. Japanische Küche – okay?, vergewissert sie sich noch schnell, bevor sie von außen die Shōji-Tür zuschiebt.

Ich winde mich aus den Rucksackgurten, lasse mich neben dem niedrigen Tischchen nieder, das mitten im Raum auf dem Tatamiboden steht, mache das Sitzkissen zum Kopfkissen und lasse mich flach auf den Rücken fallen. Jetzt fühle ich erst so richtig, wie fertig ich bin. Jetzt, wo der von Endspurt-Euphorie noch befeuerte Drang, der Nässe und Kälte da draußen zu entfliehen, endlich befriedigt ist, ist sie wieder voll da, die vertraute Pilgermischung aus Schmerzen, Hunger, Durst und Erschöpfung.

„Bist du auch so kaputt wie ich?", höre ich Daniel sagen. Ich wende den Kopf und sehe ihn auf der anderen Seite des Tischchens liegen, hingestreckt genauso wie ich. Jetzt sind wir auf der gleichen Ebene angelangt, denke ich unwillkürlich, sozusagen Auge in Auge.

„Du, ich muss dir was sagen", höre ich meine eigene Stimme. Von jenseits des Tischchens kommt nur ein unbestimmbarer Knurrlaut. Jetzt kann ich aber nicht mehr zurück.

„Es gibt da was, was ich dir schon die ganze Zeit sagen wollte."

„Dann sag's doch einfach", tönt es müde von drüben zurück. Was ich zu sagen habe, scheint den Jungen nicht einmal zu interessieren. Ich überwinde meine Irritation und schleudere ihm die ganze Wahrheit in einem Satz ins Gesicht: „Es war meine Schuld, dass deine Schwester damals verunglückt ist!"

Von drüben kein Anzeichen dafür, dass mein Sohn jetzt geschockt ist. Kein Aufschrei, keine Frage, überhaupt keine Reaktion ...

Mir bleibt gar nichts anderes übrig, als gleich weiterzusprechen. Es gibt da ja noch die Einzelheiten: Dass es seiner Mutter zu heiß gewesen war, draußen in der Mittagshitze am Strand, und für ihn, den erst vierjährigen Daniel auch. Dass seine ältere Schwester aber unbedingt ins Wasser gewollt hatte. Dass ich ihrer Mutter hoch und heilig versprochen hatte, gut auf sie aufzupassen – Sarah hatte ja gerade erst schwimmen gelernt. Dass ich etwas weiter oben am Stand gesessen und mich nur einen ganz kurzen Moment hatte ablenken lassen. Und als ich wieder hingeschaut hatte, war da auf einmal keine Sarah mehr. Dabei hatte ich sie gerade noch voller Begeisterung in den auslaufenden Wellen herumstampfen sehen, dass es nur so gespritzt hatte. Voller Panik hatte ich mich ins Wasser gestürzt, aber als ich den in den Wellen treibenden Körper entdeckt hatte, war es zu spät.

„Das nächste, was sich mir ins Gedächtnis gebrannt hat: Mit der leblosen Sarah auf den ausgestreckten Armen stehe ich da, wie ein Priester mit einer Opfergabe vor irgendeinem Altar, und plötzlich erscheint deine Mutter vor mir – sie muss etwas geahnt haben, dass sie auf einmal auch da draußen am Strand war – und starrt regungslos auf Sarahs herunterbaumelnden Arm wie auf eine unverständliche Botschaft aus einen fremden Universum."

„Mein Gott ..." – das Erste, was ich von Daniel höre, nachdem er mir die ganze Zeit schweigend zugehört hat. Bevor er mehr sagt, muss ich ihm nun aber noch etwas beichten:

„In dem Moment konnte ich Mom unmöglich die ganze Wahrheit sagen. Ich war sicher, das würde sie gar nicht verkraften. Außerdem hatte ich Angst, ich könnte auch sie noch verlieren. Ich habe ihr daher den Hergang des Unglücks als ein schicksalhaftes, tragisches Unglück beschrieben – quasi eine Naturkatastrophe: Ich wäre die ganze Zeit bei Sarah im Wasser gewesen. Eine plötzliche, ungewöhnlich große Welle hätte sie von mir weggetragen und unter Wasser gewirbelt. Ich wäre über einen Felsen am Grund gestolpert und von der nächsten Welle noch weiter von unserer Tochter fortgeschwemmt worden ..."

Mit angehaltenem Atem erwarte ich das Urteil meines Sohnes. Er aber braucht offenbar ein Weilchen, bis er verdaut hat, was ich ihm da eben eröffnet habe.

Als er endlich zu sprechen beginnt, klingt seine Stimme seltsamerweise ganz sachlich: „Unglaublich, dass du das die ganze Zeit alleine mit dir herumgetragen hast. Dabei ist das Ganze doch letztlich wirklich nur ein Badeunfall gewesen, wie er immer wieder mal vorkommt – tragisch, in der Tat, aber, wie ich finde, kein Grund, dass du dich dafür bis heute schuldig fühlen müsstest."

Ist das tatsächlich alles, was der Junge dazu zu sagen hat? Offenbar hat er immer noch nicht gänzlich verstanden ...

„Und da ist noch etwas: Da saß auch noch eine Frau an dem Strand, nur wenige Meter entfernt von dem Platz, an dem ich mich niedergelassen hatte, um Sarah im Auge zu behalten. Gut sah die aus, vom Typ her sogar ein wenig wie deine Mom. Und die hat irgendwann zu mir herübergelächelt, und da habe ich eine Konversation mit ihr angefangen ..."

Wieder schweigt Daniel lange. Jetzt ein gedehntes „Okay ..." Ich mache mich auf alles gefasst, denn dieses letzte Detail wird ihm ja wohl endgültig klar gemacht haben, wie erbärmlich sein Vater damals versagt hat.

„Also, mal ehrlich, glaubst du wirklich, dass ein Verhalten, das unter normalen Umständen vollkommen harmlos wäre, eine ewige Schuld begründen kann, nur weil es aufgrund einer Verkettung unglücklicher Zufälle eine Katastrophe zur Folge hat? Und wenn, stellt sich ja immer noch die Frage, wo eigentlich das erste und entscheidende Glied der Kausalkette liegt. Wenn Mom zum Beispiel die Hitze besser vertragen hätte, hätte sie damals am Strand neben dir gesessen und du hättest sicher nicht so lange in die falsche Richtung geschaut. Also ich würde da tatsächlich eher von Verhängnis sprechen, anstelle von Schuld."

Ich bin sprachlos. Wie kann der Junge über die Last, die ich ihm jetzt endlich vor die Füße geworfen habe, so lässig hinwegsteigen? Klar, er will es mir leichter machen. Ich aber habe selber lange genug versucht, mein schlechtes Gewissen durch rationale Argumente zum Schweigen zu bringen, um zu wissen, dass das so nicht geht.

Nimmt der Junge die Last, die ich all die Jahre mit mir herumgeschleppt habe, überhaupt ernst? Andererseits: Dass er meine Schuld zum Verhängnis herabstuft, zeigt doch, dass er ernsthaft versuchen will, mir diese Last abzunehmen. Ja, es beweist, dass er nicht will, dass diese Sache zwischen uns steht.

Jetzt aber hat mein Sohn mir doch noch etwas zu sagen: "Selbst wenn deine Schuldgefühle bis zu einem gewissen Grade verständlich sind, entscheidend ist doch, was sie letztlich bewirkt haben: Haben sie dir dabei geholfen, dieses tragische Unglück zu bewältigen? Haben sie dich zu einem besseren Menschen gemacht? Haben sie nicht eher dazu geführt, dass du nicht unbefangen genug warst, um Mom wirksam beistehen zu können? Ich habe damals wirklich sehr unter dem Verlust meiner Schwester gelitten. Nichts habe ich mir nach diesem Unglück so sehr gewünscht, als dass wenigstens Mom und du wieder so werden würdet, wie vorher. Ich habe lange darüber nachgegrübelt, warum euch das nicht möglich war. Schließlich habe ich verstanden, dass euch die Vergangenheit offenbar wichtiger war als die Gegenwart. Eines Tages – ich weiß noch genau, es war kurz nachdem ich wieder ins Internat des Bonner Aloysius-Kollegs zurückgekehrt war – hatte ich sowas wie eine Erleuchtung: Der gegenwärtige Augenblick ist der einzige Moment, in dem man tatsächlich lebt, etwas spürt und etwas tun kann. Da habe ich mir geschworen: Egal was auch immer passieren würde, anders als ihr würde ich immer nur in Hier und Jetzt leben."

Mit einem Mal fühle ich, wie sich in mir ein Knoten löst, wie die Gedanken ihre scharfen Kanten verlieren und die Gefühle ihre drückende Schwere. Ich muss an Nepal denken, den nach langer Trockenheit einsetzenden Monsun, der die drückende Schwüle vertreibt und über den ausgedörrten Feldern der Hochtäler endlich den ersehnten Regen ausschüttet. Erst jetzt nehme ich wahr, wie auch hier der Regen immer noch gegen die Scheibe rauscht.

Daniel, über den Tisch zu mir herübergebeugt, schaut mit einem fragenden, ja sogar ein wenig besorgten Gesichtsausdruck auf mich herunter. Ich habe wohl eben unwillkürlich gelächelt

„Keine Sorge", sage ich, "ich bin gerade nur ein wenig ... überwältigt."

„Und ich hoffe nur, das war jetzt wirklich das Letzte, was du mir auf dieser Reise noch beichten wolltest."

Draußen kichernde Frauenstimmen und im Trippelschritt vorbeihuschende Schlappen. Gleich darauf werden nebenan die *Shōji* geräuschvoll auf- und gleich wieder zugeschoben. „Klingt, als ob die vom *Ofuro* kämen", meint Daniel. „Vielleicht sollten wir mal checken, ob das Männerbad auch gerade frei ist. Kurz vor oder nach dem Abendessen ist da wahrscheinlich ständig besetzt."

*

Als wir nach dem Bad – wir haben dort sogar noch unsere Pilgerhemden für den morgigen Tag gründlich ausgewaschen – in den Speiseraum kommen, eine hohe Halle im mittleren Gebäudeteil, die mit ihren bunten Glasfenstern ein wenig an eine moderne Kirche erinnert, sind bereits fast alle Tische besetzt. Abgesehen von zwei oder drei Pilgern alles Touristen, so wie es aussieht.

„Ich bezweifle, ob wir hier überhaupt noch ein Zimmer bekommen hätten, wenn unser Freund nicht gerade noch rechtzeitig vorab für uns reserviert hätte", stelle ich fest, während die Bedienung uns zu unserem Tisch im hinteren Teil der Halle vorausläuft.

„Vielleicht ist die Menschheit doch besser, als du bisher geglaubt hast", meint Daniel.

*

Was hier zum Essen aufgefahren wird, hätten wir in einem *Minshuku* so nicht erwartet. Gebratener Fisch, *Miso*-Suppe, *Wakame*-Salat, eingelegte Tintenfischstückchen, dazu einen großen Teller mit hauchdünnen Rindfleischscheiben, *Tofu*-Würfeln, *Enoki*-Pilzen und Chinakohlblättern, die wir in einem gusseisernen Topf mit brodelnder Brühe zu einem zünftigen *Shabu-shabu* garen sollen, zwei rohe Eier dazu und, selbstverständlich, die Schale Reis. Und als wir denken, das war's, stellt uns die Bedienung noch eine ganze Platte mit Meeresfrüchten auf den Tisch. Da sind sogar Austern und ein Hummer dabei.

Womit ich durchaus gerechnet habe: Dass Daniel noch einmal auf unser Gespräch von vorher zurückkommen würde. Sicher ist ihm ja in der Zwischenzeit erst so richtig bewusst geworden, was ich ihm da gestanden habe. Aber das, was er jetzt sagt, während er umständlich das Fleisch aus der einen Hummerschere herauspult, überrascht mich dann doch: Wenn wir schon mal dabei seien, gewisse Dinge zu klären, dann müsse auch er mir jetzt endlich etwas gestehen. Allein schon der ernste Tonfall, in dem er das sagt ...

„Oh Gott", sage ich, „hast du deiner Freundin etwa ein Kind angedreht?"

„So wie ich dich kenne, hättest du damit doch wahrscheinlich gar kein Problem." Wieder dieser völlig ungewohnte, todernste Unterton.

„Dann sag doch jetzt einfach, was ist!"

„Ich habe mein Referendariat gar nicht erst angetreten."

„Wie bitte? Wieso das denn, um Himmels willen?"

„Weil ich in der Juristerei für mich keinen Sinn mehr sehe. Ich habe angefangen, einen Roman zu schreiben. Dad, ich will Schriftsteller werden."

Tag Einundzwanzig

Ich wache auf, da ist unser Zimmer bereits von Sonnenlicht überflutet. Daniel schläft noch. Ich lege leise die Decke zur Seite und tappe barfuß über die angenehm kühlen *Tatami* auf das Fenster zu. Prompt stoße ich mit dem Zeh gegen das Tischchen, das wir gestern Abend zur Seite geräumt haben, um die Futons ausrollen zu können. Nur mühsam kann ich einen Aufschrei unterdrücken. Der Blick aus dem Fenster aber lässt mich den Schmerz augenblicklich vergessen: Strahlendblauer Himmel – bis zum Horizont nicht eine einzige Wolke. Keine zwanzig Meter entfernt, jenseits der Straße, läuft die Brandung immer noch heftig gegen die bizarr zerklüftete Felsküste an. Die hochschäumende Gischt leuchtet jedes Mal hell im Sonnenlicht auf.

„Hey, Junge, wach auf. Das musst du dir ansehen!"

Erst höre ich nur ein unwilliges Brummen, aber dann steht mein Sohn plötzlich doch neben mir.

„Schön", sagt er nur – und nach einer längeren Pause: „Selbstmord als shortcut ins Paradies, was für ein absurder Gedanke!" Daniel beschäftigt offenbar immer noch, was er gestern Abend im Internet (ja, sogar in diesem entlegenen *Minshuku* gibt es WLAN) über Kap Ashizuri gelesen hat, nämlich dass die steilen Klippen dieses Ortes am Ende der Welt einer der beliebtesten Selbstmordspots in ganz Japan sind. Dafür ist angeblich eine Legende verantwortlich, nach der Meister Kobo von diesem Kap aus in der Ferne über dem Ozean Kannon erblickt hat, die Göttin des Mitgefühls. Seitdem sollen immer wieder Menschen vom Kap aus auf den Pazifik hinausgesegelt sein, um das jenseits des Horizonts vermutete ‚Reine Land' zu erreichen, eine Vorstufe des von Amida Buddha regierten ‚westlichen Paradieses', wie es einige Schulen des Mahayana-Buddhismus versprechen. So manche Gläubige sollen sich früher aber auch direkt von den Klippen in den Tod gestürzt haben, in der Hoffnung, ohne langen Segeltörn gleich im Reinen Land wiedergeboren zu werden. Heutzutage allerdings, so Daniels Quelle, würden sich wohl nur noch Lebensmüde ohne Hoffnung auf irgendein Paradies an diesem Ort in den Tod stürzen.

„Wer denkt denn an so was, an so einem herrlichen Tag", sage ich.

*

Diese letzte Strecke unserer gemeinsamen Wanderung gehört zu den Schönsten, die wir in den letzten drei Wochen durchwandert haben. Seit einer halben Stunde laufen wir jetzt schon immer am Meer entlang, mal direkt unten am felsigen Strand, mal weiter oben mit einem herrlichen Blick in die Weite. Der Wellengang ist immer noch stark und die Brandung wirft schneeweiße Schleier über die schwarzglänzenden Felsen. Der Wind aber hat sich inzwischen gelegt.

Vielleicht zum ersten Mal auf dieser Pilgerreise fühle ich mich einfach nur glücklich. Ich sehe, wie sich die Wellen an den vorgelagerten Felsen brechen, höre die Rufe der Seeadler, die hoch über uns ihre Kreise ziehen, schmecke die salzige

Luft, fühle die wärmenden Strahlen der Sonne auf der dem Meer zugewandten Seite meines Gesichts und denke an gar nichts.

„Also, Dad, ich habe nochmal nachgedacht: Ja, ich hätte es genauso gemacht wie du."

„Wovon redest du?", frage ich.

„Na, davon, dass du Mom nie die ganze Wahrheit über Sarahs Unfall gesagt hast. Ich denke auch, es hätte alles nur noch schlimmer gemacht. Womöglich hätte sie sich sogar gleich das Leben genommen und nicht erst neun Jahre später. Und dass du mir das jetzt alles erzählt hast, finde ich echt mutig."

„Glaub' mir, ich hatte die ganze Zeit vor, auch Mom meine Mitschuld an Sarahs Tod zu gestehen, sobald sie sich psychisch hinreichend stabilisiert haben würde. Deshalb war ich so froh, als wir sieben Jahre nach Sarahs Unfall ein weiteres Mal nach Japan versetzt worden sind. Ich habe das wirklich als echte Chance gesehen, dass alles wieder so würde wie früher. Und so sah es dann ja auch erst einmal aus. Wie froh bin ich gewesen, als Mom angeboten wurde, ein paar Stunden die Woche an deiner Schule zu unterrichten. Ich wusste, die Arbeit mit den Kindern würde ihr Spaß machen. Und sie ist dann ja auch regelrecht aufgeblüht. Ja, wir haben tatsächlich geglaubt, es wäre geschafft. Haben angefangen, wieder Ausflüge und kleine Reisen zu machen. Haben versucht, das Glück und die Unbeschwertheit unserer Kobe-Zeit wieder heraufzubeschwören. Die Tempeltouren an den Wochenenden, die du so langweilig fandest. Unsere Tour durch Kyushu …"

„Oh ja, ich erinnere mich. War das nicht da, wo plötzlich in der Nacht der Vulkan ausgebrochen ist?"

„Genau, der Sakurajima im Meer vor Kagoshima – und am nächsten Morgen war unser Auto auf dem Parkplatz vor dem Hotel mit einer dicken Ascheschicht bedeckt …"

„Und dann diese stürmische Überfahrt mit der Fähre von Tokio nach Katsuura in dieses Höhlen-Onsen. Das fand ich irre."

Ja, sogar die Rückkehr an diesen Ort, der so eng verknüpft war mit der Geburt unserer Tochter, hatten Angelika und ich uns im letzten Herbst unserer Tokio-Zeit zugetraut. Mit Recht, wenn ich an die Hinfahrt auf der schwankenden Fähre zurückdenke. Die Nacht, als Daniel in seiner Koje so in seinen Gameboy vertieft gewesen war, dass wir gewagt hatten, uns direkt über ihm heimlich zu lieben. Da hatte wenig gefehlt und wir hätten unser Glück laut herausgeschrien ...

„Ja, auch für Mom und mich war das zunächst toll. Wenn dann nur nicht, als wir dann im Hotel in dieser großen Höhle mit den Thermalquellen waren, plötzlich die Wellen bis zu uns hereingebrochen wären."

„Aber das war ja das, was ich so irre fand."

„Ja, aber bei Mom hat das offenbar das Trauma von Sarahs Unfall im Meer wiedererweckt ..."

„Echt jetzt?"

„Anscheinend ist es uns damals tatsächlich gelungen, das vor dir zu verbergen. Aber ohne diesen erneuten Schock hätten die Bilder des Tsunami in Südostasien kurz darauf in unserem Weihnachtsurlaub in Deutschland die Szene mit Sarah am Strand in Sri Lanka bei deiner Mom vielleicht nicht wieder so akut lebendig werden lassen, dass sie sich voller Verzweiflung auf die Straße gestürzt hat ..."

„So habe ich das noch gar nicht gesehen", sagt Daniel leise. Ich lege ihm meine Hand auf die Schulter und eine Weile laufen wir ganz eng nebeneinander.

Laut Karte macht die Straße ab hier einen weiten Bogen landeinwärts, bevor sie erneut auf die Küste trifft. Und da entdecken wir am Stamm einer hohen Kiefer auch wieder eines der vertrauten, handgemalten Hinweisschilder. Wir können den Umweg, den die Straße macht, auf einem Pilgerpfad quer durch den Kiefernwald abkürzen. Davon schreckt uns nun auch nicht mehr ein weiteres Schild ab, das hier vor Wildschweinen warnt. Der steinige Pfad führt teilweise recht steil auf und ab, und streckenweise müssen wir uns durch dichte Netze aus Spinnweben kämpfen. Heute aber macht uns das alles nichts aus ...

Wir haben in einundzwanzig Tagen zu Fuß gut siebenhundert Kilometer zurückgelegt. Zumindest für mich ist allein das doch schon eine stramme Leistung. Viel wichtiger aber ist, dass ich es geschafft habe, Daniel die ganze Wahrheit über den Unfall zu beichten, durch den er seine Schwester verloren hat. Was mir aber am meisten bedeutet, ist die Tatsache, dass er mit dieser Wahrheit offenbar leben kann, ohne dass diese Geschichte weiterhin zwischen uns steht.

Ein wenig wundere ich mich auch über mich. Eigentlich müsste ich mich ärgern, dass Daniel sein Studium geschmissen hat und er sich auf einen 'Berufsweg' einlassen will, der eigentlich nur ständige Frustrationen und ein Leben in Armut erwarten lässt. Stattdessen empfinde ich fast so etwas wie Bewunderung, dass mein Sohn den Mut zu einer solch tollkühnen Entscheidung aufgebracht hat.

Ich drehe mich so abrupt um, dass Daniel mir fast in die Arme läuft. „Weißt du, was ich mich gerade gefragt habe? Ob ich deine Entscheidung, eine sichere Juristenkarriere zugunsten des Traums von einer Zukunft als Schriftsteller aufzugeben, eher für eine Unverfrorenheit oder für tollkühn halten soll."

„Interpretiere ich das jetzt richtig? Du akzeptierst meine Entscheidung?" Sein hochrotes, schweißnasses Gesicht, die gespannte Erwartung in den weit geöffneten Augen, ich kann gar nicht anders, als den Jungen in meine Arme zu nehmen. „Was bleibt mir denn anderes übrig", sage ich.

„Warum hast du mir das eigentlich nicht schon früher gesagt – dass du die Juristerei aufgeben willst?", frage ich, nachdem wir ein paar Minuten schweigend weitergelaufen sind.

„Das musst du gerade sagen ... Angedeutet habe ich das übrigens mehrfach, aber da hast du wohl nie richtig hingehört. Und als ich vor drei Tagen abends in dieser Abstellkammer hinter der Tempelküche gesagt habe, wir müssten mal reden, da hast du nur gemeint, morgen sei ja auch noch ein Tag ..."

„Tut mir leid", sage ich. „Uns hat wohl beiden die Übung für diese Art von Gesprächen gefehlt."

„Oder der Mut", stellt Daniel fest.
Eine Weile laufen wir wieder nebeneinander, ohne dass einer von uns etwas sagt.

„Weißt du", sage ich, als wir kurz stehengeblieben sind, um einen Seeadler zu beobachten, der direkt über uns kreist, „ursprünglich hatte ich sogar vor, Mom gleich nach unserer Rückkehr aus Kathmandu zu sagen, was am Strand in Sri Lanka wirklich passiert war. Als sie aus der Klinik entlassen wurde, meinten die Ärzte, sie sei nicht mehr suizidgefährdet. Aber ausgerechnet zu der Zeit hat ihre beste Freundin, diese Marie, eine Tochter geboren. Dabei hatte es vorher immer geheißen, die könne gar keine Kinder bekommen. Schon das hat bei Mom einen erneuten depressiven Schub ausgelöst. Da wusste ich, dass sie noch lange noch nicht so weit war, die ganze Wahrheit zu hören …"

„Du brauchst mir nicht noch mehr zu erzählen, Dad. Du solltest endlich aufhören, dir immer noch Vorwürfe zu machen. Wie gesagt, ich glaube, ich hätte ganz genauso gehandelt."

„Das weiß ich wirklich zu schätzen, dass du das sagst. Aber das ändert nichts daran, dass ich mich auch weiterhin fragen werde, ob ich damals nicht doch noch viel mehr für unsere Mom hätte da sein müssen …"

„Ach, übrigens, hast du dich eigentlich inzwischen entschieden, ob du den Posten in Saudi-Arabien annehmen willst?" Auch diese Angewohnheit, völlig unvermittelt von einem Thema zu einem völlig anderen zu springen, hat der Junge von seiner Mutter.

„Ehrlich gesagt habe ich das nie wirklich ernsthaft erwogen. In einem Land, in dem man Menschen für so seltsame ‚Verbrechen' wie Gotteslästerung oder Abfall vom Glauben öffentlich köpft – nein, da möchte ich keine Hände schütteln und freundlich lächelnd über Waffenlieferungen oder die Falkenjagd plaudern – oder nach getaner Arbeit in der Abenddämmerung über den liebevoll Chop Chop-Square getauften Al Safah-Platz schlendern."

„Warum hast du dieses Angebot denn dann nicht sofort abgelehnt?"

„Gute Frage. Die habe ich mir, ehrlich gesagt, auch gestellt, kaum dass ich das Büro des Leiters der Personalabteilung verlassen hatte. Wäre wohl aufrichtiger gewesen, gleich nein zu sagen und die Gründe dafür offen auf den Tisch zu legen. Ich bin übrigens damals gleich anschließend noch bei meinem alten Crew-Kollegen und Freund Walter vorbeigegangen. Den habe ich direkt gefragt, ob er an meiner Stelle auch so feige gewesen wäre."

„Und, was hat er gesagt?
Gelacht hat er. „Feige? Du?"
„Ist wohl tatsächlich ein guter Freund."

*

„Fast ein wenig schade, dass wir schon da sind". Damit hat Daniel mir das Wort aus dem Mund genommen. Gerade hat uns unsere stille Küstenstraße an einer langen Reihe von Souvenirläden vorbei auf einen großen Parkplatz entlassen. Auf beiden Seiten stehen Dutzende von Tourbussen, aufgereiht wie zu einer Parade. Die müssen alle von der anderen Seite über die ‚Ashizuri Skyline' gekommen sein. Zwei der Busse entlassen gerade ihre Fracht, eine Horde lärmender Touries, die gar nicht erst so tun, als wären sie ernsthafte Pilger.

„Ich glaube, wir laufen erst mal in unser Hotel rüber und kommen gegen Abend wieder hierher zurück, wenn nicht mehr ganz so viel los ist", sage ich. Das habe er auch gerade gedacht, sagt mein Sohn

*

Als der futuristische Bau des Ashizuri Thermae Hotels schräg am Hang über uns in Sicht kommt, fühle ich einen Stich in der Brust. Genau der gleiche Anblick wie damals, als ich mit Angelika zusammen nach unserem O-*mairi* im Tempel Nummer 38 hier hochlief. Hier hat sich anscheinend seit dreißig Jahren überhaupt nichts verändert.

Daniel scheint etwas gemerkt zu haben. Ob dies etwa dasselbe Hotel wäre, in dem ich seinerzeit mit Mom übernachtet hätte. Ich kann nur stumm nicken.

„Ich glaube, Mom würde sich freuen, wenn sie uns beide hier jetzt so sehen könnte", sagt Daniel.

*

Mein Sohn und ich stehen vor der Haupthalle des *Kongofukuji*. Ich habe mein vorletztes Räucherstäbchen noch nicht voll zum Glühen gebracht, da nimmt er mir schon das zerknitterte Tütchen aus der Hand und fischt auch noch das letzte Stäbchen heraus. Ich warte, bis auch seins richtig raucht, dann pflanzen wir beide nebeneinander in das große Bronzegefäß.

Das Metallgestell für die Opferkerzen findet sich in einem überdachten Holzhäuschen neben der Treppe, daneben ein Tischchen, wo man Kerzen kaufen kann. Ich stecke einen eintausend-Yen-Schein in die dafür vorgesehene Box.

„Für Mom", sage ich, als ich meine Kerze aufstecke.

„Für Sarah", sagt Daniel fast gleichzeitig und platziert seine daneben.

Wir lassen unsere Pilgerstäbe in dem Ständer am Fuß der Treppe zurück und steigen nebeneinander die Stufen zur Halle hinauf. Ich werfe einen Geldschein in die Spendentruhe und Daniel besteht darauf, es mir nachzutun.

Aus dem Ärmel meines Pilgerhemds ziehe ich den *Osamefuda*-Zettel, den wir schon in unserem Hotelzimmer vorbereitet haben. Es war Daniels Idee, neben den vier Namen als gemeinsamen Wohnort Bonn auf den Zettel zu schreiben, die Stadt, in der seine Schwester und er geboren sind.

Wir packen beide das schwere Seil und schwingen es, bis hoch oben der Gong ertönt. Ich lege die Hände zusammen und verneige mich, bevor ich beginne, das Herzsutra zu rezitieren. Ich schaffe es bis zum Ende ohne zu stocken. Als ich aufschaue, bekomme ich gerade noch mit, dass auch Daniel sich noch einmal verbeugt. Wir nicken einander wortlos zu.

Es ist, als hätte die Welt um uns herum die Luft angehalten. Erst jetzt sind hinter uns wieder Stimmen zu hören. Eine kleine Gruppe von Pilgern hat sich um das Bronzegefäß versammelt und sie alle wedeln sich etwas von dem segenspendenden Rauch zu, der daraus emporsteigt.

Wir aber machen uns auf die Suche nach jemandem, bei dem wir unseren Daruma abgeben können. Das *Nokyojo* ist schon geschlossen. Bis auf die Pilgergruppe, die jetzt mit Schwung und unter lautem Gelächter den Gong vor der Haupthalle anschlägt, ist niemand zu sehen.

„Dann warten wir eben, bis jemand kommt, der auch die Haupthalle schließt – die werden sie ja nicht die ganze Nacht offenhalten", sage ich. Daniel nickt.

In der Gartenanlage neben der Haupthalle setzen wir uns auf einen flachen Stein am Rande des Teichs. Um den herum sind große, auffallend rosa und grün gefärbte Felsen drapiert. Die leuchten im goldenen Licht der untergehenden Sonne noch einmal besonders intensiv auf – so als wollten sie ihr Spiegelbild im Wasser beeindrucken. Jetzt erinnere ich mich, dass es drüben auf der anderen Seite des Teichs in einer verborgenen Ecke der Gartenanlage noch zwei besonders schöne Statuen des Bodhisattva Jizō gab.

„So schnell kommt hier jetzt sowieso keiner", meint Daniel. Wir finden die beiden Figuren nicht allzu weit vom Tempelbrunnen entfernt. Eine kleine und eine größere, beide mit dem gleichen entrückten Lächeln im zu Stein gewordenen kindlich runden Gesicht. Daniel schaut mich fragend an. Ich nicke. Wir laufen zum Brunnen hinüber und füllen jeder einen der dort bereitliegenden Schöpflöffel bis an den Rand. Ohne dass wir uns absprechen, lässt zuerst Daniel das kühlende Wasser aus seiner Kelle über den Kopf der kleineren der beiden Figuren rinnen. Dann sieht er andächtig zu, wie ich das Gleiche bei der größeren tue.

Schweigend laufen wir zu unserem Platz am Teich zurück. Auch als wir wieder dort sitzen, schweigen wir weiter – so als wären wir beide soeben Zeugen eines Wunders geworden, das schon ein einziges Wort wieder zunichtemachen könnte ...

Schritte über Kies schrecken uns auf. Ein Mönch oder Priester läuft auf die Haupthalle zu. Wir springen auf. Als ich den Mann anspreche, schaut er uns erst einmal unwillig an. Als er aber verstanden hat, dass ich diesen Daruma nach dreißig Jahren wieder in seinen Herkunftstempel zurückbringen will, um so nach japanischem Brauch eine alte Dankesschuld zu begleichen, nimmt er die kleine Figur mit einer Verbeugung entgegen. Ja, man werde sie bei der kommenden jährlichen Zeremonie mitverbrennen, versichert er mir. Daniel und ich verbeugen uns zweimal hintereinander.

Wir verlassen das Tempelgelände, überqueren die Straße und laufen das kurze Stück auf das Kap hinaus zum Aussichtspunkt vor dem Leuchtturm. Hier hat man wirklich den Eindruck, am Ende der Welt zu stehen. Vor uns und beiderseits nichts als das endlos scheinende Meer, hier und da noch einmal aufblinkend in den letzten Strahlen der hinter uns untergehenden Sonne. Wir stehen und schauen, bis uns die Dunkelheit einhüllt.

Tief unter uns werden die Positionen der aus dem Meer ragenden Klippen jetzt nur noch hin und wieder ganz kurz durch aufleuchtende Schaumkronen markiert – nur um gleich darauf in noch tieferer Finsternis zu verschwinden.

„Verstehst du jetzt, warum ich diese Pilgerreise gerade an diesem Ort beenden wollte?" frage ich.

„War eine tolle Idee. Wie überhaupt diese ganze Reise" sagt mein Sohn.

14. Mai, Kap Ashizuri

Wir haben so fest geschlafen, dass wir das Klopfen an der Tür überhört haben müssen. Ich wache auf, und da stehen plötzlich diese drei Herren vor unserem Bett – der Hotelangestellte, der sich wieder und wieder entschuldigt, sowie zwei Polizisten in Uniform, der Stattlichere von beiden mit der strammen Haltung und den unbewegten Gesichtszügen eines alten Samurai. Das Einzige, was ich schließlich verstehe, ist, dass man offenbar einen toten Ausländer unten auf den Klippen gefunden hat und mich deshalb jetzt zu sowas wie einer Vernehmung mitnehmen will.

Ich bin so verdattert, dass ich auf Japanisch nur ein Stottern herausbringe. Der Samurai, anscheinend der Chef, versteht aber auch, wenn ich Englisch spreche. Zum Glück, schießt es mir durch den Kopf. Womöglich kann ja alles, was ich von jetzt an sage, gegen mich verwandt werden. Dann wird es auf jedes Wort ankommen.

„Quick, put some clothes on, you come with me", fordert mich der Chefpolizist auf, höflich aber unmissverständlich.

Als ich schon draußen auf dem Korridor bin, ruft mir Daniel – anscheinend noch geschockter als ich – ein hilfesuchendes "Dad!" hinterher. „Alles wird gut", rufe ich noch, und wäre in den losen Badelatschen des Hotels beinahe gestolpert.

Der Korridor kommt mir endlos vor, aber schlimmer noch ist, wie viele Leute hier zu dieser frühen Zeit schon unterwegs sind. Sie alle starren mich in meinem vorne nur mühsam zusammengehaltenen Yukata an wie ein Gespenst, und wenn wir vorbei sind, fangen sie hinter mir an, deutlich vernehmbar zu tuscheln.

Ich bin froh, dass wir wenigstens im Fahrstuhl allein sind. Die zwei vornehmen älteren Damen, die davor schon gewartet haben, haben sich nicht getraut, mit uns in die enge Kabine zu steigen.

Im obersten Stock weist mich der Samurai an schon einmal vorauszugehen, bis in die hinterste Ecke, wo zwei Sessel mit einem niedrigen Tischchen dazwischen zu einer intimen

Gesprächsecke arrangiert sind. Er selbst scheint noch etwas mit seinem Kollegen zu besprechen zu haben.

Hierherauf in den Lesesaal waren Daniel und ich gestern spät am Abend auch noch einmal gefahren – wegen des schönen Blicks auf den nächtlich erleuchteten Badeort. Jetzt, am frühen Morgen, sitzen hier nur zwei vereinzelte Herren, ebenfalls im – bei ihnen natürlich korrekt sitzenden – Hotel-Yukata. Sie haben sich hinter ihren Zeitungen verschanzt und beachten mich nicht weiter. Von meiner Sitzecke aus kann ich nur die in fetten Kanji gedruckten Schlagzeilen der einen Zeitung erkennen. ‚Demonstration von Falun-Gong-Anhängern vor der chinesischen Botschaft', entziffere ich. Darunter ein Foto: Zwei Uniformierte, die dem Gefangenen zwischen sich brutal den Kopf tief hinunterdrücken. Das Foto muss die Verhaftung von Falun-Gong-Anhängern in China zeigen, offenbar der Anlass für die Demonstrationen in Tokio.

Hier geht die Polizei mit Verhafteten zum Glück etwas zivilisierter um – wenigstens solange sie noch nicht verurteilt sind ...

Die kurze Wartezeit hat ausgereicht, dass ich mich so weit gefasst habe, dass ich endlich in die Offensive gehen kann. Allein die Tatsache, dass mein Sohn und ich Ausländer seien, sei ja wohl kein Grund, zu vermuten, wir könnten irgendetwas mit dem Toten auf den Klippen zu tun haben.

Selbstverständlich nicht, sagt der Oberkommissar und setzt dabei ein unergründliches Samurai-Lächeln auf. Es tue ihm unendlich leid, dass er zu der unverzeihlichen Grobheit gezwungen gewesen sei, uns so früh am Morgen so unsanft zu wecken. Der Tote sei bereits gestern am späten Nachmittag entdeckt worden. Erst in der Nacht aber habe man herausgefunden, dass er in diesem Hotel übernachtet habe. Die Befragung des Personals an der Rezeption habe schließlich ergeben, dass der Mann eine Nachricht für einen deutschen Gast namens Gerion hinterlassen habe, die diesem aber erst heute Morgen beim Frühstück übergeben werden sollte. Mit diesen Worten schiebt er mir einen Umschlag über den Tisch.

Die Anschrift ist schon von Weitem zu lesen: Mr. Gerion, Pilgrim from Germany. Darunter steht, auf Deutsch, in etwas kleinerer Schrift: Nur zu öffnen, wenn ich heute nicht noch persönlich an Deine Tür klopfe. Ich fühle, wie mir ganz heiß wird und gleich darauf eine Gänsehaut über den Rücken läuft.

Unter welchen Umständen dieser Mann überhaupt aufgefunden worden sei, frage ich, um Zeit zu gewinnen.

Auf einer der Klippen direkt unterhalb des Leuchtturms am Kap, gibt der Samurai bereitwillig Auskunft. Ich hätte ja sicher gehört, dass dort gelegentlich lebensmüde Menschen in den Tod sprängen. Dass das ein Ausländer tue, sei aber bisher noch nie vorgekommen. Möglicherweise habe es sich in diesem Fall aber auch um einen Unfall gehandelt. Es gebe die Aussage eines Touristen, der gestern gegen 15:00 Uhr seitlich des Kaps unten vom Strand aus Fotos habe machen wollen. Der behaupte, er habe gesehen, wie ein Mann mit rötlichen Haaren und einem anscheinend ziemlich schweren Rucksack auf dem Rücken den Felsen am Kap hinaufgeklettert sei.

Dann habe der doch sicher ein Foto von diesem ungewöhnlichen Ereignis gemacht, sage ich. Der Kommissar schüttelt den Kopf. Gerade in dem Moment sei die Speicherkarte in der Kamera dieses Zeugen voll gewesen. Und nachdem der eine neue eingelegt habe, sei der Mann verschwunden gewesen. „Verstehen Sie jetzt, warum wir unbedingt wissen wollen, was in diesem Brief steht? Sie sind wahrscheinlich der Einzige, der Licht in diesen seltsamen Fall bringen kann."

Jetzt erst bringe ich die Kraft auf, den Umschlag an mich zu nehmen. Als ich ihn öffne, merke ich, wie meine Hand zittert. „Sie kennen den Mann also", stellt der Kommissar fest. „Wann haben sie ihn denn zum letzten Mal gesehen?"

„Vorgestern, am frühen Nachmittag, in Sukumo – eine zufällige Begegnung, die nicht mehr als fünf Minuten gedauert hat."

„Dann lesen sie das erst einmal in Ruhe durch", sagt, unerwartet einfühlsam, der Samurai.

Man sieht der Schrift auf den ersten Blick das Bemühen an, gestochen scharf auf Linie zu bleiben. Wilde Ausbrüche hier und da zeigen aber, dass der Autor sich beim Schreiben nur mühsam unter Kontrolle hatte. Schon beim ersten Absatz läuft mir erneut ein Schauer über den Rücken.

Mein lieber Pilgerfreund,
ich hinterlasse Dir diesen Brief, denn durch das Gespräch mit Dir – einem Mann, der nicht einmal glaubt – hat der Herr mir den Glauben zurückgegeben und all meine Zweifel beseitigt. Durch Dich hat er mir einen Weg gewiesen, wie ich meine Schuld sühnen und meinem Leben doch noch einen Sinn geben kann.
Wenn Du dies liest, werde ich meine Mission vollendet haben. Sollte ich selbst nicht mehr in der Lage sein, der Welt ihren Sinn zu erklären, wirst Du, der ungläubige Pilger, der Einzige sein, der auf dieses Licht in der Finsternis zeigen könnte.
Du weißt, ich habe schon vor Jahren erkannt, dass man dieses Land nicht missionieren kann. Aber ein Zeichen setzen, das kann man, so wie es hier vor fast fünfhundert Jahren die mutigen Männer des Jesuitenordens unter Einsatz ihres Lebens getan haben.
Ist es nicht, ob Ungläubiger oder Priester, unsere menschliche Pflicht, den Schafen nachzusteigen, die sich verirrt haben, und sie zum Leben zurückzuführen? Und ist dieser Ort dazu nicht prädestiniert? Diesen Felsen, von dem sich schon so viele Verzweifelte in die Tiefe gestürzt haben, will ich hinaufsteigen, um so ein Zeichen für unseren Gott und für das Leben zu setzen.
Für Dich, mein Sohn, kann ich nur beten. Möge auch Dich eines Tages der Ruf erreichen.
Gott segne Dich.

Die Unterschrift ist vollkommen unleserlich – als habe der Schreiber hinter seinen Worten verschwinden wollen ...
   Der Kommissar sieht mich durchdringend an. Diesem knallharten Kriminalisten soll ich jetzt also erklären, dass es eine kleine, harmlose Geschichte gewesen ist, die im Hirn dieses glaubensverwirrten *Gaijin* wie ein Schlüssel in ein

Zündschloss gepasst und so den Initialfunken für dessen absurde Aktion ausgelöst hat?

Um erneut Zeit zu gewinnen und für mich selbst etwas mehr Klarheit zu schaffen, stelle ich erst noch mal eine Frage. Ob bei dem Toten tatsächlich der von dem Touristen beschriebene Rucksack gefunden worden sei, und was sich darin gegebenenfalls befunden habe.

Das mache den Fall nur noch rätselhafter, gesteht mir mein Gegenüber. In einem Rucksack neben dem Toten seien nämlich eine christliche Bibel, ein Kruzifix und mehrere schwere Steine gefunden worden.

Ich schüttele den Kopf und übersetze ihm dann den Text des Briefes Satz für Satz ins Englische.

Als ich geendet habe, nehmen seine Gesichtszüge wieder diese maskenhafte Starre an. „Sagen Sie mir jetzt erst einmal, wer dieser Mann ist, wie er heißt und woher er kommt."

Ich erkläre ihm, dass der Tote eine zufällige Pilgerbekanntschaft gewesen ist und ich mich nur ein einziges Mal ausführlicher mit ihm unterhalten habe. Dass ich dabei nicht mehr erfahren habe, als dass er mit Vornamen Christofer heißt und katholischer Priester in einem kleinen Dorf in Österreich war.

„Aber wenn ich Ihre Übersetzung des Briefes richtig verstanden habe, waren Sie es, der ihn zu seiner mysteriösen Aktion inspiriert hat", hakt er nach.

„Der Mann hat offensichtlich unter einem schweren Schuldkomplex gelitten, der ihn in eine tiefe Glaubenskrise gestürzt hat – was wohl nur jemand verstehen kann, der im christlichen Glauben erzogen worden ist", versuche ich zu erklären. „Das ein oder andere von dem, was ich ihm in unserem einzigen längeren Gespräch erzählt habe, muss bei ihm einen Nerv getroffen haben, ohne dass ich das beabsichtigt hätte."

„Der Mann scheint Sie aber als Gleichgesinnten zu sehen. Werden Sie seine Bitte erfüllen, der Welt den Sinn des ‚Zeichens' zu erklären, von dem er in diesem Brief spricht?"

„Ich bin hier nach Shikoku gekommen, um für mich persönlich gewisse Dinge zu klären, nicht, um mich und womöglich noch weitere Menschen ins Unglück zu stürzen."

„Das ist gut!", stellt mein Gegenüber mit grollender Samurai-Stimme fest. „Dann will ich jetzt nur noch von Ihnen wissen, wo Sie gestern zwischen vierzehn und fünfzehn Uhr dreißig gewesen sind."

Als ich ins Zimmer zurückkomme, beendet Daniel gerade ein Telefonat. Seine Augen leuchten. Er scheint völlig vergessen zu haben, dass sein Vater vor einer dreiviertel Stunde hier von der Polizei abgeführt worden ist. Inzwischen weiß ich diesen seltsam strahlenden Blick aber zu deuten.
„Deine Flugzeugbekanntschaft?", frage ich.
„Sie wird am Sonntag mit ihrem Orchester zum ersten Mal in der Suntory Hall spielen. Sie möchte unbedingt, dass ich dabei bin."
„Mit anderen Worten: Du willst jetzt so schnell wie möglich nach Tokio zurück."
„Oh, entschuldige, Dad! Was haben die eigentlich von dir gewollt? War dieser Tote tatsächlich dein seltsamer Priester? Der Typ von der Rezeption hat mir gesagt, der hätte einen Brief für dich hinterlassen."
„Den haben die einbehalten. Und das ist auch gut so", sage ich.
„Dann ist also alles geklärt?"
„Soweit sich so etwas klären lässt. Ich fürchte, es bleibt immer ein unerklärlicher Rest."

Anhang
Glossar japanischer Wörter und buddhistischer Fachbegriffe

Bentōbox	japanische Lunchbox, gefüllt mit verschiedenen snack-artigen (kalten) Speisen
Bodhisattva	im Buddhismus Erleuchtete, die, statt gleich ins Nirvana einzugehen, weiter zum Heil aller lebenden Wesen wirken wollen – eine Art Schutzheilige
Bonsai	im Topf gezogene, kunstvoll in Form gebrachte Zwergbäume
Daikon	japanischer Rettich
Daruma	in Japan sehr populärer Glücksbringer bzw. ‚Wunscherfüller' in Gestalt einer kugelförmigen Pappmaché-Figur (Stehaufmännchen), die Bodhidarma, den legendären Begründer des Zen-Buddhismus darstellen soll
dogyo ninin	"Du gehst diesen (Pilger-)Weg zu zweit" (d.h. immer in Begleitung von Meister Kobo)
doitsu	Deutschland, deutsch
dōmo arigatō	danke
erai	großartig, bewundernswert, stark
Futon	traditionelles japanisches Bett, bestehend aus dem shiki-buton, einer dünnen, mit Baumwolle gefüllten ‚Matratze', die direkt auf dem *Tatami*-Boden ausgerollt wird, und dem *kake-buton*, der Bettdecke
Gaijin	japan.: Ausländer
gambatte	„Weiter so!", „Halte(t) durch!"
gyaku-uchi	umgekehrter Weg

Gyōza	halbmondförmige chinesische Teigtaschen, gefüllt mit Schweinefleisch, Garnelen oder Gemüse und u.a. mit feingehacktem Ingwer und Knoblauch gewürzt, serviert als sui gyōza (in Wasser gekocht) oder gebraten
Henro(michi)	Pilger(weg)
Hiragana	eine der beiden japanischen Silbenschriften, mit der in Ergänzung zu den aus dem Chinesischen übernommenen Schriftzeichen (*Kanji*) unter anderem Wortendungen oder grammatische Partikel geschrieben werden
Hondō	Haupthalle eines japanischen buddhistischen Tempels
irasshai(mase)!	Willkommen! Treten Sie ein! (lautstarke Begrüßung der Kunden in japanischen Geschäften)
itadakimas(u)	Guten Appetit (wörtlich: Danksagung für das Essen)
Izakaya	typisch japanische Kneipe, in der es immer auch eine große Auswahl an Kleinigkeiten zu essen gibt
Jizō	in Japan besonders populärer ‚Schutzgott' (*Bodhisattva*) allzu früh verstorbener oder abgetriebener Kinder
kampai	japanisch: ‚Prost!'
Kanji	chinesische Schriftzeichen, mit denen (neben den beiden Silbenschriften *Hiragana* und *katakana*) Japanisch geschrieben wird
Kannon	weibliche buddhistische Gottheit (Bodhisattva) des Mitgefühls ursprünglich der männliche Bodhisattva Avalokiteshvara) – (chinesisch: guanyin)
Kamonamban	beliebte japanische Nudelsuppe mit Entenfleischscheiben und Lauchzwiebeln

Kombini	japanische Abkürzung für convenience store (24-Stunden-Laden)
konnichi wa	„Guten Tag"
maguro	Thunfisch
Minshuku	Familienpension; Privathäuser, deren Besitzer Gästezimmer vermieten
Mochi	Reiskuchen aus gestampftem Klebreis, meist mit Rote-Bohnen-Mus gefüllt Aussprache: motschi)
Moriawase	gemischter Teller (z.B. mit *sashimi*)
moshi, moshi	jap. Begrüßung am Telefon (vom Anrufer und vom Angerufen oft mehrfach wiederholt, bevor das eigentliche Gespräch beginnt)
Nokyojo	Tempelbüro, in dem die Pilgerbücher abgestempelt werden (Aussprache: nokjo-dscho)
Ofuro	japanisches Bad (Eintauchen ins heißes Wasser – erst nach gründlicher Ganzkörperreinigung)
O-mairi	förmlicher Ritus beim Besuch eines Schreins oder Tempels (rituelle Reinigung am Brunnen, Räucherstäbchen und ggfs. Kerze entzünden, Aufmerksamkeit der Gottheit wecken durch Klatschen, Läuten oder Gong anschlagen, eine oder mehrere Verbeugungen, Gebet oder Sutrenrezitation)
Onsen	heiße Thermalquelle, Thermalbadehaus
Osame-fuda	Namenszettel, die man als Pilger mit einem Dank oder einem Wunsch an den besuchten Stätten oder bei Gastgebern und Helfern zurücklässt
Pachinko	Glücksspielautomaten, bei denen Kugeln zufallsgesteuert durch ein senkrechtes Labyrinth gelenkt werden, meist zu Hunderten in großen Hallen aufgestellt, in denen ein Höllenlärm herrscht

Rakan	die erleuchteten Meisterschüler des historischen Buddha (Sanskrit: Arhat; chinesisch: Luohan)
Sashimi	roher, in feine Scheiben geschnittener Fisch
O-settai	kleines Geschenk für Pilger, Almosen
Shōji	japanische Schiebetüren oder Raumteiler aus papierbespannten Holzrahmen
Shukubo	Tempelherberge der gehobenen Klasse, nicht gerade billig
Soba	dünne Buchweizennudeln
sō des(u) nee	allgegenwärtige Redewendung, die meist Zustimmung (‚so ist es', ‚stimmt'. ‚in der Tat'), oft auch nur sowas wie ‚aha', ‚ach so', ‚nun ja' bedeutet, gelegentlich aber auch einfach nur eine Denkpause oder schlicht Ratlosigkeit signalisiert
sugoi!	cool, krass, großartig!
Tanuki	japanischer Waschbärhund; als populäre Keramikfigur mit Strohhut, dickem Bauch und einer Reisweinflasche an der Seite oft vor Restaurants oder Geschäften zu finden
Tatami	Reisstrohmatten, mit denen traditionelle japanische Räume ausgelegt werden; auch als Maßeinheit für Räume benutzt
Teppanyaki	auf heißer Stahlplatte (direkt im Tisch eingelassen oder am Tresen) gegrillte Gerichte der japanischen Küche
Tonkatsu	paniertes Schnitzel auf japanische Art, meist in breite Streifen geschnitten
Tōri	Tor vor japanischen Shinto-Schreinen
Tsuyado	einfache, kostenlose Übernachtungsmöglichkeit in manchen Tempeln
Udon	dicke Nudeln aus Weizenmehl
Yakitori	Grillspießchen (meist Hühnerfleisch)
Zendō	Meditationshalle

Yukata traditionelles japanisches ‚Badegewand' aus leichtem Baumwollgewebe

Weitere Bücher von C.D. Gerion

Das Kloster der höchsten Seligkeit
Roman
(Verlag: tredition)

Kaum sind Thomas und Daniel von ihrer nostalgischen Pilgerreise zu den 88 Tempeln von Shikoku zurück in Tokio, erreicht sie der Hilferuf eines alten Freundes der Familie. Die Suche nach dessen verschollener Tochter wird für sie zu einer abenteuerlichen Reise, die sie quer durch China und am Ende bis nach Nepal führt. Dort enthüllt sich ihnen ein seit Jahrzehnten gehütetes Geheimnis, das ihnen die Augen für die wahren Hintergründe ihrer tragischen Familiengeschichte öffnet.

Die Freisprechung
Roman
(Verlag: tredition)

Aus einem vermeintlich harmlosen Ruhestandshobby wird hier unversehens tödlicher Ernst: Unfreiwilliger Held dieses Abenteuerromans ist ein welterfahrener, wenn auch bisweilen etwas argloser Diplomat im Ruhestand. Beim Versuch, für sich persönlich zu klären, was eigentlich dran ist an den Lehren der großen Weltreligionen, gelangt er zu Erkenntnissen, die ihm so brisant erscheinen, dass er meint, sie in Buchform verbreiten zu müssen. Zu spät erkennt er, dass es mächtige Kräfte gibt, die dies mit allen Mitteln zu verhindern versuchen. So gerät er in einen Strudel immer gewagterer Abenteuer hinein, wobei ihm seine mitten im Leben stehende Ehefrau und ein mit allen Wassern gewaschener Investigativjournalist beistehen.

Dieser Roman, Vatikanthriller und Reiseabenteuer zugleich, entführt seine Leser an eine Vielzahl exotischer Schauplätze, von einer entlegenen Atlantikinsel bis zu Chinas heiligen Bergen, aus den Katakomben von Rom bis in die

Höhen der peruanischen Anden – und bietet dabei auch noch spannende Einblicke in die diskrete Welt internationaler Politik und Diplomatie.

Adib
Roman
(Verlag: tredition)

Kaum haben die Helden der ‚Freisprechung' ihr vatikanisches Abenteuer unbeschadet überstanden, erweist sich die Aufnahme eines afghanischen Flüchtlingsjungen als eine noch gewaltigere Herausforderung. Es geht um den fünfzehnjährigen Adib aus Kabul, der sich – auf die Straße gesetzt von der eigenen Familie und auf der Flucht vor Taliban und Sicherheitskräften zugleich – bis nach Deutschland durchschlägt und verzweifelt darum kämpft, hier endgültig anzukommen.

Seine deutschen Pflegeeltern setzen alles daran, ihm zu helfen, müssen aber bald erkennen, dass sich so eine Vergangenheit nicht einfach abstreifen lässt. Unversehens sind sie in ein gefährliches Abenteuer verstrickt, das ihnen alles abverlangt und dessen Ausgang höchst ungewiss ist.

In die wilde Welt der Weltreligionen
- Ein Expeditionsbericht –
Sachroman
(Verlag: BoD)

Wer sich auf diese abenteuerliche Expedition in die imposante Bergwelt der Weltreligionen einlässt, tut dies auf eigenes Risiko, wird hier doch alles infrage gestellt, was man bisher über die Lehren der großen Weltreligionen meinte glauben zu müssen. Kein Wunder, dass gewisse Kreise die Verbreitung dieses Werks mit allem Mitteln zu verhindern versucht haben (nachzulesen in dem spannenden Roman ‚Die Freisprechung').